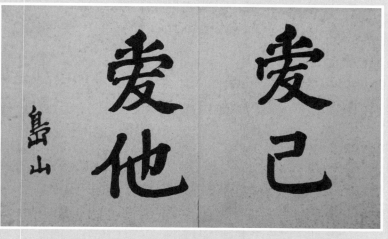

도산 친필 휘호 '애기애타'. 본래 '愛'에는 마음(心)과 천천히 걸을 쇠발(夂)이
있으나 도산은 이것을 벗(友)으로 바꾸어 썼다. 감정적인 사랑보다
높고 맑은 뜻으로 이루어지는 동지적 사랑을 나타내려 한 것으로 보인다.

대성학교 교직원과 학생

리버사이드 오렌지농장에서 노동하는 안창호

도미 중 흥사단 단소 앞 대형 태극기 앞에서

오렌지농장의 한인노동자와 함께

창립 3주년 흥사단 대회에 참석한 도산 (1916)

임시정부 시절 김구(左)와 함께한 도산(가운데, 1920)

대한민국 임시정부 시절

서재필의 자택 앞에서(서재필과 함께, 미국, 1925)

통합임시정부로 처음 맞은 신년축하회(1920)

가출옥한 뒤 여운형(좌), 조만식(우)과 함께(1935년)

安昌浩
1724

동우회사건으로 수감되었을 때(1937)

애기애타: 안창호의 삶과 사상

애기애타

안창호의 삶과 사상

박재순 지음

홍성사

●

머리말

　1970년대 이후 가장 널리 불린 노래 가운데 하나가 김민기의 〈아침 이슬〉이다. 2018년 가을 JTBC 뉴스룸에 김민기가 나와서 〈아침 이슬〉이 만들어진 비밀을 밝혔다. 노랫말을 지을 때 '그의 시련'이라고 써놓고는 꽉 막혀서 더 이상 나아갈 수가 없었다고 한다. '그의 시련'에서 '그'는 예수, 석가 같은 성현을 가리키는데 오랫동안 노래를 완성하지 못하다가 '그의 시련'을 '나의 시련'으로 바꾸자 순식간에 노래가 완성되었다고 한다. 짧은 노랫말 속에 '나'(내)란 말이 네 차례나 나온다. 〈아침 이슬〉은 내가 부르는 나의 노래다. 근현대는 성현이나 지도자를 따르는 시대가 아니라 모든 민중이 저마다 저답게 '내가 나로서' 나의 삶을 사는 민주시대다. 요즈음 세계의 젊은이들을 열광시키는 방탄소년단의 노래 〈Answer : Love Myself〉는 노래 제목뿐 아니라 노랫말도 애기애타(愛己愛他)와 사랑하기 공부를 역설한 안창호의

'나' 철학을 생각하게 한다.

나는 대학 시절에 함석헌 선생을 만나 배우며 씨올사상을 공부했다. 그 후 그의 스승 유영모의 사상을 연구했다. 유영모와 함석헌의 철학을 공부하고 나서 갖게 된 가장 큰 물음은 왜 이들이 이렇게 '나'를 강조했을까 하는 것이었다. 이들은 '나'의 철학자라고 할 만큼 나에게 집중하고 나를 앞세웠다. 나는 이들이 어떤 배경과 계기에서 그리고 누구에게서 자극과 영향을 받아 '나'의 철학을 주장하는지 알고 싶었다. 내가 아는 한 동서고금의 어떤 철학과 사상의 전통에서도 이들처럼 나를 중심에 두고 앞세우지는 않았기 때문이다.

우리말에서는 주어 '나'를 생략하거나 '우리'로 뭉뚱그려 표현한다. 우리말은 객어(상대)를 존중하고 객어와 교감하고 객어에 맞추는 언어다. 객어가 문장을 주도하고, 주어 '나'는 큰 구실을 하지 못한다. 동양의 전통사상에서도 나는 강조되지 않는다. 유교는 극기(克己)와 수기(修己)를 말하며 나를 억누르거나 갈고 닦으려 할 뿐 나를 중심에 놓거나 앞세우지 않았다. 도교에서도 무위자연을 말함으로써 나를 자연 질서와 법도에 일치시키고 순응시키려 했다. 불교는 무아(無我)와 멸아(滅我)를 말했다. 동양사상에서 말하는 천인합일, 무위자연, 범아일여는 모두 개인의 개성적 주체를 약화시키며 보편적 전체에 귀속시키는 경향이 있다.

서양의 기독교도 인간의 주체로서 '나'를 강조하지 않았다. 죄인으로서 인간은 전능한 초월자 하나님을 구원자로 믿고 기다려야 했다. 서양의 이성철학은 인간의 자아를 이성과 동일시했다. 이성과 동일시된 인간의 관념적 자아는 배타적이고 정복자적인 닫힌 자아였다. 이성적 자아는 자신과 타자를 지배의 대상으로 보았을 뿐 주체로 보지 못했다. 인간의 자아(ego)는 욕망과 감정으로 가득 찬 것이며 이성에 의해 치유하고 극복해야 할 대상이었다. 인간의 감정(pathos)는 고통과 질병(pathology: 병리학)으로서 치유하고 극복해야 할 것으로 여겨졌다. 탈현대철학은 배타적이고 정복자적인 인간의 관념적 자아를 해체하고 욕망과 감정으로 병든 자아(ego)를 해방하려고 했다.

내가 알고 있는 어떤 사상 전통에서도 유영모와 함석헌처럼 나를 중심과 전면에 놓고 사랑하고 존중하는 철학자는 발견할 수 없었다. 함석헌과 유영모의 나 철학에 대한 의문은 안창호의 삶과 사상을 연구하면서 깨끗이 풀렸다. 안창호의 사상을 연구하면서 나는 안창호의 철학이 바로 '나' 철학임을 확인할 수 있었다. 나라가 망하고 한국 민족이 식민지 백성으로서 큰 고난을 겪을 때 안창호는 나라의 주인과 주체로서 민의 한 사람 한 사람의 나를 깨워 일으켜 민족의 독립과 통일을 이루려고 하였다. 그는 민족의 한 사람 한 사람의 '나'가 나라의 주인과 주체로서 무한책임을 지는 창조자적 주체임을 확인하였다. 그는 나를 새롭고 힘 있게 하여 건전한 인격이 되게 하고, 건전한 인격을 가진 '나'들이 모여서 단체와 조직의 공고한 단결을 이루게 하였다. 그리고 조직과 단체의 공고한 단결을 바탕으로 민족의 독립과 통일을 이루려 했다. 나아가서 건전하고 모범적인 민주공화의 나라를 세움으로써 세계의 번영과 평화를 이루는 세계대공을 주장하였다. '나'의 건전 인격을 확립하는 데서 시작하여 세계대공에 이르기까지 모든 과정에서 그는 나를 중심에 놓고 앞세웠다. 그의 철학의 핵심원리는 '애기애타'와 '대공주의'로 요약된다. 애기애타와 대공주의 철학의 토대와 중심은 나를 사랑하고 존중하는 애기(愛己)의 원칙이었다.

안창호의 '나' 철학은 주관적이고 편협한 것인가 아니면 보편적이고 세계적인 진리를 품은 것인가? 나를 중심과 전면에 세우는 '나' 철학은 깊고 보편적인 생명의 진리를 드러내고 실현하는 생명철학이다. 생명은 물질에서 나온 것이면서 물질 안에서 물질을 초월한 것이다. 생명은 물질의 제약과 속박을 초월한 자유와 기쁨을 가진 것이며 그 자유와 기쁨을 표현하고 실현하려 하며 다른 생명과 교감하고 소통하며 사귀고 협동하려고 한다. 생명의 세 가지 본성과 특징은 스스로 하는 주체성, 하나로 통합된 전체성, 새롭게 자라고 향상하는 창조적 진화다. 생명의 세 가지 본성과 특징인 주체성, 전체성, 진화를 관통하는 원리는 스스로 하는 '나'다. 스스로 하는 '나'가 바로 생명의 주체다. 주체인 '나'가 전체의 통일이 이루어지는 중심과 초점이며, 나는 전체의 통일을 표현하고 실현하는 주체이고 자리다. 또한 나는 진화를 일으키는 주체이고 그 진화의 대상과 목적이다. 주체와 전체와 진화의 근본원리와 동인은 스스로 하는 '나'다. 인간의 '나'

를 힘 있게 하고 바로 세워 내가 나답게 살고 행하는 것이 생명의 본성과 진리를 온전히 실현하는 것이다. 내가 나답게 살고 행동하면 생명의 주체가 더욱 깊고 자유로워지며 전체는 더욱 크고 높은 통일에 이르고 진화와 향상은 더욱 풍부하고 힘차게 이루어진다. 생명의 주체, 전체, 창조적 진화의 중심과 주체는 '나'다. 도산은 나라를 잃고 고난당하는 민중의 삶 속에서 이러한 생명의 주체적 진리를 깨달았다. 그는 나를 삶과 사상의 중심과 전면에 내세웠다.

성경도 생명과 인간의 이러한 진리를 잘 드러낸다. '나'를 잃고 이집트에서 종살이하는 이스라엘 백성을 해방시키라는 하나님의 분부를 받은 모세는 당혹스러워하며 하나님께 물었다. "이스라엘 백성에게 어떤 신이라고 말하면 좋겠습니까? 이름이 무엇입니까?" 하나님은 모세에게 "나는 나다!"(I am who I am)라고 대답했다. '나다'(I am)를 반복한 것은 나의 존재이유와 까닭, 보람과 목적이 밖의 타자에게 있지 않고 나 자신에게 있음을 의미한다. 물체들은 존재와 운동의 원인과 결과가 바깥 타자에게 있지만 생명과 정신의 주체 '나'는 존재와 활동의 이유와 까닭, 의미와 목적을 자신 안에 가지고 있다. '나는 나다!'의 하나님은 타자의 주체를 지배하고 정복하는 신이 아니라 타자의 주체를 회복하고 세워주며 힘 있게 하는 해방자 신이다. '나는 나다!'의 해방자 하나님은 나를 나로 되게 하는 신이다.

하나님 나라의 복음을 전한 예수는 '나는 ~이다'(I am)를 가장 뚜렷하고 확실하게 쓴 이다. 그는 "나는 길이요 진리요 생명이다", "나는 목자다", "나는 포도나무다"라고 말했으며 자신의 비밀과 정체를 "나는 곧 나"(ego eimi, I am, 요한 8:24)라고 했다. 예수는 가난한 민중에게 "너(너희)는 행복하다", "너는 하나님 나라의 주인이다", "너는 하나님의 자녀다", "네(너희)가 하나님 나라에 먼저 들어간다"라고 하나님 나라의 복음을 선포했다. 예수는 가난한 민중이 '내가 곧 나'임을 깨닫고 '내가 나로서 나답게' 살도록 격려하고 힘을 주었다. 예수의 하나님 나라는 '나는 나다'이신 해방자 하나님과 함께 '내가 곧 나'임을 깨닫고 '내가 곧 나'로서 사는 나라다.

성경은 생명과 인간의 진리를 바르게 드러냈으나 시대의 한계와 제약 때문에 제대로 전달되지 못했다. '나는 나다!'의 해방자 하나님 '야훼'(I am who I am)는 유대교에 의해서 호전적이고 배타적인 부족(部族) 신 여호와로 바뀌었다. 기독교에서는 '나는 나다!'의 하나님이 무력한 죄인을 구원하고 해방하는 전능한 초월적 타자로 바뀌었다. 유대인 철학자 마르틴 부버는 하나님을 '영원한 너'라고 했고 기독교 신학자 카를 바르트는 하나님을 '초월적 절대 타자'라고 했다. 유대인 철학자 에마뉘엘 레비나스는 고난받는 타자의 얼굴에서 '초월적 무한자'를 봄으로써 구원을 받으려 했다. 이들은 '나는 곧 나'(I am)로 표현되는 생명의 진리를 왜곡하였다.

나라가 망하고 민을 나라의 주인과 주체로 깨워 일으켜서 나

라의 독립과 통일을 이루려 했던 안창호는 민 한 사람 한 사람
의 '나'를 사랑하고 존중하는 '나'의 철학을 세웠다. 그의 '나' 철
학은 결코 배타적이거나 폐쇄적인 철학이 아니다. 그는 나의 덕
력·체력·지력을 기름으로써 덕·체·지(몸·맘·얼)를 통합하는
건전한 인격을 세우려 했다. 그는 건전한 인격을 바탕으로 서로
보호하고 단합하는 협동과 단결을 강조했다. 조직과 단체의 협
동과 단결을 이룸으로써 민족의 독립과 통일에 이르려 했다. 더
나아가서 건전하고, 모범적인 민주공화국을 건설함으로써 세계
의 번영과 평화를 이루는 세계대공을 말하였다. 그는 나를 사랑
하는 애기의 철학을 바탕으로 공과 사를 함께 세우는 공사병립,
나를 힘 있게 함으로써 공의 세계를 열어가는 활사개공(活私開
公)의 원칙을 확립했다. 그리고 건전한 민주국가를 세움으로써
세계의 정의와 평화에 이르는 세계대공을 내세웠다. 나를 사랑
하고 남을 사랑하는 애기애타의 원칙 위에 공사병립, 활사개공,
세계대공의 공공철학을 확립했다. 김민기의 〈아침 이슬〉도 통하
고 방탄소년단의 노랫말과도 일치하는 도산의 민주생명철학은
한국과 세계의 젊은이들을 사로잡을 수 있는 새로우면서 세계보
편적인 사상이다.

　이 책을 쓰기 전에 미국 흥사단 윤창희 위원장과 안창호의
삶과 사상에 대해서 2년이 넘도록 대화를 나누었다. 윤 위원장
의 제안으로 미국 흥사단 단우들과 장리욱의《도산의 인격과 생
애》를 함께 읽고 생각을 나누었다. 이 대화를 통해서 안창호의

삶과 사상에 대한 나의 생각도 더 깊고 분명해졌다. 윤 위원장과의 깊고 오랜 대화가 이 책을 쓰는 데 큰 자극과 도움을 주었다. 윤 위원장께 깊은 감사를 드린다.

이 책을 쓰는 과정에서 여러 번 만나서 안창호의 삶과 사상에 대해서 생각을 나누며 격려해 주신 류종열 흥사단 이사장과 고춘식 교장께도 고마운 마음을 전한다. 멀리 서산에서 나의 건강을 걱정하며 알뜰하게 보살펴 주신 최석주 원장과 김승순 님께도 고맙다는 말씀을 드리고 싶다.

도산의 삶과 사상을 바로 이해하고 그의 삶과 사상을 이어서 사는 이들이 이 책을 통해 많이 나오면 좋겠다.

2020년 1월

박재순

1부 — 삶과 사상

1장

도산의 삶

이제까지 도산의 삶과 사상에 대한 평전과 연구서는 많이 나왔다. 1947년에 나온 이광수의 《도산 안창호》는 도산의 심정과 처지에서 보고 느낀 것처럼 도산의 삶과 사상을 깊고 풍부하게 제시하였다. 그러나 도산이 죽은 후 그가 친일의 길을 걸었다는 사실이 그가 소개한 도산의 삶과 사상에 대한 의문을 갖게 한다. 1963년에 나온 주요한의 《안도산전서》는 도산의 많은 글과 문헌자료들을 제시했을 뿐 아니라 이광수의 책보다는 훨씬 더 자세하게 도산의 삶과 사상을 다루고 있다. 주요한 또한 친일의 길을 걸었다는 점에서 도산을 이해하고 평가하는 그의 관점과 자세에 대해서 한계와 문제를 느끼게 된다. 실제로 이광수와 주요한의 도산평전은 독립투쟁과 사회혁신을 추구한 도산의 치열하고 역동적인 면모를 제대로 드러내지 못했다. 2016년에 펴낸 《한국 독립운동의 혁명영수 안창호》에서 장석흥은 이광수와 주요한의 책에서 약화된 독립운동가 도산의 혁신적 모습을 강조하고 정치, 경제, 교육, 민족의 평등을 내세운 대공주의(大公主意)를 도산사상의 핵심으로 제시했다.[1] 나는 이광수와 주요한에 대한 장석홍의 비판이 옳다고 생각하며 독립운동가 도산의 치열하고 역동적인 면모와 대공주의를 내세운 도산의 사회변혁적인 사상이 강조되어야 한다고 생각한다.

그러나 한 사람 한 사람의 주체인 '나'의 최종적이고 궁극적 책임을 내세우며 자아혁신과 인격혁명을 강조한 이광수의 도산 정신과 사상도 여전히 중요하다고 본다. 나는 오랫동안 유영모와 함석헌의 씨올사상을 연구하였다. 이승훈의 오산학교에서 스승과 제자로 만난 유영모와 함석헌이 만든 씨올사상의 뿌리는 안창호·이승훈의 교육독립운동이다. 안창호의 철학과 사상을 본격적으로 공부하면서 씨올사상의 원조가 도산의 사상임을 확인하였다. 씨올사상은 민을 우주역사와 생명진화역사와 인류역사의 씨올로 본다. 우주물리적 차원, 자연생명적 차원, 인류정신적 차원을 아우르는 씨올로서의 인간은 주체적이면서 통합적 존재다.[2] 한 사람 한 사람의 '나'를 나라의 주인과 주체로 깨워 일으키며 덕력·체력·지력을 함께 기르려 했던 도산도 인간을 주체적이며 통합적 존재로 보았다. 주체인 '나'를 중심에 놓고 '나'의 혁신과 민족(인류) 전체의 통일을 추구했다는 점에서 안창호와 유영모와 함석헌은 일치한다. 씨올사상의 뿌리와 기원을 알려면 도산사상을 알아야 하고 도산사상의 깊이와 크기를 알려면 씨올사상을 알아야 한다.

　도산사상과 씨울사상은 한국의 독립운동과 해방운동 속에서 형성된 현대적이고 독창적이며 민주적이고 보편적인 사상이다. 민주적이고 현대적이며 독창적인 도산사상을 이해하려면 동서고금의 사상들과의 유사성뿐 아니라 그 차이와 독창성을 도산사상에서 확인할 수 있어야 한다. 도산사상을 사상으로 정립하려 했던 장리욱과 안병욱은 동서고금의 사상과 도산사상의 공통점과 유사성을 지적함으로써 도산사상을 설명하였다.[3] 나는 도산의 삶과 사상을 독립협회, 교육독립운동, 삼일독립운동, 촛불혁명으로 이어지는 한국 근현대의 역사 속에서 그리고 안창호·이승훈·유영모·함석헌으로 이어지는 한국 근현대 정신의 계보 속에서 이해하려고 한다. 이렇게 이해하고 접근할 때 도산의 삶과 사상이 지닌 한국적 독창성과 세계적 보편성을 드러낼 수 있다.

장리욱의 《도산의 인격과 생애》

　서울대 총장과 미국대사를 지낸 장리욱은 도산 안창호 선생을 가까이 모시고 배우며 깊은 사귐을 가졌고 평생 흥사단 단우로서 흥사단 정신을 실천하며 흥사단을 이끌어온 분이다. 도산과 함께 옥고를 치르며 그의 마지막을 지켜보았던 장리욱은 누구보다 도산의 삶과 정신과 인격을 진실하게 말할 수 있는 사람이다. 장리욱이 쓴《도산의 인격과 생애》,《나의 고백록》에서 도산의 삶과 사상을 이해하는 관점과 자세를 배울 수 있다. 그가 그려주는 도산은 몸의 욕구와 감정에도 충실한 감성적 사람이고 현실적이고 과학적인 합리성과 효율성을 추구하는 지성인이면서 "지성을 초월한 보다 높은 차원의 지성"을 가진 인물이다.[4]

장리욱은《도산의 인격과 생애》머리말에서 도산의 인격과 생애를 바르게 이해할 수 있는 몇 가지 실마리를 주었다. 그는 도산을 이해함에 있어서 먼저 도산이 어떤 성품과 자질을 타고났으며 주어진 환경에 어떻게 반응했는지 생각하였다. 사람이 아무리 좋은 성품을 가지고 좋은 환경에서 태어나도 그것만으로는 훌륭한 인격과 정신을 닦아내지 못한다. 도산이 뛰어난 성품과 자질을 타고난 것은 사실이다. 그러나 그의 주어진 환경은 좋다고 할 수 없었다. 가난한 농부의 아들로 태어났고 일찍 아버지를 잃었으며 그가 살았던 서북 지역은 정치·사회·문화적으로 소외된 곳이었다. 게다가 그가 살았던 시대는 나라가 망하고 식민지가 되어 가는 고통스럽고 절망적인 시대였다.

그는 몸과 맘속에 타고난 성품과 자질 외에 아무런 특권과 혜택을 물려받지 못했다. 그는 스스로 자신을 깨워 일으키고 닦아세워서 높은 인격과 삶을 이룩했다. 그러므로 장리욱은 도산이 추구한 이상과 가치에 주목한다. 도산은 주어진 조건과 현실에 안주하거나 굴복한 이가 아니었다. 주어진 조건과 현실을 중시하면서도 주어진 조건과 현실을 넘어서 그는 보다 나은 세상

을 만들려고 하였다. 그는 높은 이상과 가치, 높은 뜻과 사명을
가진 이였다. 뛰어난 성품과 자질을 가진 도산이 높은 이상과 가
치를 추구하며 자기와 세상을 새롭게 변화시키기 위해서 쉼 없
이 결단하고 행동하고 실천하였기 때문에 위대한 인격과 생애를
남길 수 있었다.

장리욱은 또한 사람과 사회와 민족에 대한 도산의 성실한 자
세, 크고 작은 일을 처리하는 예지와 수법에 주목하였다. 성실은
도산의 인격과 생애를 드러내는 가장 뚜렷한 특징이다. 그는 큰
일이나 작은 일이나 한결같이 지극정성을 다해서 애쓰고 힘쓰는
이였다. 현실에 충실했던 도산은 합리적이고 효율적으로 생각하
고 행동했다. 그는 주어진 현실과 조건을 과학적으로 분석하고
철학적으로 깊이 뚫어보았다. 따라서 그의 말과 삶에는 언제나
창의적이고 혁신적인 예지가 번득였다. 성실한 인격, 일을 처리
하고 풀어가는 합리적이고 효율적인 수법, 창의적이고 혁신적인
예지를 지닌 도산에게 많은 사람들이 공감하고 동조할 수 있었
다. 성실함과 합리성과 창의성은 도산의 특징이었다.

더 나아가 장리욱은 도산의 인격과 생애가 "늘 보다 높은 차
원에서 움직이고 있다는 것을 체험했다".[5] 도산은 나라를 잃고
식민지 백성으로서 비참하고 절망적인 역사의 중심에서 살았지
만 '보다 높은 차원'에서 생각하고 판단하고 말하고 행동했다.
보다 높은 차원(하늘)을 가지고 살았기 때문에 도산은 진실한 신
앙인이고 깊은 철학자이고 위대한 스승이 될 수 있었다.

도산의 지성과 초(超)지성

도산은 대학공부를 하지 않았다. 그는 어려서 한문공부를 했는데 도산의 일기나 1906년 말쯤 작성한 '대한신민회 취지서'를 보면 그의 한문 실력은 물론 웅대한 사상과 정신세계를 이룩한 것을 알 수 있다. 도산은 젊은 시절에 선교사 학교에서 과학과 기독교정신을 배웠고 독립협회 만민공동회 활동에 참여하여 지성인들과 만나 배우면서 높은 인격과 사상을 닦아낼 수 있었다.

과학의 근본원리는 모든 사물과 일에 원인과 결과가 있다는 것이다. 일과 사물에 원인과 결과가 있다는 것을 모르는 이는 별로 없을 것이다. 도산의 위대한 점은 원인과 결과가 있다는 생각을 철저하게 받아들이고 적용한 데 있다. 자연만물의 세계뿐 아니라 역사와 사회의 세계, 도덕과 정신의 세계에도 원인과 결과가 있다는 것을 그는 확신했다. 나라가 망한 것은 나라가 망할 원인이 있었기 때문이고 나라를 되찾고 독립하여 힘 있고 아름다운 나라를 만들려면 그런 결과를 가져올 원인이 되는 인격과 정신, 삶과 행동이 있어야 한다고 보았다.

도산은 나쁜 나무는 나쁜 열매를 맺고 좋은 나무는 좋은 열매를 맺는다는 성경말씀이 과학적이면서 도덕적이고 영적인 진리라고 보았다. 원인과 결과의 진리가 지배하는 세계는 거짓과 허영, 게으름과 망상이 깃들 수 없는 정직한 세계다. 도산이 절대 정직과 무실역행을 강조한 것은 과학적 인과 관계의 진리를 확신했기 때문이다. 그러나 도산은 과학적·이성적 인과론의 결정론에 빠지지 않았다. 원인과 결과를 만들어내는 인간의 주체와 행동을 도산은 강조했다. 역사와 사회의 주인과 주체로서 역사와 사회를 개조하는 인간의 자아 '나'를 도산보다 더 강조한 사람은 없었다. 큰일이든 작은 일이든 '내'가, 나의 나, 너의 나, 그의 나가 하지 않으면, 아무도 하지 않는 것이고 아무것도 하지 않는 것이다.

인간의 주체인 자아, '나'를 최대한 강조하고 '나'의 인격적 깊이와 높이를 실현하려고 했다는 점에서 그는 단순한 지성인을 넘어서 도덕적이고 신앙적이고 영적인 초지성을 가진 사람이었다. 정직한 인과론의 과학적 진리를 자연과학의 영역을 넘어서 역사와 도덕과 정신의 세계에 철저하게 적용했다는 점에서, 그리고 합리성과 효율성을 추구하면서 서로 협력하고 연대하는 인간의 주체적 책임과 실천을 강조했다는 점에서 그는 위대한 지성인이다. 인간의 지성(이성)은 기본적으로 사물의 인과관계를 분석하고 이해하고 설명하는 것이다. 지성은 자기 자신을 어느 정도 비판하고 반성할 수는 있지만 근본적으로 자기 자신을 부정하고 초월하여 자신을 새롭게 할 수 없다. 나라를 잃고 헤매는 절망과 죽음의 현실 속에서도 도산은 인간의 주체인 '나', 인격을 끊임없이 부정하고 초월함으로써 자신과 동지의 인격을 새롭게 하려고 하였다. 자기부정과 초월을 통해서 무한히 깊고 높은 인격을 지닌 '나'가 되려고 했다는 점에서 그는 초지성을 가진

이다. "도산의 가슴 속에서는 보통 지성을 초월한 보다 높은 차
원의 지성이 작용되고 있었다."[6]

인간에 대한 마음씨

도산은 지극한 정성과 헌신의 심정으로 인간을 존중하고 사
랑하고 돌보았다. 그는 병든 사람을 간호하고 보살피는 일에 혼
신을 다하였고 이로써 병든 사람의 사랑과 존경을 받았고 서로
믿고 따르는 동지가 되었다. 장리욱의 말대로 도산은 인간을 위
해 모든 것을 달게 희생했으나 '주의'를 내세우거나 이론과 학설
에 매이지 않았으며 생활 속에서 행동하는 인도주의자였다. "그
는 인도주의의 이론화보다 생활화를 더 시급한 사명으로 느꼈
다. 도산의 인도주의는 그가 산 사회에 있어서 크고 작고, 쓰고
달고, 기쁘고 슬프고 한 모든 인간관계 속에서 나타내고 있는 것
이다."[7] 여기서 '생활 속에서 행동하는 인도주의자'란 말이 중요
하다. 도산은 자신의 머릿속에서 이성으로 헤아리고 생각해서
인도주의자가 된 것이 아니다. 위대한 철학자나 사상가의 이론
과 학설을 연구해서 인도주의자가 된 것도 아니다. 이념이나 학
설은 인간의 생명과 정신에 대해서 분석하고 이해하고 설명한
것일 뿐 생명과 정신 그 자체가 아니다. 인간에 대한 훌륭한 이
론과 학설을 가진 사람만이 다른 인간을 깊이 사랑하고 자신의

삶을 올곧게 살 수 있는 것도 아니다.

도산은 어떻게 생활 속에서 행동하는 인도주의자가 되었나? 자신과 타인의 생명과 정신에 대해서 이성적으로 탐구한 결과가 아니다. 이성의 탐구 이전에 도산은 인간으로서 자신의 생명과 정신 속에서 인간이 얼마나 존귀하고 아름답고 위대한 존재인가를 스스로 느끼고 깨닫고 알고 체험했던 것이다. 인간으로서 자기 자신이 아름답고 존귀하고 위대한 것을 깨닫고 알았기 때문에 자기 자신을 사랑하고 높이 실현하고 완성하려 했으며 다른 사람을 존중하고 섬기는 일에 희생하고 헌신할 수 있었다. 현대 천문물리학은 우주의 역사가 인간의 몸에 새겨져 있음을 말해준다. 생명진화론은 인간의 몸과 맘속에 생명진화의 역사가 새겨져 있음을 밝혀준다. 인간은 잠시 살다가 죽는 존재이지만 인간의 생명과 정신 속에는 우주와 생명진화와 인류역사가 새겨져 있고 살아 있다. 도산은 자신의 삶과 정신 속에 한없는 깊이와 힘과 아름다움이 있음을 깨닫고 체득하고 실현한 분이다.

도산은 물질과 생명과 인간의 세계를 이해하고 설명하는 데 과학적 지성과 이론을 중요하게 사용했지만 지성과 이론의 한계에 머물지 않았다. 지성과 이론은 생명과 정신에 대해서 거리를 가진 것이며 2차적, 3차적으로 이해하고 설명하는 것이다. 그는 과학적으로 분석하고 연구하고 이해하는 사람이었고 사무치게 밤낮으로 생각하는 사람이었지만 관념과 이론에 머물지 않았다. 도산은 자신의 생명과 정신을 스스로 주체와 전체로서 온전하고 철저하게 살았다. 자신의 생명과 정신 속에서 스스로 깨닫고 체험하고 행동했기 때문에 그의 삶과 사상은 소박하고 단순해 보이지만 심오하면서 통합적이다. 인간의 몸과 생명과 정신은 주체와 전체로서 주체와 전체를 보고 느끼고 알 수 있다. 몸과 생명과 정신은 이성보다 훨씬 깊고 통합적으로 볼 수 있다.

인격과 사상의 형성

도산은 어떻게 그의 정신과 인격을 형성하였는가? 그는 어떻게 그의 사상과 신념을 닦아냈는가? 도산의 구도자적 학문탐구와 인격형성 과정을 더듬어 보자.

도산은 8~13세까지 가정과 서당에서 한문을 배우고 14~16세까지 김현진에게서 유학을 배웠다. 한문과 유교 경전을 공부함으로써 동양의 정신문화와 윤리를 체득했다. 그는 조선사회의 거짓과 불의를 통렬하게 비판했으나 조선민족의 정신과 문화에 대해서는 자부심과 긍지를 가졌다.[8] 서양문화가 들어오고 외세가 침입하면서 나라가 기울어가는 상황에서 도산은 유교경전 공부를 중단하였다. 1894년에 서울로 간 그는 선교사가 세운 구세학당(救世學堂)에서 기독교정신, 과학사상, 민주정신을 배우고 기독교인이 되었다. 하나님의 사랑과 죄의 회개를 강조하는 기독교 신앙을 통해 도산은 사랑을 중심에 두면서 정직하고 의로운 삶을 추구하였다. 사랑과 정의의 하나님 앞에서 사랑과 정의를 이루지 못한 인간은 깊은 죄책을 느낀다. 죄책을 느낀 사람은 모든 죄책을 '나'의 탓으로 돌리고 사랑과 정의를 이루는 새 사람으로 변화해야 한다. 기독교 신앙을 깊이 받아들인 도산은 사랑과 정의와 정직을 삶의 원리로 삼게 되었다. 도산이 기독교신앙을 받아들였으나 예수를 믿고 따르는 수동적인 종교인이 되지는 않았다. 그가 다닌 학교 이름 '구세'(救世)가 시사하듯이 그는 예수처럼 세상과 민족을 구하는 사람이 되었다.

도산은 1895년에 발행된 유길준의 《서유견문》을 읽고 큰 배움과 깨달음을 얻었다. 도산은 이 책에서 유길준이 제시한 기본 사상을 깊이 받아들였다. 이 책에 따르면 한국은 중국 중심의 국가에서 세계 속의 국가로 나가야 한다. 유길준은 서양의 문명을 단순히 모방하는 개화가 아니라 남의 좋은 것을 취하면서 나의 좋은 것을 지켜가는 자주개화(自主開化), 한국의 실정에 맞는 실상개화(實狀開化)를 주장했다. 그는 또한 공리공담에서 벗어나 실행에 힘쓸 것을 강조했다. 그는 문명의 개화와 진보를 말했으나 물질적 힘을 앞세우는 국가주의문명관을 따르지 않았다. 지극한 선과 아름다움(至善極美)을 실현하고 추구하는 것이 개화라고 함으로써 물질적 힘보다 제도와 문화의 힘을 강조하였다. 또한 자유 평등한 국민이 합리적으로 경쟁하고 격려하고 서로 도우며 개화를 이루어가야 한다고 보았다. 이로써 유길준은 약육강식 부국강병의 제국주의적 문명관에서 벗어나 정신개화, 지식개화, 물질개화를 말하였다.[9] 유길준의 이러한 사상은 10대 후반의 도산에게 큰 영향을 주었다. 도산은 유길준이 '우리의 지도자'가 되기에 합당한 인물이었다고 높이 평가했다.[10]

1907년에 일본에서 돌아온 유길준은 흥사단(興士團)을 조직하여 국민 한 사람 한 사람을 훌륭한 선비로 만듦으로써 훌륭한 나라를 이루려고 했다(國民皆士). 도산이 1913년에 미국에서 흥사단을 만든 것은 유길준의 정신과 사상을 계승한 것을 말해 준다. 도산은 유길준의 사상을 심화 발전시켰다. 도산의 흥사단은 이념과 조직과 실천에서 새롭고 창조적인 면모를 보였다. 유길준의 흥사단은 곧 해체되었으나 도산의 흥사단은 한민족의 삶과 역사 속에 깊이 뿌리를 내리고 심화 발전되었다.

도산이 서울에서 공부하던 시기(1894~1897)는 동학농민혁명과 청일전쟁이 일어나던 격변기였다. 동학농민혁명과 청일전쟁이 일어난 직후인 1896년에 〈독립신문〉이 창간되고 독립협회가 창립되었으며, 만민공동회가 열렸다. 민족과 국가의 큰 위기 속에서 근본적인 변화와 혁신을 모색하던 독립협회와 만민공동회에 도산은 적극적으로 참여하였다. 독립협회를 조직한 서재필과 윤치호는 배재학당의 교사로서 매주 토요일에 민주주의와 신문화에 대한 강의를 하고 학생회를 조직하여 학생들이 민주적이고 학구적인 토론을 하도록 이끌었다. 구세학당 학생이었던 도산은 배재학당의 찬성원이 되어 서재필과 윤치호의 강의를 열심히 들었을 뿐 아니라 그들이 지도하는 토론회에 열심히 참여했다. 여기서 도산은 신문화와 민주주의, 과학정신과 이치를 배웠으며 민주적 토론과 설득 방법을 익혔다.

쾌재정 연설과 민중체험

선교사학교와 독립협회를 통해 안창호는 기독교신앙, 과학사상, 신문명과 개화이론을 배우고, 민주정신과 민주적 토론과 설득방법을 익혔다. 그는 스물의 젊은 나이에 평양 쾌재정에서 열린 만민공동회에서 평양감사와 진위대장, 지역 유지들과 평민대중 수백 명을 앞에 놓고 연설을 하였다. 도산은 아무런 권위와 지위, 명망과 업적, 학벌과 문벌이 없는 새파란 젊은이였다. 도산이 가진 것은 다만 나라와 민족에 대한 뜨거운 사랑과 정직하고 바른 심정뿐이었다. 도산은 조선왕조와 관리들의 불의와 부패를 고발하고 진실과 정의를 말하였다. 쾌재정 연설의 전문은 전해지지 않으나 그 주요 내용은 많은 사람의 입에서 입으로 전해져왔다. 주요한의 《안도산전서》에 나오는 쾌재정의 연설 내용과 상황을 인용해 보자.

> 1898년(광무2년) 한 여름 날, 광무황제 탄신일(음력 7.25)에 평양 대동강 가에서 만민공동회를 열었다. 평양성이 생긴 이래 처음 듣는 만민공동회가 열렸다. 독립협회에서 정부의 고관들과 일반 국민들

을 한 자리에 모아 연설을 듣고, 정치를 토론하고 정부에 건의를 하기도 하였으니, 이것을 만민공동회, 관민공동회라 했다. 수천~수만의 군중이 한자리에 모이는 것도 개벽이래 처음이요, 연설도 처음이요, 백성들이 손을 들어 찬성하여 정부에 건의하는 것도 처음 되는 일이니, 이것이 서재필 박사가 외국에서 선물로 가지고 온 민주주의라는 새로운 정치 운동의 첫 시험이었던 것이다.

쾌재정 정자 위에는 평안 감사 조민희를 위시하여 진위대장과 다른 고관들이 벌여 앉았고, 정자 옆에 따로 설비한 연단에는 관서지부장 한석진 이하 간부들이 열석하였는데 연사는 스무 살 밖에 안 된 머리 깎은 총각 안창호였다. 그의 연설은 물 흐르듯 거침없었다.

"쾌재정, 쾌재정 하기에 무엇이 쾌한가 했더니 오늘 이 자리야말로 쾌재를 부를 자리올시다. 오늘은 황제 폐하의 탄일인데, 우리 백성들이 이렇게 한데 모여 축하를 올리는 것은 전에 없이 첫 번 보는 일이니, 임금과 백성이 함께 즐기는 군민동락(君民同樂)의 날이라, 어찌 쾌재가 아니고 무엇인가. 감사 이하 높은 관원들이 이 축하식에 우리들과 자리를 함께 하였으니, 관민동락(官民同樂)의 날이라, 또한 쾌재가 아닐 수 없도다. 남녀노소 구별 없이 한데 모였으니 만민동락(萬民同樂)이라 더욱 쾌재라고 하리니, 이것이 오늘 쾌재정의 삼쾌(三快)라 하는 바로라."

서론에서 본론으로 들어간 소년 연사는 단상에 점잖 빼고 앉은 고관들을 하나씩 면박하기 시작하니, 개벽 이래 처음 보는 청천벽력이라.

"세상을 바로 다스리겠다고 새 사또가 온다는 것은 말뿐이다. 백성들은 가뭄에 구름 바라듯이 잘 살게 해주기를 쳐다보는데 인모(人毛) 탕건을 쓴 대관·소관들은 내려와서 여기저기 쑥덕거리고 존문(存問)만 보내니, 죽는 것은 애매한 백성뿐이 아닌가. 존문을 받은 사람은 당장에 돈을 싸 보내지 않으면 없는 죄도 있다 하여 잡아다 주리를 틀고 돈을 빼앗으니, 이런 학정이 또 어디 있는가. 뺏은 돈으로 허구헌 날 선화당에 기생을 불러 풍악 잡히고 연광정에 놀이만 다니니, 이래서야 어디 나라꼴이 되겠는가. 진위대장은 백성의 생명 재산을 보호하는 것이 책임인데 보호는커녕 백성의 물건 빼앗는 것을 일삼으면 우리나라가 어떻게 되겠는가."

탐관오리의 행색을 샅샅이 들어 성토할 때에 청중들은 귀를 의심하다가 통쾌하여 소리 지르고, 관찰사 조민희는 얼굴색이 변하면서도 연방 "옳소, 옳소"하더라 한다. 연설이 끝나자 백성들은 이제야 살날이 왔나 보다 감격하여 떠들기 시작하고 여자들은 "어떤 어머니 아들이길래 저렇게 씩씩하고 담이 크냐" 하고 마침 연설을 들으러 왔던 그의 어머니를 찾아 둘러싸고 법석을 이루게 되었다는 것이다. 18조목의 쾌재와 18조목의 불쾌를 설파한 것이 이 쾌재정 연설의 내용이라고 전해지고 있다.[11]

　　도산의 쾌재정 연설은 낡은 조선사회와 역사를 뒤집는 혁명적인 사건이었다. 낡은 역사와 사회의 어둠과 절망에 빠져 있던 민중에게 도산의 연설은 해방과 구원의 말씀이었다. 도산의 지성과 양심에서 우러난 소리, 이치에 맞는 진실하고 정의로운 말씀을 들은 청중은 손뼉을 치고 발을 구르며 환호하였고 평양감사와 진위대장과 같은 고위 관리들도 함께 박수를 쳐야 했다.

혼란과 격동의 짙은 어둠 속에서 좌절하고 절망하며 불안과 두려움에 떨던 민중은 하늘의 소리인 듯 거침없고 대담한 도산의 말씀을 듣고 구원과 해방을 맛보았다. 도산의 말 속에서 모든 청중이 하늘처럼 경계도 장벽도 없이 온전히 하나로 되었다. 민중이 하나로 되었을 때 민중에게서 엄청난 감동과 힘이 나왔다.

정직과 진실, 사랑과 정성, 진리와 정의로 가득 찬 말씀 속에서 도산은 민족(민중)과 온전히 하나로 되는 경험을 했다. 민중과 하나로 되었을 때 민중에게서 한없는 힘과 용기가 나오는 것을 도산은 깊이 체험하였다. 이 연설을 통해서 도산은 자신을 믿고 존중하게 되었을 뿐 아니라 민족과 민중에 대하여 한없이 신뢰하고 존중하게 되었다. 그는 이때 정직과 정의가 가장 큰 힘을 가지고 있음을 확인할 수 있었다. 도산의 연설을 가장 깊고 진지하게 믿고 받아들인 사람은 도산 자신이었다. 도산보다 도산의 말을 더 온전하고 충실하게 삶과 행동으로 옮긴 사람은 없었다.

상항의 결의와 노동운동가 안창호

1902년에 미국 유학을 갔을 때 도산은 가족의 생계를 위해 노동자로서 일하였다. 이 시기에 도산이 집안사람을 위하여 생업을 한 것은 전후 1년 반 가량이었으니 반년간은 미국 캘리포니아 주 리버사이드에서 과수원 관개공사에 토목인부로 노동하였고, 약 1년은 로스앤젤레스의 어떤 미국인 여관에서 가옥소제 인부로 있었다.[12] 도산은 자신이 배 젓는 일과 가옥청소로 먹고살 수 있다고 하였다. 길거리에서 한인 인삼장수들이 상투 잡고 싸우는 것을 본 도산은 미국에서 유학을 중단하고 노동자들을 조직하고 교육 훈련하는 일에 헌신하였다. 이때 도산은 이강, 김성무, 정재관과 뜻을 같이하였고 이들 네 사람은 도산의 사업에 공감하고 "도산은 동포를 지도하는 사업에 전념하고 나머지 사람들은 도산의 생활과 가정살림을 책임진다"는 '상항(샌프란시스코)의 결의'를 하였다. 이것은 작은 일 같지만 실제로 오늘날의 도산을 있게 한 출발점이 되었다. 상항의 결의로 도산은 크게 감격하고 힘을 얻었다. 이로부터 도산은 동지를 중시하고 동지애를 최고덕목으로 삼고 활동하였다. 상항의 결의는 그 후 도산의 교육운동과 독립운동의 정신적 토대와 씨울이 되었다. 상항의 결의를 바탕으로 도산은 상항친목회를 만들었다.[13] 나아가 미국의 한인노동자들을 조직하고 교육하여 애국독립운동단체인 공립협회를 만들고 이것이 발전하여 대한인국민회가 조직되었다. 대한인국민회는 미국과 하와이 그리고 멕시코와 블라디보스토크의 한인들을 포괄하는 큰 단체가 되었다.

한인 동포들의 지도자가 되었을 때도 도산은 농장노동자들과 함께 농장에서 오렌지 따는 일을 했다. 그는 노동자들 속으로 들어가서 그들을 조직하고 교육 훈련하여 서로 돌보고 더불어 사는 생활공동체를 형성하였다. 1910년 나라가 망하자 망명한 안창호는 미국에서 흥사단을 만들고 국민회 조직을 확장하는 일에 힘썼다. 민의 한 사람으로서 정직하게 일하며 살자는 뜻에서 무실역행(務實力行)을 내세웠던 그는 미국에서 한인 노동자들과 함께 일하면서 생활하였다. 1917년에 도산은 멕시코의 교민들이 농장에서 농노로 학대와 착취를 당하는 것을 알고 멕시코 한인노동자들과 7개월간 함께 생활하면서 그들을 위로하고 가르치고 지도했다.[14] 그가 가는 곳에는 어디나 공화국이 생겨났다. 미국의 교민사회도 멕시코의 한인노동자사회도 자치와 협동의 공화국으로 바뀌었다. 안창호는 미국에서도 멕시코에서도 상생과 공존의 길을 열었다. 미국 정부와 한인교포 사이에, 미국농장주들과 한인노동자들 사이에, 멕시코 정부 및 농장주들과 멕시코 한인노동자들 사이에 상생과 협력과 공존의 길을 열었다. 안창호가 멕시코에서 활동한 결과 멕시코 정부도 한인노동자들을 우대했고 농장에서도 한인의 임금을 올려주었다. "안창호라는 지도자가 오더니 한국 사람들은 면목이 일신하여 열심히 노력함으로써 농장에 큰 이익을 올리게 하였다"라고 어느 멕시코 신문은 보도하였다.[15] 도산이 멕시코 한인 노동자들과 헤어질 때 한인노동자들이 보여 준 깊은 사랑과 감사와 존경은 도산과 멕시코 한인 노동자들 사이에 얼마나 깊은 공동체적 연대와 결속이

이루어졌는지 알려준다.[16]

거짓과 폭력의 시대를 넘어서

도산은 삶에 충실하게 생각하고 행동했던 생명 철학자였다. 생명을 살리고 키우고 풍성하게 하는 것은 사랑과 정의다. 사랑과 정의에 비추어 도산은 민족의 과거를 반성하였다. 우리 민족이 쇠퇴하여 옛 문화와 영광을 잃고 반만년 계승한 국맥(國脈)까지 끊게 한 원인을 거짓과 부패에 빠진 우리 민족의 타락에서 찾아내었다. 그가 첫째로 발견한 것은 우리 민족이 '거짓말, 거짓행실'의 허위에 젖었다는 것이다. 이것이 우리 민족을 쇠퇴케 하고 우리로 망국 국민의 수치를 받게 한 근본원인이라고 보았다.[17] 서로 거짓말을 하고 거짓행실을 하면 서로 믿지 못하고 의심하고 억측하여 단결이 되지 못한다. 어떤 민족이 서로 믿지 못하여 단결이 되지 못할 지경이면 그 민족은 국민 될 자격을 상실하는 것이다. 도산은 이렇게 탄식하였다. "아아 거짓이여 너는 내 나라를 죽인 원수로구나. 군부(君父)의 수(讐)는 불공대천이라 하였으니 내 평생에 적어도 다시는 거짓말을 하지 아니하리라."[18]

도산이 우리 민족성의 타락에서 찾아낸 둘째 병통은 공담공론(空談空論)이었다. 남만 탓하면서 빈말로만 떠들고 실천실행이 없는 것이었다. 저는 아무것도 하지 아니하면서 무엇을 하고 있는 남을 비판하기만 일삼는 것이었다. 도산은 조선 5백 년의 역사는 공담공론의 역사라고 극언하였다. 공론가의 특징은 책임을 남에게 미루는 것이다. 공론가는 일은 하지 않고 일하는 사람의 잘못을 꾸짖고 제 잘못은 가리고 남의 흠담이나 하는 사람이다.[19] 이런 깊은 반성을 통해서 도산은 모든 원인과 책임을 나 자신에게 돌리고 나 자신이 변화와 혁신의 창조적 주체가 되어 스스로 행동하는 무실역행의 철학에 이르렀다.

그러나 도산이 말한 '민족의 거짓말과 거짓행실'은 개인의 윤리도덕만을 가리키는 말이 아니었다. 도산은 거짓말과 공담공론의 이면에는 서로 음해하고 죽이는 당파싸움과 억압하고 착취하는 불의와 위선이 있다고 보았다. 조선의 선비와 관리들이 입으로는 윤리와 도덕을 말하면서 서로 음해하고 죽이는 당파싸움에 빠지고 조선민족이 서로 억압하고 착취하다가 스스로 멸망에 빠졌다.[20] 진실과 정직을 추구한 도산의 무실역행은 불의한 사회의 실상을 드러내고 혁신하는 구호이고 선언이었다. 그가 추구한 진실과 정직은 지역파벌과 당파싸움에서 벗어나는 것이고 억압과 착취의 낡은 사회구조를 혁파하는 것이었다. 진실과 정직을 추구한 도산의 무실역행은 정의와 상생을 실현하는 사회혁신과 맞물려 있다. 거짓과 부패 속에서 서로 죽이는 낡은 사회를 혁파하고 진실하고 의롭게 서로 사랑하고 살리는 새 나라, 새 사회를 이루기 위해서 저마다 진실하고 정직하게 힘써 일하자는 것이다.

그는 조선왕조 사회를 허위와 부패 속에서 서로 물고 뜯는 약육강식의 사회로 보았다. 큰 물고기는 중간 물고기를 먹고, 중간 물고기는 작은 물고기를 먹으면서 조선사회는 멸망해 갔다는 것이다.[21] 유럽과 일본에서는 약육강식의 사회진화론이 현실을 지배하는 이론이었다면 도산에게는 그것이 청산하고 극복해야 할 과거 조선왕조사회의 낡은 지배원리였다. 그가 보기에 일본의 군사적 식민지배는 조선왕조의 폭력적 지배와 같은 것이었다. 그가 문명부강의 뿌리와 씨를 '민이 서로 보호하고 단합함'[22]으로 보고, 환난 속에서 서로 살리고 서로 구제하자고 한 것은 일제의 폭력적인 식민통치와 조선사회의 낡은 수탈체제를 극복하고 청산하는 새로운 민주공화 시대의 원리와 실천을 제시한 것이다. 한때 도산의 심복이었던 최남선이 '삼일독립선언서'에서 "위력의 시대는 가고 도의의 시대가 오는구나!" 하고 선언한 것은 도산의 이러한 정신과 철학을 반영한 것이다.

삼일혁명의 정신과 철학을 형성

민을 나라의 주인과 주체로 깨워 일으키는 도산의 민중교육 독립운동이 삼일혁명의 불씨가 되었다. 신용하에 따르면 "(도산이 조직한) 신민회 등을 중심으로 한 구한말 애국계몽운동이 전국에 3,000여 개의 사립학교를 설립해서 청소년에게 무상으로 신학문과 애국 교육을 시켜 60여만 명의 애국 청소년이 양성됐다. 이들이 일제강점 9년 후에 18-30세 사이의 청장년으로 성장했고 삼일운동의 주체세력이 됐다."[23] 도산이 1910년 망명한 후 10년이 지나지 않아서 전국에서 독립만세운동이 들불처럼 일어났다. 민을 나라의 주인과 주체로 깨워 일으킨 도산의 민주정신과 교육독립운동이 삼일혁명과 직결된다.

안창호는 비밀독립단체로 신민회를 조직하고 전국을 돌아다니며 애국독립을 고취하는 연설을 하였다. 그는 우리나라가 국제적으로 위태로운 지경에 있음을 경고하고 정부당국자가 부패하고 국민이 무기력함을 한탄하였으며 우리 민족의 결함을 지적하기도 했다. "지금 깨달아 스스로 고치고 스스로 힘쓰지 않으면 망국을 누가 막으랴 하고 (안창호의) 눈물과 소리가 섞이어 흐를 때는 만장이 느껴 울었다. 그는 뒤이어서 우리 민족의 본연의 우미성(優美性)과 선인의 공적을 칭양하여 우리가 하려고만 하면 반드시 우리나라를 태산반석 위에 세우고 문화와 부강이 구비된 조국을 이룰 수 있다는 것으로 만장 청중으로 하여금 서슴지 않고, '대한 독립 만세'를 고창하게 하였다."[24]

안창호가 일으킨 신민회의 교육독립운동과 대한인국민회(공립협회)의 민주공화 운동은 한국 민족의 가슴에 자주독립과 민족통일의 불씨를 심어주었다. 한 사람 한 사람을 나라의 주인과 주체로 깨워 일으켜 민족의 자주독립과 통일을 이루려는 안창호의 교육독립운동과 민주적 조직운동은 한국 민족의 가슴에 스며

들었다가 삼일운동으로 살아났다.

민족대표들의 호소와 자극으로 삼일운동은 시작되었으나, 삼일운동을 주도적으로 이끌어간 것은 각 지역의 민중들이었다. 삼일운동은 각 지역의 민중이 자발적으로 계획하고 조직하고 협력하여, 전국적으로 일어난 자생적 민중운동이었다. 중앙집권적인 운동이 아니라 지역자치적인 운동이었다. 전국 곳곳의 민중이 스스로 일어나 '대한독립만세!'를 외침으로써 민족의 독립을 선언했다. 이 점에서 삼일운동은 민족의 한 사람 한 사람을 나라의 주인과 주체로 깨워 일으켜 나라를 되찾고 바로 세우려 했던 안창호, 이승훈 등의 교육독립운동이 열매를 맺은 것이다. 전국에서 민이 함께 일어나 나라의 자주독립을 선언한 삼일운동의 정신은 안창호의 교육독립운동과 민주통일정신과 맥을 같이 하는 것이다.

역사적으로도 민족의 자주독립운동은 독립협회와 만민공동회서 시작되어 안창호, 이승훈의 교육독립운동을 거쳐 삼일운동에 이르렀다. 민을 나라의 주인과 주체로 깨워 일으켜 독립을 이루겠다는 일념이 독립협회와 만민공동회에서 시작되었고 안창호의 교육독립운동과 애국운동을 통해 심화되었고 삼일운동으로 결실을 보았던 것이다. 실제로 안창호가 조직한 청년학우회의 총무로서 안창호의 심복이었던 최남선이 독립선언서를 썼고 안창호의 교육 이념과 정신을 받아들여 평생 교육독립운동에 헌신한 이승훈은 민족대표들을 이끌어 삼일운동을 주도하였다. 안창호가 한국 민족의 가슴에 심어놓은 민족의 독립과 통일을 위한 사상적·정신적 불씨가 삼일혁명으로 살아난 것이다.

안창호, 이승훈의 교육독립운동에서 높은 정신과 품격을 물려받은 삼일혁명은 일제의 총칼에 맞서 전국에서 온 민족이 떨쳐 일어난 비폭력 평화운동이었다. 삼일혁명은 한국 근현대에서 민주정신과 민족정신의 항구적 원천이며 아시아와 세계 민족해방운동에 큰 영감과 자극을 주었다. 중국 혁명의 지도자 진독수는 삼일운동이 "위대하고 간절하며 비장하고 명확한 관념이 있으며 민의(民意)로 무력을 사용하지 않았고 세계 혁명의 신기원(新紀元)을 열었다"라고 높이 평가하였다.[25] 기독교 쪽에서 삼일운동을 이끈 이는 남강 이승훈이었다. 그는 기업가로 큰 성공을 거둔 사람이었으나 자기보다 14세 아래인 도산의 강연을 듣고 크게 감동하여 새 사람이 되었고, 국민을 나라의 주인과 주체로 깨워 일으키는 교육운동에 앞장섰다. 남강의 교육이념과 사상은 도산에게서 그대로 물려받은 것이다. 민을 나라의 주인과 주체로 존중하고 섬기면서 겸허한 자세로 정성을 다해서 민을 깨워 일으키는 심정과 자세는 도산과 남강이 꼭 같았다. 사심 없고 죽음을 두려워하지 않으며 겸허히 뒤에 서서 민을 앞세우는 것도 도산과 남강에게서 똑같이 발견할 수 있는 특징이었다. 민족의 독립과 해방을 위해 헌신했던 도산과 남강은 '사람을 만들고 사람이 되는' 교육운동을 평생 이어갔다.

민을 나라의 주인과 주체로 깨워 일으키는 사심 없는 남강의

마음이 삼일운동을 일으킬 수 있었다. 함석헌에 따르면 삼일운
동은 한민족을 짐승처럼 억압하고 수탈하는 일제의 불의한 지배
에 맞서 민이 "나도 사람이오!" 하고 일어선 운동이다. 민이 나
라의 주인과 주체로서 일제의 폭력적 지배에 맞서 일어서게 하
려면 절대 필요한 것이 사심 없는 마음과 자세였다. 사심 없이
민을 나라의 주인과 주체로 존중하고 깨워 일으키는 마음을 가
져야 민이 목숨을 내놓고 나라의 주인과 주체로 당당하게 일어
설 수 있다. 사심 없이 겸허하게 정성을 다해서 민을 깨워 일으
킨 도산의 마음이 남강 이승훈의 마음이 되었고 이승훈의 이런
마음이 함석헌을 비롯한 민의 마음이 되어서 삼일독립운동의 불
꽃으로 민족 전체에 번질 수 있었다.

　삼일운동을 추진할 때 이승훈은 조금도 사심이 없었다. 삼일
운동을 앞두고 상해에서 선우혁이 와서 독립운동에 앞장서라고
하자 이승훈은 "이승훈이 이제 죽을 자리 찾았다"면서 기뻐하였
다. 재판정에서 판사가 "왜 독립운동을 했느냐?" 물었을 때 이승
훈은 서슴없이 "하나님이 하라고 해서 했다"라고 대답했다. 삼일
운동 추진과정에서 천도교 쪽 사람들은 손병희 이름을 맨 앞에
쓰려 하고 기독교 쪽 사람들은 이승훈을 앞에 쓰려고 해서 일이
진척되지 않았다. 밤늦게 돌아온 이승훈이 "순서는 무슨 순서.
그거 죽는 순서야! 손병희부터 써"라고 해서 일이 쉽게 진행되었
다.[26] 사심 없는 이승훈이 이끌었기 때문에 많은 사람이 기꺼이
참여하여 삼일운동이 잘 추진될 수 있었다.

삼일운동은 지식인 지도자들이 민을 사람으로, 나라의 주인
과 주체로 대접하고 존중한 첫 번째 운동이었다. 이전의 민중운
동은 지도자들이 앞장서서 '나를 따르라!' 하면 민중이 뒤따라갔
던 운동이다. 그러나 삼일운동에서는 민족대표 지도자들이 겸허
히 뒤로 물러서고 민을 앞세웠다. 그래서 민족대표들이 민을 선
동하지 않고 조용히 일본 경찰에 잡혀갔다. 이승훈을 비롯한 민
족대표들은 민이 나라의 주인과 주체로서 떳떳하고 당당하게 독
립을 선언하고 만세를 부르도록 민에게 겸허히 호소했던 것이
다. 당시 평양고보 학생으로서 삼일운동에 참여했던 함석헌은
"여러분이 다 나라의 주인이니까 누굴 믿지 말고 다 일어서서 만
세를 불러야 됩니다. 그렇게 하면 독립이 됩니다"라는 말을 직
접 들었다고 하였다.[27] 민중이 나라의 주인이라는 말은 한민족이
5천 년 역사에서 처음 들어본 소리였다. 더욱이 조선왕조에서
차별받고 소외되었던 평안도 사람들은 나라의 주인으로 존중받
고 사람대접을 받았기 때문에 더욱 감격하여 나라의 주인으로
떨쳐 일어나 삼일운동을 벌일 수 있었다. 안창호의 간절한 호소
를 듣고 이승훈이 깨어서 일어났고 삼일운동에서 이승훈의 겸허
한 부름을 듣고 함석헌과 한겨레가 사람으로 깨어 일어나 사람
노릇을 하였다.

임시정부를 낳아 기르다

삼일운동이 일어난 후 삼일운동의 정신과 뜻을 가장 충실히 받들고 실천한 이가 도산이었다. 상해 임시정부 시절부터 죽을 때까지 도산은 삼일독립운동의 정신을 체화하고 실현하기 위해 헌신하고 희생하였다. 삼일혁명이 일어나자 대한인국민회 총회장이었던 도산은 국민회와 흥사단의 결의와 지원을 받아서 상해로 갔다. 미국에서 가져온 2만 5천 불을 가지고 임시정부 청사를 마련하고 정부를 조직하고 구성하는 일을 하였다. 이미 상해 임시정부, 한성 임시정부, 러시아 임시정부가 발표되었다. 갈라지고 흩어진 독립운동지도자들을 한데 모아서 임시정부를 만드는 일은 참으로 어려운 일이었다.

그는 자신의 욕심과 주장을 버리고 이미 발표된 세 개의 임시정부 내각명단을 하나로 녹여서 상해 임시정부를 조직하였다. 처음에는 이미 조직된 상해 임시정부안에 따라 자신이 내무총장과 국무총리 대리로서 젊은 차장들을 데리고 정부 일을 시작하였다. 그리고 이동녕, 이시영, 신규식 세 총장과 이동휘를 총리로 모시는 일에 심혈을 기울였다. 다른 지역의 지도자들 가운데 여러 사람이 한성 임시정부를 기준으로 정부를 구성해야 한다고 주장하였다. 도산은 한성 임시정부의 조직안에 따라 내각을 구성하기로 하였다.

기호세력이 주도한 한성 임시정부안에 따르면 도산의 직위는 노동국 총판이었다. 평안도 출신으로서 높은 학벌도 없이 노동자들과 함께 일했던 도산을 누르기 위해서 도산의 격을 낮추었던 것이다. 그러나 도산은 국무총리 대리와 내무총장의 자리를 내어놓고 기꺼이 노동국 총판이 되어 젊은 차장들을 이끌며 상해 임시정부를 조직하는 데 혼신을 다하였다. 그리하여 이동휘 총리, 이동녕, 이시영, 신규식 총장 그리고 노동국 총판인 도산이 상해에 모여서 임시정부의 기본 꼴과 틀을 갖추게 되었다. 도산의 직위는 노동국 총판이었으나 임시정부의 차장들과 의정원 의원들 그리고 상해의 교민들과 독립운동 지사들은 거의 도산을 중심으로 움직였다. 자신을 끝까지 비우고 낮추면서 진실과 정의, 도리와 합리로써 사람을 대하고 일을 하였기 때문에 도산은 임시정부와 상해 교민들의 중심에 설 수 있었다.

안창호가 노동국 총판의 자리에서 임시정부를 실질적으로 이끌 수 있었던 것은 미국 국민회서 후원하는 재정이 주로 그를 통해 들어왔고 임시의정원 의원들과 상해 동포들의 열렬한 지지를 받았기 때문이라고 할 수 있다. 그러나 그보다도 고매한 인격과 대공정신을 가진 민주적인 지도자였기 때문에 그가 상해 임시정부를 이끌 수 있었다고 생각된다. 임시정부에서 실무자들이었던 청년 차장들과 민주적으로 소통하며 회의를 하고 조직을 이끌어가는 경험과 능력을 갖춘 사람은 안창호밖에 없었다. 뜨거운 열정과 강한 신념으로는 안창호와 비교할 만한 독립운동지도자들이 있을 수 있겠지만 민주적이고 합리적으로 대화하고 소

통하며 협력하는 능력을 가지고, 큰 목적과 방향을 제시하면서
구체적인 방안과 지침을 마련하는 인물은 안창호밖에 없었다.
안창호는 기꺼이 남을 앞세우고 자신을 낮추어 남의 아래 설 줄
알았고 미국의 동지들로부터 재정을 얻을 수 있었고 임시의정
원에서 다수 의원들의 열렬한 지지를 받았다. 그는 서로 다른 정
파들을 포용하고 민족의 통일된 힘을 이끌어내려고 힘썼다. 당
시 상해의 독립운동지도자들에게 따돌림을 받던 여운형을 안창
호만은 신뢰하고 격려했다.[28] 그는 또한 독립운동 노선과 방식이
달랐던 독립의열단 단장 김원봉도 존중하고 후원하였다. 도산은
자신을 찾아온 김원봉에게 도피자금 50원을 주었다.[29]

　이승만은 하와이와 미국에 머물며 대통령 행세를 했을 뿐 상
해 임시정부에는 거의 관여하지 않았다. 그는 자기에게 충성하
는 조직을 확장하기 위해서 대한인국민회와 같은 공조직을 파괴
하고 미국 교민들의 재정을 독점하려고 하였다. 미국 교민들의
후원에 의지하던 상해 임시정부는 재정문제로 이승만과 큰 갈등
을 빚게 되었다. 1918년 1차 대전이 끝나고 이승만은 파리강화
회의에서 한국의 독립을 청원하는 외교활동을 하려다가 어려움
에 처하자 한국의 위임통치를 청원하는 편지를 보낸 일이 있었
다. 그가 위임통치를 청원했다는 사실은 이승만의 경쟁자들에게
이승만을 비난하고 배척하는 구실이 되었다. 국무총리 이동휘는
처음부터 이승만을 비난하고 배척하는 운동을 끊임없이 벌였고
다른 세 총장들과도 갈등을 빚었다.

이런 상황에서 도산은 이승만 대통령과 이동휘 총리를 받들고 세 총장들과 함께 젊은 차장들을 실무적인 일꾼들로 삼아서 임시정부를 지키려고 온갖 노력을 다 하였다. 당시 임시정부는 가난하고 어려웠다. 국무원 비서장 김여제는 임시정부 국무원들의 가난한 형편을 이렇게 회고했다. "물론 임시정부 요인들의 월급은 없었다. 이동휘 선생의 바지 엉덩이가 찢어진 것, 그리고 도산 선생의 중국신이 떨어져 발가락이 나온 것을 직접 눈익혀 볼 수 있었다. 점심때면 끼니를 못 이어 거리에서 뒷짐 지고 어정거리던 장관급, 당시 총장들의 모습……."[30] 어려운 형편 속에서도 도산은 임시정부의 다른 각원들을 정성으로 받들고 섬겼다. 후에 대법원장을 지낸 김병로는 도산에 대하여 이렇게 증언하였다. "내가 상해에 갔을 때 거기에 이동녕 선생과 이시영 선생이 계셨지요. 모두 서울 분이였지요. 도산 선생보다는 어른들이었고요. 도산 선생은 매일 아침 일찍 일어나 두 분이 계시는 곳을 찾아갔지요. 문안드리러 간 것이 아니고 바로 주방에 가서 그 어른들께 드릴 반찬을 알아보는 것이었지요. 그때 무슨 돈이나 있겠습니까. 전부 객지에서 고생을 할 땐데…… 그러나 도산 선생은 다만 몇 푼이라도 있으면 털어놓고 반찬을 사다 대접하라고 하셨지요. 돈의 다과나 그 행동 자체보다도 그 지성과 친절, 애족 정신이 비할 데 없는 것이었습니다."[31] 임시정부의 단합을 위해 도산이 이렇게 정성을 다했으나 임시정부는 대립과 분열에서 벗어나지 못했다. 이동휘는 끝까지 이승만을 배척했고 세 총장들과의 협력도 이루어지지 않았다. 게다가 도산을 자신의 잠재적 경쟁자와 적으로 생각했던 이승만은 끊임없이 도산을 '지방열(地方熱)의 화신', '야심가'라고 음해하고 중상하였다. 도산이 아무리 지방열과 야심이 없다고 해명하고 호소하여도 도산을 경쟁자와 적으로 생각한 사람들, 특히 기호세력에 속한 이승만과 그 추종자들은 도산에 대한 비난과 중상을 그치지 않았다.

이런 어려운 상황에서 도산은 국내의 독립운동세력들과 연락하는 연통제를 조직, 확대하고 교통국을 조직하여 독립군들을 통합하고 조직하며, 선전위원회를 조직하여 활동을 활발하게 펼쳐 나갔다. 한국 적십자사를 조직하여 큰 기관으로 발전시켰으며, 한국독립운동자료를 수집 편찬하여 한국 독립 운동사를 펴냈다. 그는 〈독립신문〉을 발행하고 독립운동의 중장기 계획과 방안을 마련하여 제시하였다.[32]

한국의 독립투쟁을 위한 도산의 구상과 계획은 매우 구체적이고 치밀하면서 웅대했다. 임시정부 군무차장 김희선과 만주 광복군 지도자 이탁에게 도산이 밝힌 독립전쟁의 방대한 계획과 구상은 구체적이고 체계적이었다.

"앞으로 광복사업은 참으로 큰 것인 줄 알고 대규모로 진행할 계획을 확정하고, 성공과 실패가 (그 계획의 진행에 있으니) 그 계획에 의하여 진행하기를 바란다. 우리의 생각을 일시적인 불평의 행동으로 매국노를 죽이고 정탐꾼을 죽인다고 생각하지 말고, 일을 어떻게 진행하면 어떤 결과를 얻겠다는 표준이 있어야 하겠다. 앞으로 진행할 운동의 대체를 말하자면 3단계의 행위를 취할 것이다. 1. 적의 통치를 거절하는 행위. 2. 전투 준비 행위. 3. 각국에 선전 교섭행위. 1에 대하여 말하겠다. 권총과 폭탄을 일시적 불평으로 무의미하게 사용하는 것은 옳지 않다. 일본의 통치를 절대로 거절하여 적이 통치의 힘을 펼칠 수 없게 하는 것이 우리가 할 가장 중대한 일이다. 이 일을 중대하게 알고 큰 계획과 큰 규모로 실시해야 한다. 일본의 통치를 거절하는 행위는 관공리 퇴직·납세거절·소송거절 등이다. 이것을 전국 국민이 실행케 하기 위하여 여러 방면의 설계를 정하고 진행해야 한다. 일반 국민이 (일본 통치를) 절대로 거절할 때는 적으로서는 절대로 복종케 하기 위하여 극단의 압박행동을 하게 될 것이다. 그렇게 되면 폭탄과 폭탄 사용할 사람들을 준비했다가 적의 최후 압박에 응하여 큰 폭동을 일으키면 성공을 기약할 수 있을 것이다. 그러므로 지금 소수의 사람들이 부분적으로 폭탄을 사용하는 것은 통치거절의 효과를 거둘 수 없고 이에 대한 적의 방어책이 조밀하여 앞으로 큰 활동을 하는 데 큰 장애가 될 뿐이다. 지금은 마구 폭탄을 사용하지 말고 다만 권총으로 각 요해지의 정탐꾼을 토벌하여, 광복에 종사하는 이의 왕래의 편의를 도모하고 다소 인심을 격발케 할 것이다. 앞으로 준비하여 실시할 것은 육상에 선전 문서를 보급하여 통치거절의 주의주장을 알려서 한인관공리에게 빠짐없이 보게 할 것이요, 비행기로 선전 문서를 뿌려서 인심을 크게 격발할 것이다. 그리고 탐험한 삼림 속에 폭탄제조공장을 은밀하게 설치하고 우리가 사용할 만큼 폭탄을 제조하고, 폭탄 사용할 사람들을 군인정신으로 편성하여 모험성과 기율을 양성할 것이다. 이런 일을 하려면 큰 자금이 필요하다. …… 이를 위하여 내가 전부터 주선하여 오는 것이 있다. 그것이 실패하면 내가 직접 출동하고자 한다. …… 이상 말한 것이 곧 민국의 최대 독립전쟁이라 생각하고 노력하려고 한다."[33]

독립전쟁에 대한 도산의 구상과 계획을 들은 김희선과 이탁은 크게 기뻐하고 찬동하면서 이 구상과 계획대로 실행해 나가자고 굳게 다짐하였다.

1920년 5월 14일에 의열단 단장 김원봉이 찾아와 한국에 들어가려 한다고 했을 때 도산은 그의 독립전쟁 계획을 자세히 설명하고 당부했다. "그렇게 부분적으로 모험을 행동치 말고 모험 행동하는 최고기관에 연락하여 적당한 시기에 대대적으로 행동하기를 바라는 뜻으로 길게 설명한즉, (김원봉) 군이 '말씀이 절실하고 마땅하여 탄복하지 않을 수 없으나 자기와 동지의 사정이 허락하지 않노라'고 말했다."[34] 안창호는 김원봉에게 임시정부의 군무부나 독립군과 연대하여 조직적으로 행동할 것과 독립전쟁의 큰 계획에 따라 적절한 시기에 큰 규모로 무력투쟁을 벌이라고 당부했던 것이다. 김원봉은 안창호의 말에 이론적으로는 공감을 표시했으나 자신과 동지들의 노선이 다르므로 안창호의 말을 따를 수 없다고 완곡하게 말했다. 1919년 12월에 조직된 의열단은 국내의 경찰서 폭파, 요인 암살 등 무정부주의적 투쟁을 지속하였다. 1926년에 이르러서야 김원봉은 연합투쟁 및 조직투쟁의 필요성을 깨닫고 투쟁노선을 변경하였다.[35] 김원봉이 안창호의 말을 실제로 받아들여 자신의 노선을 바꾸기까지 6년이 걸렸다. 1923년경 의열단은 상해로 본부를 옮기고 안창호가 이끌던 개조파와 연합하여 임시정부와 사회주의 계열과의 결합을 모색하였다. 1925년경에는 의열단 안팎에서 "단원들의 희생에 비해 가시적인 성과가 줄어들고 있는 상태에서 무력에 의한 민중봉기만으로는 독립을 이루기 힘들다"는 비판이 제기되었다. 1926년에 김원봉은 조직적이고 체계적인 독립운동을 위하여 의열단을 조선민족혁명당으로 확대 개편하였다. 민족 전체의 역량을 결집하고 통일하기 위해 평생 헌신했던 안창호와 마찬가지로 김원봉도 부분적이고 모험적인 무력투쟁을 넘어서 민족전체의 역량을 결집하고 통일하는 일에 힘썼다. 1942년에는 "김구가 주도하던 중경임시정부에 합류하여 광복군 제1지대장 및 부사령관을 맡았다."[36]

도산의 노력으로 상해 임시정부의 신망은 국내외로 높아져 갔으나 임시정부 지도자들의 반목과 불화는 갈수록 커졌다. 대통령 이승만과 상해 임시정부는 공존하기 어렵게 되었고 이승만에 대한 국무총리 이동휘의 불만과 배척 운동은 더욱 확대되었다. 젊은 차장들도 이승만의 탄핵을 강력하게 요구했으나 안창호는 끝까지 이승만과 이동휘를 수령으로 모시고 임시정부를 유지하려 했다.[37] 만일 이승만을 배척하고 탄핵하면 이승만은 미국에서 새로운 임시 정부를 구성하고 대통령 노릇을 계속할 것이 분명했기 때문이다. 그렇게 되면 임시정부만 분열되는 게 아니라 민족 전체가 분열의 수렁으로 빠져들었을 것이다. 당시 이승만은 기호세력의 강력한 지지를 받았고 국민들 사이에 높은 신망을 얻고 있었다. 견디다 못한 이동휘가 먼저 임시정부를 떠나버렸다. 많은 사람이 도산을 새 총리로 추천했다. 잠시 상해로 왔던 이승만 자신도 공적으로는 도산을 총리로 제안하면서도 뒤로는 도산을 배척하였다.[38]

국무총리 이동휘가 임시정부를 떠난 후 자신에 대한 대통령 이승만의 불신과 배척을 확인한 도산은 2년 동안 헌신했던 임시정부를 떠났다. 평민으로서 임시정부 밖에서 임시정부를 돕는 것이 효율적이라고 생각했던 것이다. 임시정부를 만들 때 도산은 해외 각 지역 독립운동 대표들과 충분하게 협의하지 못했다. 그리하여 임시정부를 반대하는 세력들이 있었다. 그는 임시정부의 정통성과 민주적 기반이 허약함을 절실하게 느꼈다. 그리하여 해외 각 지역의 단체들과 대표자들을 결집하여 민족의 대동단결과 통일을 지향하는 큰 조직을 만들어서 임시정부를 튼실하게 하려고 하였다.

도산은 민족대표자 회의를 통해서 각 지역 독립운동 지도자들의 뜻과 힘을 모아서 임시정부를 개조하고 강화하려고 했다. 그러나 소련을 배경으로 공산당활동을 하는 세력은 상해 임시정부를 해체하고 새로운 정부를 창조하려고 획책하였다. 처음에 도산은 민족대표자 회의에서 임시 회장으로 선출되었다. 그러 자 적대세력은 도산이 대한인국민회 총회장으로서 이승만이 위 임통치를 청원할 때 관여했다고 허위 사실을 날조하고 음해하였 다(임시정부 기관지 〈獨立新聞〉, 1923년 1월 24일자). 그들은 도산이 민족대표자 회의에 참여할 자격이 없다고까지 주장하였다. 이런 터무니없는 모함으로 도산의 신망은 어느 정도 추락되었고 부 회장에 선출되었으나 원만한 회의 진행이 어렵게 되었다. 오랜 시간 설득하고 토론했으나 끝내 결렬되고 말았다.[39] 도산은 3년 동안 심혈을 기울여서 민족대표자 회의를 상해에 소집하여 민 족 대단결을 위해 노력했으나 결국 실패로 끝나고 말았다. 그 후 1926~1927년경 도산은 대공주의(大公主義)를 내세우며 민족 전 체의 자리에서 민족을 하나로 결집시키는 대독립당을 결성하려 했다. 그러나 이마저 공산주의 진영의 반대로 성공하지 못하였 다. 도산은 1930년 1월 한국독립당을 결성하여 임시정부를 지원 하였다. 한국독립당의 강령에는 정치, 경제, 교육, 민족의 평등과 세계대공(세계의 정의와 평화)을 내세우는 그의 대공사상이 반영 되었다.[40]

도산 안창호는 상해 임시정부를 낳고 만든 어머니이고 기른 아버지라고 할 수 있다. 도산처럼 임시정부를 사랑하고 임시정 부를 위해 희생하고 헌신한 사람은 없다. 적어도 임시정부가 탄 생하고 성장하는 데는 도산이 절대적 기여와 구실을 하였다. 이승만은 대통령의 이름을 가졌을 뿐 임시정부의 탄생과 성장에 크게 장해가 되었다. 이동휘 총리는 끊임없이 분란과 불화를 일으켜 임시정부를 분열시키고 파괴하는 데 기여했다. 다른 세 총장들도 서로 불화를 일으키며 단합된 모습을 보이지 못했다. 안창호가 그렇게 극복하고 치유하고자 했던 임시정부 지도자들의 당파싸움과 파벌주의는 도산이 죽고 해방이 될 때까지도 줄기차게 이어져왔다.

장준하는 그의 저서 《돌베개》에서 임시정부의 이러한 당파적 갈등과 대립을 통렬하게 비판하였다. 일본군을 탈출하여 6천리 길을 걸어서 1945년 1월 30일 중경의 임시정부에 도착한 장준하와 한국청년 50명은 임시정부의 독립지사들에게 감격적인 환영을 받았다. 그러나 며칠 사이에 이 청년들을 자기 당파로 끌어들이려 경쟁하는 임시정부의 지도자들에게 크게 실망한 장준하는 이렇게 말했다. "…… 가능하다면 이곳을 떠나 다시 일군에 들어가고 싶습니다. 이번에 일군에 들어간다면 꼭 일군 항공대에 지원하고 싶습니다. 일군 항공대에 들어간다면 중경 폭격을 자원, 이 임정청사에 폭탄을 던지고 싶습니다. 왜냐구요? 선생님들은 왜놈들에게서 받은 서러움을 다 잊으셨단 말씀입니까? 그 설욕의 뜻이 아직 불타고 있다면 어떻게 임정이 이렇게 네 당, 내 당하고 겨누고 있을 수가 있는 것입니까? …… 분명히 우리가 이곳을 찾아온 것은 조국을 위한 죽음의 길을 선택하러 온 것이지, 결코 여러분들의 이용물이 되고자 해서 이를 악물고 헤매여 온 것은 아닌 것을 말합니다."[41]

임시정부 밖의 독립운동 세력들과 지도자들 가운데는 임시정부와 도산을 음해하고 비방하는 이들이 많았다. 온갖 비방과 음해, 불화와 반목 속에서도 도산은 낮은 자리에 서서 섬기고 받드는 심정으로 젊은 차장들과 단합하여 임시정부를 이끌었다. 상해 교민들과 독립운동 지도자들의 지원과 격려를 받으며 도산은 2년 동안 임시정부를 번듯하게 지킬 수 있었다. 상해 임시정부의 재정은 주로 도산을 통해 마련되었고 젊은 일꾼들도 도산을 중심으로 몰려들었다. 상해 임시정부 2년 동안 도산의 심신은 극심하게 피폐해졌고 그의 심적 고통은 말할 수 없이 깊고 컸다. 독립운동 지도자들 사이의 온갖 반목과 불화, 비난과 중상을 한몸에 지고 도산은 임시정부를 만들고 지키고 키워냈다. 도산에 의해서 임시정부의 토대가 마련되고 상해 임시정부가 국민들과 독립운동자들의 마음속에 받아들여졌다.

도산에 의해 경무국장에 임명된 김구는 도산을 깊이 존경하고 따르면서 크고 작은 모든 일을 도산과 의논했고 도산의 지휘와 지시에 따라 행동하였다. 2년 동안 임시정부에서 도산과 함께 생각하고 행동했던 기간이 없었다면 김구가 임시정부를 끝까지 붙잡고 지켜가지도 않았고 그렇게 할 수도 없었을 것이다. 서로 반목하고 불화하며 다투는 임시정부 지도자들과 밖에서 임시정부와 도산을 헐뜯고 비방하는 다른 독립운동 지도자들을 보면 민족의 단결과 통일이 얼마나 어려운지 알 수 있다. 이승만과 이동휘를 비롯하여 많은 '민족 지도자'라는 이들이 제 욕심과 명예와 지위를 위해 철없이 다투는 어린 자식들처럼 처신하고 행동했다. 임시정부와 관련해서 도산의 심정과 처신을 보면 도산은 마치 어머니, 아버지인 듯 임시정부를 위해 희생하고 헌신하였다. 임시정부를 나와서도 끝까지 임시정부를 든든하게 지키고 키우기 위해 헌신하고 희생한 도산은 참으로 임시정부를 낳아 기른 어머니요 아버지였다.

삼일운동 이후에 임시정부를 조직하고 임시정부를 이끌 때나 임시정부를 지원하기 위해 국민대표회의를 소집하고 대독립당을 추진하고 한국독립당을 조직할 때, 안창호는 임시정부를 낳고 기른 어머니와 아버지의 심정과 자세를 가지고 생각하고 말하고 행동하였다. 독립협회에서 시작되어 교육독립운동과 삼일혁명을 거쳐 임시정부와 독립운동으로 펼쳐진 한국독립운동사의 중심과 선봉에는 안창호가 있었다. 민이 서로 주체로서 보호하고 단합하는 민주공화 정신과 정치, 경제, 교육, 민족의 평등과 세계의 정의와 평화를 추구하는 대공(大公) 정신으로 확립된 안창호의 사상과 실천은 이후 한국독립운동의 중심에서 계승되고 발전되었다. "전 민족적 항일 투쟁노선과 사회 민주주의적 독립국가 건설론이 포함된 이 같은 안창호의 생각은 그 후 민족주의 각 정당들과 임정을 포함한 우리 독립운동계에 공통으로 계승되고 발전되었다."[42]

투옥과 출옥

1932년 윤봉길 의사가 상해 홍구 공원에서 일제의 고위 관리들과 장군들을 폭사시켰을 때 도산은 일본경찰에 체포되어 한국에서 옥고를 치르게 되었다. 한국으로 잡혀와 검사 조서를 받을 때 "앞으로도 독립운동을 할 작정이냐"는 물음에 도산은 이렇게 대답했다. "나는 밥을 먹어도 잠을 자도 민족을 위해 먹고 잤으니 앞으로도 민족을 위해 일하고자 함은 변함이 없다."[43] 서대문 감옥에 있을 때 이광수가 1주일에 한 번씩 와서 옷도 넣어주고 면회도 하였다. 도산에게 친절했던 한국인 간수 권영준이 도산의 면회를 담당하였다. 도산은 면회실에 들어갈 때마다 그의 손을 힘 있게 잡으며 "우리 악수나 합시다. 나는 1주일에 한 번씩이나마 우리 동포의 따뜻한 손을 잡는 것을 무한히 기쁘게 생각합니다" 하고 목 메인 말을 하였다. 이광수를 향해서는 권영준을 가리키며 이렇게 말했다. "춘원, 내가 해외에서 생각할 때에 국내동포들은 민족정신이 여지없이 말살되었으리라고 추측하였더니, 이번 고국에 잡혀와 보니 포악한 일인 치하에 있는 이 감옥 안에도 이분과 같이 민족정기를 발휘하고 있는 것을 볼 때에 지옥에서 부처를 만난 것 같이 기쁜 마음을 금할 수 없소이다. 우리 민족은 망하지 않는다는 것을 새삼스러이 느끼게 되었소. 춘원은 이분과 아무쪼록 자별하게 지내주기를 바라오."[44] 사건을 담당하였던 일본인 예심판사 고이(五井)는 도산을 '조선의 위인'

이라고 하였다. 도산을 조사했던 일본경찰 미와(三輪) 경부도 도산의 인격에 감복하여 가능한 한 죄가 가볍도록 조서를 작성하였다고 한다. 미와는 도산이 대전감옥으로 간 후에도 한 달에 한 번씩 면회하였기 때문에 대전형무소장 미야자키(宮崎)는 그의 사상을 의심할 정도였다.[45]

대전 형무소에서 도산은 칠 공장에서 칠 가공기술을 배우며 일하여, 모범수로 가출옥하였다.[46] 1935년 2월 10일 도산은 2년 반 옥고를 치르고 나와서 전국을 순회하며 아름다운 강산을 둘러보고 동포들을 만났다. 서울에서 민족진영의 요인들, 김병로, 김성수, 송진우 등을 만나 식사하고 이야기를 나누었다. 이야기를 하던 도산이 "우리 민족은 이렇게 불쌍한 지경에 있는데 지도자라는 사람들이 서로 당파싸움만 하고 있으니……" 하면서 말을 맺지 못하고 흐느껴 울었다.[47] 한동안 중앙호텔이라는 여관에 머물렀는데 많을 때는 하루에 200명에 가까울 정도로 많은 방문객이 몰려왔다. 도산은 방문객을 일일이 정중하게 맞아서 담소하였다. 경찰이 도산에게 먼저 경무국장을 만나고 정무총감과 총독까지 만나라고 권유했으나 도산은 "나는 일이 없는 몸이니 당국자와 면회할 필요가 없다"면서 거절하였다.[48] 얼마 후 도산은 고향을 방문했는데 지나가는 정거장마다 동포들이 도산의 얼굴이라도 보려고 밀려들었다. 도산은 기차가 멎을 때마다 차에서 내려 인사하였다. 평양 정거장에서는 너무 많은 사람이 몰려와서 경찰을 당황하게 하였다. 평양에서 도산은 자동차에 올라

선 채로 시가행진을 하며 오윤선의 집으로 갔다. 많은 사람이 도산을 찾아왔으므로 경찰은 도산의 대중연설을 금지하였고 20명 이상 한 자리에 모여 식사하지 못하도록 단속하였다.[49]

오산학교 교장 주기용은 평양 음식점에서 출옥한 도산을 만나 말씀을 들었다. 그는 도산에 대해서 이렇게 증언했다. "왜정의 탄압 하에서도 낙심치 말고 굳은 결의와 신념으로 끝내 참아가면서 청년을 올바르게 지도하여 달라는 격려의 말씀은…… 한 마디 한 마디 한 구절 한 구절(言言句句) 지성(至誠)의 표현이요…… 열화(烈火)를 토하는 듯 온 주위를 휩쓸었습니다. 공리·공론(空理·空論)과 사색당파(四色黨派)의 민족적인 나쁜 경향을 씻어버리고 무실·역행·충의·용감의 정신을 (체득할 것을) 특히 강조하시면서, 남강(南岡)이 창설한 오산학교에서 민족해방의 역군이 많이 배출되도록 눈물 섞인 어조로 (당부하시는 말씀이) 나의 전 신경을 사로잡고야 말았습니다. …… 일본 군국주의는 곧 망할 것을 정의·인도의 무시와 객관적 세계정세로써 결론하시면서, 광복의 좋은 기회는 눈앞에 다가올 터인데 우리 민족이 받아들일 태세가 전연 되어 있지 못한 것을 탄식하시면서 소리와 눈물이 같이 흐르는 극적 장면을 이루었습니다. …… 무릇 5, 6시간을 허비하여, 점심시간을 이용하신다는 것이 해가 질 무렵이 되고…… 소화불량이 과하신 듯 종종 말씀 도중에도 트림을 하시므로…… 옥체보중하시기를 누차 (말씀)드리고 자리를 물러났습니다."[50]

수양동우회 회원이었던 백영엽 목사는 이 시기의 도산에 대하여 이렇게 추억하였다. "선천 오실 때는…… 오산에 들러서 남강 선생 묘소를 참배 하시고 정주에 내리셨는데 아주 열렬한 환영회가 있었습니다. …… 그때 내가 환영 대표로 정주까지 마중 갔습니다. …… (선천에 있는) 내 집에 모시기는 했으나 …… 길낙영 씨 집에 가서 새 며느리가 해온 좋은 비단 이불을 빌려다가 깔아드렸지요. 좋은 병풍도 쳐드리고요. 그랬더니 도산 선생이 '내가 와서 이런 폐를 끼쳐서 되겠나. 이런 대접을 받을 자격이 있나. 내가 동포를 위하여 무슨 일을 했다고 동포들한테 이런 존경을 받는가' 하시면서 의복을 단정히 입으시고 꿇어앉으셨습니다. '백 목사, 나와 같이 기도하십시다' 하고 기도하시다가 우시면서 눈물 섞인 목소리로 '저는 이 민족의 죄인이로소이다. 이 민족이 저를 이렇게 위해 주는데 저는 민족을 위해 아무것도 한 일이 없습니다. 저는 죄인이올시다' 그냥 울면서 기도를 올리지 않으셔요?"[51] 도산은 자신이 부족하고 모자란 죄인임을 알고 고백하였다. 자신이 부족하고 모자란 것을 아는 사람은 겸허히 남을 섬길 수 있고 더 배우고 더 나아가고 더 큰일을 할 수 있다.

1937년 6월 28일에 도산은 수양동우회 사건으로 다시 잡혀들어갔다. 이때 도산의 검사기록에 이런 문답이 나온다. "조선의 독립이 가능하다고 생각하는가?" "대한의 독립은 반드시 된다고 믿는다", "무엇으로 그것을 믿는가?" "대한민족 전체가 대한의 독립을 믿으니 대한이 독립될 것이요, 세계의 공의가 대한 독립을 원하니 대한의 독립이 될 것이요, 하늘이 대한의 독립을 명하니 대한은 반드시 독립할 것이다", "일본의 실력을 모르는 가?" "나는 일본의 실력을 잘 안다. 지금 아시아에서 가장 강한 무력을 가진 나라다. 나는 일본이 무력만한 도덕력을 겸하여 가지기를 동양인의 명예를 위하여서 원한다. 나는 진정으로 일본이 망하기를 원치 않고 좋은 나라가 되기를 원한다. 이웃인 대한을 유린하는 것은 결코 일본의 이익이 아니 될 것이다. 원한 품은 2000만을 억지로 국민 중에 포함하는 것보다 우정 있는 2000만을 이웃 국민으로 두는 것이 일본의 득일 것이다. 대한의 독립을 주장하는 것은 동양의 평화와 일본의 복리까지도 위하는 것이다."[52] 대한민족 전체와 세계 공의와 하늘의 명령(天命)을 내세워 도산은 일본 검사에게 당당하게 대한의 독립을 내세웠다. 또한 동양평화와 일본의 복리를 위해서라도 대한이 독립하고 한국과 일본이 우호적인 나라가 되어야 한다고 주장하였다.

수양동우회 사건으로 종로경찰서에 갇혀서 수사를 받을 때 도산의 건강 상태는 말이 아니었다. 치아가 나쁘고 위장과 폐와 간도 몹시 나빴다. 그는 때로 4, 5일 동안 변을 보지 못하고 고통을 겪기도 했다. 그의 기침 소리, 폭발하는 트림, 요란한 방귀 소리는 다른 동지들로 하여금 그의 건강에 대해서 크게 걱정을 하게 하였다. 수양동우회 동지들은 심한 고문을 당하며 조사를 받았다. 조사가 끝나고 검사국으로 넘어가기 전에 수사 책임자였던 고등계 차석 사이가(齊八郎)는 어쩐 일인지 도산과 장리욱을 따로 불러서 비빔밥과 튀김국수를 대접했다. 도산은 장리욱의 건강을 걱정하면서 사이가에 대해서 말하였다. "저 사이가라는 사람은 분명 일본에 충성을 다하고 있는 사람이라고 나는 인상을 받았소. 무슨 일을 위해서 저렇게 밤낮을 가리지 않고 일하는 사람이 어디 많은가?" 도산은 악질 일본경찰 사이가에게도 본받아야 할 장점을 발견하고 장리욱에게 말해준 것이다. 장리욱에 따르면 "도산은 그 평생을 통해서 다른 사람이 가진 적은 선(善)일망정 이것을 언제나 높이 평가했고, 또 모든 사람에게 귀하고 아름다운 점을 찾으려고 했다."[53] 도산은 악한 원수라도 타자와 대상으로만 보지 않고 그의 심정과 자리에서 그를 주체로서 보았다. 도산은 사람을 주체와 인격으로 나를 나로 너를 너로 그를 그로 볼 수 있었던 것이다.

죽기 전 경성대학 부속병원에 입원했을 때 병원비가 많이 들었다. 종로경찰서는 고당 조만식을 불러다 안창호의 비용을 대지 말라고 엄명하였으나 조만식은 이렇게 대답했다. "내가 먹고 살면서 그 선생을 돌아보지 않을 수 없소. 내가 만일 굶는다면 그 선생이 나를 먹여 살릴 것이오." 함석헌이 늘 자랑했던 스승들, '도산, 남강, 고당'은 한결같이 도리와 의리를 지킨 민족의 스승들이다. 5년 전 도산을 취조했던 미와 부부가 도산의 병이 침중하다는 소식을 듣고 멀리 함흥에서 값진 화분과 음식을 가지고 찾아왔다. 이들은 병이 깊은 도산의 모습을 보고 몹시 안타까워하였다. 도산은 이들에 대하여 말하였다. "아무리 원수라도 그

부인은 내 모양을 보고 눈물을 흘리며 혈형(血型)이 같다고 수혈
한다고 의사까지 데리고 왔으나 가까스로 만류시켰소."54 도산은
일제와 맞서 독립전쟁을 추진했고 일제에 협력하는 자들을 죽이
라고 극언했으나 그가 생각하고 걸어간 길은 한민족뿐 아니라
일본민족도 함께 구원하는 길이었다. 그는 누구보다 비타협적
으로 원수와 싸우면서도 원수를 사랑하고 존중하였다. 그는 자
신을 취조하는 일본경찰의 인격과 주체를 존중하였다. 자신들을
존중하는 도산의 인격과 정신에 감복한 미와 부부는 충심으로
도산을 존경하고 사랑하였다.

죽음을 이긴 높은 뜻과 정신

　　1937년에 수양동우회 사건으로 다시 체포되어 종로경찰서
에서 조사받고 11월 1일에 서대문형무소에 수감된 도산은 12월
24일 신병으로 보석 출감하였다가 경성대학 부속 병원에서
1938년 3월 10일에 세상을 떠났다. 죽음을 앞두고 도산은 "너
무 슬퍼하지 마오. …… 나는 죽음의 공포가 없다"라고 했고, 동
포들이 겪는 괴로움에 대하여 "미안하고 마음이 아프다"라고 하
였다. 그는 일본의 패전을 예측하면서 "아무런 곤란이 있더라도
인내하시오"라고 당부하였다. 도산은 마지막까지 희망을 가지고
"경제적 합작으로 실력준비"를 하라고 권했으며 자신이 만든 송

태산장을 동지들이 "수양하는 처소"로 삼으라고 부탁하였다. 마지막에 "목인(일본 왕)아, 목인아 네가 큰 죄를 지었구나!" 하고 큰 소리를 지르고 숨을 거두었다.[55]

1937년에 도산과 함께 옥고를 치렀던 장리욱은 도산이 마지막으로 보여 준 높은 기개와 정신을 증언하였다. 11월 1일 추운 날에 도산과 장리욱이 서대문 형무소에 들어가서 온몸을 찬물로 소독할 때 장리욱이 직접 보고 쓴 글이다. 그의 글을 그대로 옮긴다.

한 사람 한 사람 차례를 따라 옷을 벗고 알맹이 몸으로 나서면 기다란 펌프를 든 간수는 얼음같이 찬 소독수를 내쏘는 것이다. 그렇지 않아도 몸이 덜덜 떨리는 이 추운 방에서 이제 이런 찬물 사격을 받는 우리들은 그 어느 누구든 천연스런 자세를 가지기는 어려웠다. 체면이고 뭐고 없이 다 "아-아" 소리 지르며 냉큼냉큼 뛰곤 했다. 누구도 이것을 나무랄 수는 없었다. 이것은 우리 인간에 있어서 거의 반사적 행동이라고 보아야 하기 때문이다.

도산의 차례가 왔다. 본시 불건전한 몸에 갖은 병을 가지고 또 5개월이나 유치장 생활을 겪은 도산의 몸꼴은 보기에 처참했다. 앙상한 그 몸은 세차게 뿜어오는 펌프 물에 금방 넘어질 듯 보였다. 그는 간수의 명령을 따라서 이 차가운 물 사격을 앞으로 받고 또 돌아서서 받아야 하기도 했다. 그러나 도산은 까딱없는 자세. 오히려 근엄한 자세로 이 얼음물 사격을 받았다. 인간 본능마저 눌러버릴 수 있는 그의 자제력(自制力)만이 그런 자세를 가질 수 있게 한 것이라고 믿는다. 그는 분명 이런 경우에서라도 민족지도자로서의 명예와 체면은 물론 민족 전체의 엄연한 모습을 보이고 싶었던 것이라고 생각한다.[56]

이때 도산의 몸은 골수에 병이 들고 기력이 다 소진된 상태에 있었다. 이런 몸으로 도산은 어떻게 차가운 물 사격을 꼿꼿하고 의연하게 견디어 낼 수 있었을까? 외적 환경의 조건과 영향, 물질적 원인과 결과를 초월한 '나'의 철학을 도산은 온 몸으로 증명하고 보여 준 것이다. 몸은 이미 기력을 잃고 죽은 나무토막과 같았다. 그러나 그의 강인한 의지와 신념, 높은 기개와 의기(義氣)가 그의 몸을 꼿꼿하고 의연하게 일으켜 세웠다. 도산이 그의 공적 생애에서 마지막으로 보여 준 장엄하고 초인적인 의지와 기개는 그가 공적 생애를 시작한 쾌재정 연설에서 보여 준 하늘처럼 높고 장엄한 의지와 기개를 나타낸다. 하늘을 믿고 의지했던 도산은 생의 기쁨과 사랑을 잃지 않았고 어떤 고난과 시련 속에서도 낙담하고 좌절하지 않았다. 죽기 전에 그가 남긴 말은 "낙심 마오"였다.[57] 그는 하늘의 높은 뜻과 기운을 받아서 살았기 때문에 변함없고 흔들림 없는 신념과 기개를 가지고 살 수 있었다. 그의 사랑과 희망이 죽음을 이겼다.

남북에서 공히 존경을 받다

도산은 평안도에서 가난한 농민의 아들로 태어났으며 평양
에서 대성학교를 세우고 신민회 사업과 활동을 펼쳤다. 그는 서
북지역 청년들의 강력하고 열렬한 지지와 후원을 받았다. 뛰어
난 연설능력과 조직력, 사업의 기획력과 추진력, 깊고 높은 사상
과 정신, 높은 도덕과 인격, 원대한 전망과 구체적인 방안 제시
에서 도산은 누구보다 앞서가는 인물이었다.

도산은 평생 지역주의와 지역감정, 파벌과 당파주의, 계파와
소영웅주의를 타파하고 민족의 대단결과 통일을 위해 혼신을 다
해서 자신을 희생하고 헌신하였다. 그러나 동시에 지방열의 화
신이며 야심가라는 비난과 음해, 중상과 모략에서 벗어나지 못
했다. 그는 많은 사람의 지지와 존경을 받았지만 수많은 경쟁자
들로부터 질시와 미움을 받아야 했다. 특히 조선왕조 500년 동
안 정치와 경제, 학문과 문화를 주도했던 기호세력은 기독교와
서양문화를 먼저 받아들여서 독립운동과 교육문화운동의 중심
과 선봉에서 앞서나가는 도산과 서북세력을 경계하고 배척했다.

도산을 잠재적 경쟁자로 여기고 끝까지 도산을 비난하고 배
척한 인물은 이승만이다. 이승만이 뒤에서 비난하고 음해하였으
나 도산은 한 번도 이승만을 비난하거나 공격하지 않았다. 상해
임시정부 시절에 내무총장과 국무총리 대리라는 지위에서 스스
로 내려와 노동국 총판의 낮은 자리를 지키면서 도산은 임시정

부를 민족 대통일의 구심점으로 만들기 위해서 이승만 대통령과 이동휘 총리를 두 영수로 받들어 모시고 기꺼이 섬기려 하였다.[58] 그러나 이동휘가 먼저 이승만을 비난하고 배척하면서 정부를 떠나고 이승만은 끝내 도산을 신뢰하지 않고 배척하므로 도산도 정부를 떠나게 되었다.

이승만에 대한 도산의 자세와 태도는 한결 같고 떳떳하였다. 1920년 3월 12일에 쓴 도산의 일기는 이승만에 대한 도산의 태도를 잘 보여 준다. 임시정부와 이승만이 갈등을 빚을 때 이규홍 내무차관은 대통령과 노동총판이 동일한 책임을 져야 한다고 했다. 이에 대해 도산은 이렇게 말했다. "나는 이 박사와 나 사이에 충돌한 일이 없고 그이가 내게 오해를 가질 뿐이라. 나는 이 박사와 정부가 대립하는 것에 대해서 조금도 책임을 지지 않을 것이다."[59] 이승만은 안창호에 대해서 끊임없이 음해하고 대적하였으나 안창호는 이승만에 대해서 한 번도 비난하거나 적대행위를 하지 않았다.

해방 후 대통령이 된 이승만은 도산과 흥사단을 외면하였다. 이승만 정권시절에 도산과 흥사단은 한국 정치에서 배척되었다. 도산이 언제나 이승만을 후원해 주었음에도 불구하고 이승만 사람들과 도산의 사람들이 서로에게 적대감을 가지고 있었다는 것은 공공연한 비밀이었다. 이에 반해 북한정권과 남한정권을 대표했던 김일성과 박정희는 도산을 높이 평가하고 존경하였다. 소년 시절에 도산의 연설을 들었던 김일성은 조선 사람들이 도산을 굉장히 존경하고 숭배하였으며 도산의 인품과 실력에 대해서 '대통령감'이라고 표현하는 사람들이 많았다고 회고하였다. 1927년 1월 지린사에서 '조선독립운동의 장래'라는 도산의 연설을 들은 김일성은 "나라가 독립된 후 나에게 대통령 선거권을 준다면 나는 첫 번째로 안창호 선생님을 추대할 것이다"라고 말했다. 후에 그는 도산의 여동생 안신호를 여맹중앙위원회 부위원장으로 임명하여 극진히 우대하였다.[60]

쿠데타를 일으킨 박정희가 인간과 민족의 개조를 내세우고 자조와 자립을 주장한 것은 그가 도산의 사상에 대하여 공부했음을 드러낸다. 박정희는 집권하자마자 도산의 가족을 초대하였다. 도산의 딸은 이렇게 회고했다. "(그는) 어머니의 손을 조심스럽게 잡고 의자에까지 인도해줄 만큼 무척 친절했으며 적극적으로 그녀에게 경의를 표했다. …… 특히 그가 어머니에게 '만약 도산이 살아 계셨다면 우리는 분단국가가 되지 않았을 것입니다'라고 언급한 부분은 더더욱 그러했다."[61] 분단된 민족국가의 서로 다른 반쪽을 지배하는 김일성과 박정희가 도산을 지극히 공경하고 받들었다는 것은 시사하는 바가 크다. 도산은 평생 민족의 대동단결과 통일을 위해 희생하고 헌신한 인물이다. 정치사회의 현실에서 민족의 통일을 이루지 못했지만 도산의 삶과 정신에서는 민족의 단결과 통일을 이루었다. 적대국가로서 서로 대립했던 북과 남의 권력자 김일성과 박정희가 도산의 정신과 뜻 안에서는 하나가 됨으로써 민족의 통일을 이룬 것이다.

　　민족 한 사람 한 사람을 깨워 일으켜 나라를 되찾고 바로 세
우려 했던 도산의 교육운동과 민족민주정신은 삼일독립만세운
동의 역사적 뿌리이고 정신과 철학이다. 도산은 상해 임시정부
를 어머니와 아버지처럼 낳아 길렀다. 어버이의 심정과 자세를
가지고 도산은 이승만 이동휘 다른 총장들을 다독이고 달래서
임시정부를 2년 동안 제법 튼실한 모습으로 지켜냈다. 임시정부
를 나온 다음에도 도산은 독립운동지도자들의 단결과 통합을 이
룸으로써 임시정부를 도우려 했다. 민족의 단결과 통합을 위해
헌신한 도산은 민족통일의 상징과 표상이 되었다. 한국 근현대
에서 그이처럼 온전하고 뚜렷하게 나라와 민족의 사표와 귀감이
될 인물은 없다.

삼선평 연설에 담긴 민주정신과 사상

　　삼선평(三仙坪) 연설은 1907년 안창호가 귀국해서 했던 연설
가운데 기록으로 남은 최초의 연설이다. 삼선평은 서울 성북구
삼선동, 동소문동 일대의 들판이다. 여기서 평안도, 함경도, 황해
도 출신의 학생들이 친목 운동회를 열었는데 이때 도산이 학생
들에게 연설하였다. 삼선평 연설을 했던 1907년 5월 12일은 일
제에게 나라의 주권을 빼앗긴 을사늑약 이후 1년 반이 지난 시
점이다. 삼선평 연설의 초록을 작성한 한북학생 김성열은 당시

도산과 도산의 연설에 대하여 이렇게 말했다. "안창호 씨는 평안도 강서군 사람으로 나이 29세라. 몇 해 전에 미국으로 유학 가서 포부가 굉대(宏大)하며 용모가 단아하며 눈빛이 사람을 쏘고 언어가 활발하여 격조 높은 연설은 통쾌하고 기개와 도량이 웅렬(雄烈)하였다. 멀리 내다보는 지략은 실로 당세 인걸이고 앞으로 청년을 이끌어갈 인물이다."[62]

1905년에 민주공화의 정신으로 도산이 조직한 공립협회는 미국 안팎으로 세력을 확산하고 있었다. 1906년말에 쓴 '대한신민회 취지서'는 도산의 깊은 사상이 이미 확립되었고 독립운동과 민족교육운동의 원칙과 방안이 마련되어 있었음을 알려준다. 이 연설에는 도산의 민주정신과 독립정신이 오롯이 담겨 있다. 신민회를 조직하고 대성학교를 세워서 교육독립운동을 일으켰던 1907~1910년 시기 도산의 정신과 사상을 이 연설문에서 살펴볼 수 있다.

오늘 이 삼선평에서 서북학생들이 친목을 위해서 단합하여 활발한 기개와 유쾌한 기능으로 여러 가지 운동을 서로 경쟁하여 승패를 나누면서 하루 종일 놀고 즐기는 모습을 보니 역시 청춘은 아름답고 흥이 넘치기 이를 데 없다. 그러나 사람마다 가슴 속에 불평한 감정을 품지 않을 수 없으니 어째서 그런가! 이것은 시국이 참담하고 일이 위태롭고 급박하게 돌아가기 때문이다. 타인의 노예가 되어 가정과 국가가 패망하고 종족이 다 죽어 없어지는 경우에 임박

했으니, 무릇 산 피를 가진 사람이라면 어찌 부끄럽고 창피하지 않으며 원통하지 않겠는가!

그러니 여러분은 생업을 이룰 시기에 벼슬길에 경쟁해서 일등 망국적 대감이나 이등 망국적 영감이나 삼등 망국적 나리가 되려고 하는가. 이것이 차마 할 수 있는 일인가? 우리 서북 삼도(황해도 평안도 함경도), 백두산과 구월산에서 태어나 영(靈)을 기른 종족으로 어찌 이런 무리들로 타락하리오.

오직 흉금뇌수를 깨끗이 씻고 닦아서 바로 오늘 우리나라를 침해하는 강국과 전격 개전하여 국권을 회복해야 한다. 여러분은 내가 개전하자는 말을 듣고 현재 병력이 매우 약하고 군함과 대포가 없는데 어떻게 개전할까 모두 놀라고 의아하게 생각할 것이다. 그러나 일러 전쟁을 살펴보라. 그 선전포고는 2~3년 전이나 전쟁의 시작은 이미 38년 전에 했다. 38년 전에는 일본도 야만 미개의 나라였다. 다행이 그 시기에 두세 학생이 미국에 유학하여 학업이 차츰 이루어지고 지식이 점점 발달하여 동양의 형세를 멀리 내다보았다. 만약 러시아를 격퇴하지 못하면 자기 나라를 지탱하고 보호하기 어려움을 알았다. 그리하여 개전을 준비한 지 38년을 지나서 드디어 저러한 좋은 결과를 얻었으니 여러분은 지난 일을 거울로 삼아서 스스로 맹세하고 오늘 개전하는 일을 준비하여야 한다.

지금 우리 한국 사람들은 무슨 일을 하려고 해도 뚫고 나갈 구멍이 없다고 한다. 이것은 절망 병이 가슴 속에 있기 때문에 그런 것이니 어찌 가엽지 아니한가! 무릇 천하의 일은 비상한 원인이 있기 때문에 비상한 결과가 있는 것이다. 과거와 현재의 역사를 살펴보라. 인생 사업에서 노력하지 않고 얻은 자가 없고 힘을 다해서 이루지 못한 사람도 또한 없으니, 어찌 할 수 없다는 한 마디로 앉아서 멸망을 기다리겠는가?

또 한국사회 정도가 비유하건대 어미닭이 병아리를 이끌고 울타리 주변에서 노는 것과 같다. 어미닭이 날아서 울타리를 넘어가면 병아리들이 울타리 주변에서 어디로 갈지 모른다. 이것은 능력이 발육되지 못하고 지혜와 생각이 주변을 알지 못함이다. 만일 능력과 지혜가 완전하였으면 그 울타리를 날아서 넘어간다고 해도 안 된다고 할 것이 없다. 그런데 그 울타리에 구멍이 하나 있으니 그 구멍을 뚫고 나가면 어미닭이 있는 곳을 알게 될 터이나 지금 뚫고 나갈 줄을 몰라서 끝내 울타리 주변에서 방황하니 어찌 안타깝지 않은가!

또한 무릇 사람이 지성으로 빈틈없이 하면 이루지 못할 일이 없다. 내가 고향에 있을 때 이웃에 늙은 과부가 하나 살았는데 늘 다리병을 앓고 있어서 가까이에 있는 냇물 위 다리를 늘 두려워하여 건너지 못하였다. 하루는 그 아들이 냇물에 빠졌다는 소식을 듣고 평일에는 두려워 떨면서 건너지 못하던 다리를 알지도 깨닫지도 못한 채 용감하게 곧장 건너서 그 아들을 건져냈으니 이는 그 아들을 사랑하는 정이 간절하고 지극해서 자신의 위태를 돌아보지 않았기 때문이다. 그런즉 우리 한국 인민이 나라 사랑하기를 자기 아들 사랑하듯 한다면 어찌 머뭇거리고 망설이며 물러가서 위축되어서 착

수할 사상이 솟아나지 않겠는가.

오호라. 우리나라는 수천 년 동안 국가와 민 사이에 서로 막혀 있어서 민은 나라를 보기를 다른 한 개인의 소유로 여겼다. 이전 왕조 시대에는 왕씨의 나라라고 하고 본 왕조에서는 이씨의 나라라고 해서 국가의 흥망이 자기와 무관하다고 여겼다. 국가는 민을 대하기를 물고기로 여겼으니 큰 고기는 중간 고기를 먹고 중간 고기는 작은 고기를 먹음으로써, 빼앗고 해치고 침탈하는 것을 잘 하는 일로 여겨서 천지가 뒤집어지는 변화와 기회가 다가와도 돌아보지 않다가 끝내 (일본에게) 노예 문건을 만들어주는 데 이르렀다. 지금도 여전히 옛날 상태로 직책은 감당하지 않고 자리만 차지하고 봉급만 타먹으면서 일은 하나도 하지 않고 다만 다른 사람의 눈치만을 보고 편안해하거나 걱정하니 천리와 인정에 어찌 이렇게 할 수 있으리오. 그러므로 국가는 한 인간의 소유가 아니다. 우리 어깨 위에 대한 두 글자를 각각 짊어졌으니 바라건대 전날의 생각을 계속 가지고 있지 말라.

오호라. 새집이 뒤집어져 떨어지면 온전한 알은 없으며, 손가락 하나가 다치면 몸 전체가 다 아프다. 국가는 한몸이니 한몸의 오장육부와 지체 사이에 병든 곳이 있어서 생맥(生脈)이 갑자기 끊어지면 몸 전체가 따라서 죽는다. 한 나라 가운데 생맥이 갑자기 끊어진 곳이 있으면 국민이 자신의 생명을 홀로 온전하게 지킬 도리가 있겠는가. 그러므로 나라 사랑하기(愛國)를 마땅히 제 몸 사랑하는 것(愛身)처럼 해야 할 것이 아닌가.

요즈음 우리 한국사회에 우리가 하늘을 믿으면 반드시 하늘이 우리를 도울 것이라고 주장하는 이들이 있다. 오호라. 하나님(上天)이 우리나라를 돌보고 도우신 지 4천 여 년에 우리(我)가 지키지 못하여 멸망을 자취하였으니 어찌 다시 하늘의 도움을 바랄 수 있으리오. 유태인은 하늘을 믿다가 망하고 인도인은 불(佛)을 믿다가 망한지라. 오늘 우리 한국인은 누구를 믿으려는가.

많은 못난 인간들이 말하되 계룡산에 진인이 나오면 외국인이 스스로 물러날 것이라고 하며, 이보다 조금 나은 자들은 우리가 일본과 잘 부합하면 우리나라가 행복을 누릴 것이라고 한다. 또 어떤 이들은 영국이나 미국이 우리나라를 원조할까 희망한다. 이것은 모두 믿을 수 없는 것을 믿는 것이다. 계룡산에 진인도 결코 없는 것이고 일본인은 제 나라 사업을 위할 뿐이니 어찌 다른 나라 사람에게 자비를 베풀 생각을 하겠는가. 더욱이 영국과 미국은 더욱 멀리 떨어진 나라다. 우리 한국의 독립이 저들에게 이익이 있을 터이면 혹시 원조를 행하려니와 만약 이익 될 일이 없으면 생각하지도 않고 돕지도 않을 것이다. 반대로 압제하는 폭력을 행할 것이니 믿을 수 없는 것이고 실제로는 두려워할 자다. 이러한 망령되고 거짓되며 부패한 주장들은 모두 깨끗이 끊어버리고 오로지 우리가 해야 할 사업에 용왕 맹진하여 그 목적을 도달해야 한다.

중국 고대에 산을 뽑고 세상을 덮는 기운을 가졌던 초패왕도 절망병을 가졌기 때문에 오강(烏江)에서 스스로 목숨을 끊었다. 이것은 스스로 망한 것이니 하늘이 실제로 망하게 했다고 하리오? 우리나라에도 지난 번 새 조약을 맺은 후에 절의지사가 분통하여 자살하는 사람이 있었으니 이것도 역시 절망 병으로 말미암은 것이다. 만일 죽음을 결단할 심정으로 힘을 다해서 일을 한다면 세상에 어떤 일을 못하겠는가? 오직 바라노니, 여러분은 이런 일들을 염두에 두지 말고 우리 사업의 목적을 이루기 위하여 용맹하게 앞으로 나아가라.

허다한 방법에 대한 생각과 주장이 내게 있으나 날은 저물고 시간이 다 함으로 장황하게 말할 수 없어서 여기서 그치니 내 마음도 다시 막힌다. 다만 오늘부터 함께 맹세하고 약속하여 앞으로 다른 나라와 개전할 일을 준비하여 어느 해 어느 날이든지 1차 선전서를 포고하여 태극국기를 세계에 휘날려 보자.[63]

윤치호와 달랐던 지식인

안창호는 나라의 주권을 빼앗긴 것이 부끄럽고 원통하다고 말한다. 어찌하여 나라 잃은 것을 그처럼 부끄럽고 원통하다고 하는가? 문명개화를 민족의 독립보다 더 중요하게 여겼던 윤치호 같은 엘리트 지식인은 한국 민족에 대한 일본의 지배를 역사의 운명과 필연으로 받아들였다. 도산도 윤치호와 마찬가지로 문명개화를 추구했지만, 도산은 나라의 주권을 잃고 일제의 지배를 받게 된 것을 결코 용납할 수 없었다. 도산은 일본과 전쟁

을 해서 나라의 주권을 다시 찾아야 한다고 보았다. 윤치호와 안
창호의 이러한 차이는 어디서 나온 것일까? 윤치호는 지식인 엘
리트로서 한민족의 국가와 민중을 낡고 뒤떨어진 존재로 낮추어
보고 비판하였다. 그는 결코 자신을 한국 민중(민족)의 한 사람
으로 생각할 수 없었다. 그러나 도산은 한국 민중의 한 사람으로
서 민중과 더불어 생각하고 행동했던 민주적 지식인이었다.

　도산은 미국 유학을 갔다가 유학공부를 중단하고 한인 노동
자들 속으로 들어가서 민중과 함께 일어서는 공립협회(共立協
會)를 조직하였다. 그는 민중 밖에서 민중을 비판한 사람이 아니
라 민중 속으로 들어가서 민중과 함께 주체로 일어선 사람이다.
도산에게 한국 민족, 민중은 단순히 비판의 대상이 아니라 더불
어 살고 함께 주체로서 일어나야 할 동지요 벗이었다. 그에게 한
국 민족(민중)은 남이 아니라 자기 자신이고 자기 가족이고 동지
이고 동포였다. 한국 민족이 나라의 주권을 잃은 것은 도산 자신
이 주권을 잃은 것이었다. 그에게 한국 민족은 '나'의 민족이요
한국은 '나'의 나라였다. 그러므로 도산은 결코 한국 민족에 대
한 일제의 지배를 받아들일 수 없었다. 도산은 미국에서 한국으
로 돌아올 때 이미 일본과의 전쟁을 결심하였다. 그는 민중과 함
께 일어나서 일제의 침략에 맞서 싸우려고 했다. 도산이 조직한
비밀독립운동단체인 신민회는 구체적으로 개전 준비를 하고 실
행하였다. 신민회의 많은 회원들이 만주로 가서 신흥무관학교를
만들면서 독립군을 조직했다.

　도산은 학생들에게 망해가는 나라의 관리가 되려고 하지 말라고 권면하였다. 일제에게 주권을 빼앗기고도 아무 행동도 하지 않는 높고 낮은 관리들은 모두 나라를 망하게 하는 도적들에 지나지 않는다. 도산은 청년학도들에게 이렇게 말한다. "백두산과 구월산의 기운을 받고 영(靈, 얼)을 기른 우리가 어찌 저런 무리들로 타락할 수 있겠는가? 흉금뇌수를 깨끗이 씻고 침략국과 개전하여 국권을 회복하자." 망해가는 나라의 관리가 되어 개인의 출세와 부귀를 추구하는 것은 함께 망하는 길로 들어서는 더러운 심리이고 부끄러운 짓거리다. 도산은 백두산과 구월산의 영기(靈氣)를 받고 태어나고 자란 우리가 저런 낡고 타락한 무리 속에 들어가서는 안 된다고 주장하였다.

　도산은 흉금(胸襟) 뇌수(腦髓)를 깨끗이 씻자고 하였다. 흉금은 가슴속에 깃든 생각과 감정이고 뇌수는 생각하는 몸의 기관인 뇌의 신경과 골수를 뜻한다. 참된 생각과 감정은 몸의 생명에서 우러난 것이다. 생각과 감정을 새롭게 하려면 흉금 뇌수를 깨끗이 씻어야 한다. 도산은 그저 머리로만 생각하고 가슴으로만 느끼지 않고 몸 전체로 생각하고 몸 전체로 느꼈다. 도산은 백두산과 구월산의 영기를 가지고 생각하고 느끼는 이다. 몸으로 생각하는 이였고 하늘의 얼과 혼으로 생각하고 느끼는 이였다.

　나라가 망해가는 시기에 많은 청년들이 나라를 위해 일을 하려 해도 뚫고 나아갈 구멍이 없다고 낙심하였다. 도산은 청년들에게 절망하지 말고 앞으로 나아가라고 하였다. 절망은 주어진 현실과 환경에 굴복한 것이다. 주어진 현실의 상황과 환경을 중심으로 생각하면 절망에 빠지기 쉽다. 절망은 밖에서 희망을 찾지 못하기 때문에 갖게 되는 것이다. 도산이 보기에도 조선왕조는 부패하고 무능했으며, 조선민중은 무지하고 무기력했다. 이에 반해 문명개화의 길을 앞장서 나아간 일본은 날로 새롭게 군사력과 산업경제력을 키워가고 청일전쟁과 러일전쟁에서 승리한 신흥강국이었다. 밖의 현실로만 보면 한국 민족은 망할 수밖에 없고 일본의 식민지가 될 수밖에 없었다. 그러나 얼과 혼을 가지고 삶의 희망을 품은 사람에게는 나아갈 구멍이 있다. 인간의 생명과 정신 속에 희망의 근거와 이유가 있다. 살기 위해서 도산은 절망을 버리고 앞으로 나아가자고 말하였다. "낙망은 청년의 죽음이요, 청년이 죽으면 민족이 죽습니다. 나아가면 될 일이라도 안 나아가서 안 됩니다."[64]

나라가 망해가는 절망적인 상황에서 한민족 최대의 큰 위기를 맞았지만 도산은 절망에 빠지지 않고 오히려 더 큰 희망과 의욕을 품었다. 도산은 역사를 크게 보고 근본적으로 보았다. 현실의 상황과 환경을 크게 멀리 보고 삶의 주체인 '나'의 자리에서 그리고 생명 전체의 자리에서 생각하면 사람은 언제나 희망을 가질 수 있다. 도산은 역사의 원인과 결과를 인정하고 존중했지만 역사의 원인과 결과를 짓는 것은 사람이라고 생각했다. 사람이 역사의 주체다. 사람이 어떻게 결정하고 행동하는가에 따라서 역사는 결정되는 것이다. 모든 인류의 역사에서 비상한 원인은 비상한 결과에 이른다. 그러므로 현실의 상황이 어렵고 힘들수록 비상하고 위대한 일을 이룰 수 있다. 비상한 시국에 비상한 결심을 하고 힘을 다해서 애쓰고 노력하여 큰일을 하면 큰 성공을 거둘 수 있다. 위기의 시대에는 위대한 일을 할 수 있다.

다리 병 든 과부의 잠재력

도산은 구체적인 현실을 인정하고 현실의 민족, 민중에게서 시작한다. 문명화된 서구인들에 비하면 한국 민중은 무지하고 무능하다. 나라가 망해가고 일제의 강력한 군대가 지배하고 있는 현실에서 한국 민중은 어쩔 줄 모르고 방황하고 있다. 도산은 현재 한민족의 이러한 상황을 어미닭과 병아리에 비유했다. 어미닭은 울타리 밖에 있는데 병아리들은 울타리 안에 있다. 병아리들은 힘이 없어서 울타리 위로 날아갈 수도 없고 지혜가 없어서 울타리 구멍을 찾을 수도 없다. 그러나 그 울타리 구멍을 찾기만 하면 그리로 나가서 어미닭을 만날 수 있다. 뚫고 나갈 구멍은 있는데 다만 구멍을 찾지 못할 뿐이라는 것이다. 도산은 어떤 상황과 어떤 처지에서도 뚫고 나갈 구멍은 있다고 보았다. 살아 있는 한 살 수 있는 희망은 있는 것이다. 다만 그 구멍을 찾지 못할 뿐이다.

현재 한민족은 방황하고 있다. 한국 민중은 어리석고 무능해 보인다. 그러나 한국 민중 속에는 엄청난 힘과 슬기가 숨어 있다. 20세의 젊은 나이에 도산은 쾌재정 연설을 통해서 한국 민중의 숨겨진 힘과 슬기를 확인하고 경험하였다. 그리고 미국에서 한인노동자들을 교육하고 조직 훈련하여 공립협회를 창립했다. 공립협회 활동을 통해서 한국 민중은 자신의 잠재력을 확인하고 그 잠재력을 공립협회를 통해서 충분히 실현하였다. 겉보기에 무지하고 무능해 보이는 민중이 자각하고 주체로 일어서면 위대한 민주시민이 될 수 있다는 것을 도산은 직접 확인하고 경험하였다. 도산이 한국 민중을 교육하고 조직하고 훈련한 것은 방황하는 한국 민중에게 뚫고 나아갈 수 있는 희망의 구멍을 찾아주는 일이었다.

도산은 자기 고향의 이웃 마을에 살던 다리 병 든 과부 이야기를 하면서 겉보기에 한민족이 무기력해 보이지만 엄청난 잠재력을 가지고 있음을 이야기한다. 평소에 다리에 병이 든 늙은 과부는 두려워서 냇물 위의 다리를 걷지도 못했다. 그러나 어린 아들이 냇물에 빠졌다는 소리를 듣고는 쏜살같이 달려가서 다리를 건너 냇물에 빠진 아들을 건져냈다. 병든 과부는 힘없고 약하지만 아들에 대한 사랑으로 힘과 용기가 나서 아들을 구할 수 있었다. 다리 병을 가진 과부처럼 힘없고 약해 보이지만 한국 민중은 속에 엄청난 잠재력을 가지고 있다. 나라를 제 아들처럼 사랑한다면 한민족은 나라를 구할 수 있다는 것이다.

여기서 도산은 민중을 나라의 어머니, 아버지로 비유한다. 유교와 봉건왕조에서는 왕과 관리가 부모이고 백성은 어리석고 어린 자녀였다. 안창호에게는 민중이 부모이고 나라가 자녀다. 민중이 나라의 주인이고 주체이며 어버이다. 여기서 중요한 것은 도산이 사랑 속에서 큰 잠재력이 솟아날 수 있다고 말한 것이다. 민중은 사랑을 받고 사랑을 함으로써 큰 힘을 발휘할 수 있다. 민을 부모로 보는 이런 도산의 사상은 유영모에게 이어졌고 유영모는 '대학'(大學)의 '친민'(親民)을 '씨올을 어버이 뵙듯 하라'고 풀이함으로써 씨올사상의 단초를 마련한다.[65] '민'을 나라의 주인과 주체, 중심과 실체라는 의미에서 씨올이라 하고 그 씨올을 어버이 뵙듯 사랑하고 존경하라고 한 것이다. 또한 씨올은 강제로 폭력으로 싹이 트지 않고 따뜻한 햇빛과 시원한 바람으로 싹이 트는 것이니 생명에 대한 사랑으로 싹이 트는 것이다.

문명부강의 뿌리와 씨: 민이 서로 보호하고 단합함

도산은 "우리 어깨 위에 '대한' 두 글자를 각각 짊어졌다"고 하였다. 우리 민중이 나라의 주인이고 책임자다. 도산은 민중을 나라의 주인과 주체로 내세웠다. 도산은 민중을 믿고 민중 속에 들어가 민중을 사랑함으로써 민중의 위대한 잠재력을 실현할 수 있었다. 이것은 독립운동의 역사에서나 민중교육운동에서 매우 놀랍고 새롭고 위대한 일이다. 도산은 정치와 교육의 새로운 원리와 모범을 보인 것이다. 도산은 독립운동과 교육활동에서 엘리트적 지배자의 태도와 방식을 버렸다. 정치적인 독립운동과 민주적인 교육활동의 근본원리와 방법은 민중이 '스스로 하고 스스로 되게' 하는 것이다. 정치와 교육에서 민중이 주체임을 도산은 체험적으로 깨닫고 민중을 나라의 주인과 주체로 받들고 섬겼다. 도산에게는 민중이 곧 나라다. 나라를 사랑하고 구원하는 것은 민중을 사랑하고 구원하는 것이다. 민중이 사랑으로 나라를 구원하는 것은 사랑으로 자기를 구원하는 것이다. 나라가 망해가는 위기와 환난 속에서 민중이 서로 사랑하고 서로 구원하면 그것이 곧 나라를 되찾고 구원하는 것이다.

나라의 주인과 책임자로서 민이 서로 단합하여 나라를 구하라는 도산의 가르침은 예전의 조선왕조 사회의 관행과 상반된다. 예전의 조선왕조 사회는 왕 1인이 나라를 소유하고 지배하는 사회다. 그러나 도산이 생각하고 추구하는 나라는 민주공화국이다. 민주공화국은 민이 나라의 주인이 되어 서로 돕고 사랑하는 나라다. 예전의 조선왕조사회에서 국가는 민을 잡아먹을 물고기로 보았다. 큰 물고기는 중간 물고기를 잡아먹고 중간 물고기는 작은 물고기를 잡아먹는다. 착취와 지배의 먹이 사슬이 국가사회를 얽어매고 있었다. 조선왕조는 서로 잡아먹다 망한 나라다. 서로 잡아먹으면 망할 수밖에 없다. 그러나 서로 사랑하면 살 수 있고 더욱 힘이 난다.

당시 지식인사회에서 유행하던 사회진화론은 약육강식과 적 자생존을 주장하여 물리적 힘이 지배하고 결정한다고 보았다. 그것은 힘에 의한 지배와 정복의 냉혹한 철학이었다. 도산도 힘이 모든 것을 결정하고 좌우한다고 보았다. 큰 힘은 큰일을 할 수 있고 작은 힘은 작은 일을 할 수 있다. 그러나 도산에게 힘의 가장 깊은 내용과 원리는 사랑이었다. 그에게 가장 근본적인 힘은 인격적 도덕의 힘이었다. 인격적 도덕의 핵심은 사랑이다. 도산은 이런 사랑의 힘이 군사력과 경제력의 뿌리이고 토대라고 보았다. 도산은 공립협회 창립 1주년 기념식에서 연설을 통해서 부강한 미국문명의 뿌리와 씨는 "(민이) 서로 보호하고 단합함"에 있다고 하였다. 민이 서로 돕고 협력하여 함께 일어서자는 공립협회의 목적이 바로 부강한 문명의 뿌리이고 씨라는 것이다. 도산에 따르면 미국이 부강해진 것도 "워싱턴이 혼자 일한 것이 아니라 강한 자나 약한 자나 유식한 자나 무식한 자나 잘난 놈과 못난 놈을 물론하고 일체로 공합하여 힘쓴" 때문이다. 미국이 "영국을 물리치고 독립이 되어 부강을 일으키고, 또한 오늘까지 그 문명과 부강을 부지하고 진보하는 것도 또한 (미국 국민이) 서로 보호하자는 뜻으로 합심 협력함"이라고 하였다.[66]

당시 사회진화론과 부국강병의 국가주의에 휩쓸린 서구의 국가들은 제 나라의 민을 국가의 주인과 주체로 보지 못하고 국가의 자원과 기능으로 보고 민을 동원하고 사용하고 소모시키려 했다. 민을 나라의 주인과 주체로 일으켜 세우려 했던 도산의 민주 공화적 국가 이해는 생물학적 사회진화론과 국가주의적 국가 이해를 완전하게 극복한 것이다.

도산의 민주적 국가 이해

도산은 명확하게 말한다. "예전에는 왕씨나 이씨 한 사람의 나라였다. 이제는 민중 한 사람 한 사람, 우리의 어깨 위에 나라를 짊어지고 있다. 이제 낡은 생각을 버려라. 나라는 이제 우리의 나라다." 살아 있는 '우리'의 나라이므로 나라는 살아 있는 사람들의 생명공동체다. 민의 나라는 한몸을 이룬 생명체다. "손가락 하나가 아프면 온몸이 아프다. 오장육부와 지체들이 서로 연결되고 통하는 것이다. 몸의 장부와 지체 사이에 병이 들면 생맥(生脈)이 돈절(頓絶)되어, 깨지고 끊어지면 몸 전체가 막혀 버린다. 국가 중에 생맥이 끊어진 자리가 있으면 국민 한 사람 한 사람의 생명을 홀로 보전할 도리가 있으리오. 그런즉 나라 사랑(愛國)하기를 제 몸 사랑(愛身)하듯 할 것 아닌가!"

도산의 이러한 민주적 국가 이해는 새롭고 심오하다. 군주제를 폐지하고 민주공화정을 내세우는 사람은 이 시기에 한국에서는 찾아보기 어려웠다. 일본의 보호를 받고 있지만 아직 조선왕조와 황실은 존재하고 있었다. 도산이 조직한 신민회는 한국 근현대사에서 최초로 민주공화정을 정치이념으로 내세운 단체다. 도산은 미국에서 공립협회를 조직하고 '대한신민회 취지서'를 쓸 때 이미 민주공화정의 이념과 원리를 확실하게 제시하였다. 삼선평 연설에서 도산은 명확하게 민이 나라의 주인이고 주권자임을 밝히고 있다. 더 나아가서 민이 주인인 나라를 하나의 생명체로 파악하였다. 손가락 하나가 아프면 몸 전체가 아프듯이 민하나가 아프면 나라 전체가 아픈 것이다. 몸의 장부와 지체 사이에 병이 들어 생맥이 깨지고 끊어지면 몸 전체가 막혀버리듯이 나라 가운데 생맥이 끊어진 데가 있으면 국민의 생명을 보전할 수 없다. 국민과 국가는 유기체적 생명으로서 전체 하나로 이어져 있고 통합되어 있다.

여기서 도산은 국민이 곧 나라이고 나라가 곧 국민이라는 생각에 이른다. 국민 한 사람 한 사람의 '내'가 곧 나라다! 나라가 국민이고 국민이 나라이므로 나라가 온전해야 국민의 몸도 온전하다. 국민이 제 몸을 온전하게 지키려면 나라가 온전하도록 나라를 사랑하고 지켜야 한다. 그러므로 도산은 국민이 나라를 사랑하는 것은 곧 제 몸을 사랑하는 것이라고 하였다. 국민이 곧 나라이므로 나라를 사랑하는 것은 곧 국민을 사랑하는 것이다. 나라의 주인과 실체와 주체는 국민이다. 나라가 잘되고 못되는 것은 오로지 국민 자신에게 달려 있다. 국민은 전적으로 나라를 책임져야 할 나라의 주인이고 주체다. 사람이 제 몸을 스스로 책임져야 하듯이 나라의 주인인 국민은 스스로 나라를 책임져야 한다.

나라가 망하게 된 책임을 남에게 돌리고 나라를 구할 구원자를 밖에서 찾는 견해들과 주장들을 도산은 비판한다. 맨 먼저 우리가 하늘, 하나님을 믿으면 하늘이 우리를 도울 것이라는 주장을 비판한다. 하늘은 이미 지난 4,000년 동안 우리나라를 알뜰하게 보살피고 도와주셨다. 지금 나라가 망하게 된 것은 하늘이 돕지 않아서가 아니라 나라의 구성원들인 우리가 잘못했기 때문이다. 도산은 "하늘은 스스로 돕는 자들을 돕는다"(God helps those who help themselves)는 서양 속담을 중요하게 여겼다. 동양에서 "지성(至誠)이면 감천(感天)"이란 말이나 "사람이 할 일을 다하고 하늘의 뜻을 기다린다"(盡人事待天命)는 말도 비슷하다. 사람이 제 할 일을 충실히 하지 않고 하늘(하나님)이 해주실 것을 기대하는 것은 잘못된 태도다.

밖에서 구원자가 와서 우리를 구원해 줄 것을 기대하는 심리와 자세는 자신이 역사와 사회의 주인과 주체임을 몰랐던 고대와 중세의 무지하고 무기력한 민중의 심리이고 자세다. 이것은 지배자의 권력 아래 예속된 신민(臣民), 농노, 노예들이 가졌던 심리이고 태도다. 이것은 결코 근현대 민주시민의 심리와 자세가 될 수 없다. 근현대의 가장 두드러진 특징과 원리는 민이 자신을 자기 삶의 주인과 주체로 보는 것이다. 근현대에 이르러 비로소 민은 역사와 사회를 형성하고 변혁하고 창조하는 주체로 인정되고 존중되었다. 근현대의 민주시민은 함께 일어나서 서로 주체로서 서로 돕고 보호하면서 단합하여 스스로 구원해야 한다. 인간을 구원하는 하나님, 예수, 불성, 천성(天性), 도(道), 진리가 만일 있다면 그것은 모두 오늘 살아 있는 민의 삶과 정신 속에 그 뒤에 그 위에 그 곁에 있는 것이다. 그 모든 것들은 민중의 속에서 민을 깨우고 민에게 힘을 주고 민에게 힘이 되는 것이다. 민이 스스로 일어나서 서로 주체로서 함께 일어나 서로 돕고 보호하고 합심 협력하여 단합하게 하는 것이다. 환난을 이겨내고 서로 구원해가도록 민을 돕고 이끌지 못하는 하나님, 예수, 불성, 천성, 도, 진리는 모두 거짓된 것이다. 그러므로 밖에서 구원자가 와서 우리를 구해 줄 것으로 믿고 기다리는 것은 고대와 중세의 낡고 부패한 거짓 신념과 어리석은 주장일 뿐이다.

도산은 계룡산의 진인도 영국이나 미국도 믿을 수 없는 것임을 밝히고 이러한 망령되고 허망하고 부패한 주장들을 말끔히 끊어버리고 지금 해야 할 일에 용왕맹진하자고 주장한다. 절망에서 벗어나 죽을 각오로 힘써 일하면 이루지 못할 일이 없다고 하였다. 도산은 함께 맹세하고 약속하여 일본과 전쟁할 것을 준비해서 어느 해 어느 날이든지 선전포고를 하고 태극기를 세계에 휘날리자고 하였다.[67]

남을 사랑하기 위해서 나를 사랑하다

도산은 민족의 한 사람으로 살았고 민족 전체가 그의 삶과 정신 속에 살아 있었다. 나라의 독립과 통일을 위해 헌신한 도산은 평생 자신의 인격을 바로 세우는 일에 힘썼다. 민족의 중심과 민족 전체의 자리에서 생각하고 살았던 도산은 민족 전체의 죄와 질병, 악한 습관과 성격, 못된 감정과 의식을 한몸에 지고 살았다. 그의 높은 인격과 맑은 정신, 깊은 사상과 높은 뜻으로 도산은 자신의 자아를 정화하고 치유했을 뿐 아니라 한민족과 그 시대의 불의와 죄악을 정화하고 치유하였다. 그의 삶과 일, 생각과 말은 민족의 한 사람으로서 자기의 인격을 정화하고 바로 세우는 과정이었다. 그의 인격을 고치고 바로 세우는 일은 민족의 성격을 고치고 바로 세우는 일이었다.

'나'를 사랑하고 삶과 인격을 바로 세우는 도산의 공부는 한순간에 갑자기 되는 일이 아니었다. 그것은 순간순간, 하루하루 한 걸음씩 나아가는 점진(漸進) 공부였다. 20세 때 민족 앞에서 애국연설을 한 도산은 애국자의 사표가 될 것을 스스로 기약하고 육십 평생에 나날이 새로운 점진 공부를 계속하였다. 그가 1899년에 고향에 세운 점진학교는 "관서 사람의 손으로 세워진 사립학교로는 시초였고, 또 남녀공학을 실시한 최초의 학교"[68]였다. 그가 지은 점진학교의 노래 "점진 점진 점진 기쁜 마음과 점진 점진 점진 기쁜 노래로 학과를 전무하되 낙심 말고 하겠다 하세 우리 직무를 다"는 낙심하지 않고 기쁜 마음으로 조금씩 나아가는 도산의 점진공부를 나타낸다.[69]

도산은 제 힘으로 벌어먹는 일을 인생의 첫 번째 의무로 알았다. 그는 민족의 위대한 스승이요 독립 운동가면서 자신과 가족의 생활비를 스스로 버는 노동자였다. 도산은 배 젓기와 가옥 청소가 자기의 장기이며 자기는 이 재주로 언제나 생활할 능력이 있다고 말하였다. 아무리 학자나 정치가나 예술가라도 체력 노동으로 또 생산기술로 자기의 생활을 유지할 수 있는 힘을 갖추는 것이 인격 수양의 중요한 일과라고 하였다.[70] 그는 농장에서 귤을 따고 남의 집 청소를 하고 공사장에서 인부로 일하면서 자신과 가족의 생활비를 벌었다. 남에게 의존하지 않고 스스로 일해서 먹고사는 것이 그가 자신을 존중하고 사랑하는 길이었다. 그는 노동자로서 깊은 사상과 높은 인격을 가지고 민족의 스승이 되어 민족을 이끌었다.

도산이 자신을 존중하고 사랑한 것은 자신만을 위한 것이 아니었다. 나를 사랑하는 동기와 목적은 남을 사랑하는 데 있었다. 도산은 동지가 어려움에 처했을 때는 혼신을 다해 사랑으로 돕고 보살폈다. 독립운동가 추정(秋丁) 이갑(李甲)이 전신불수로 북만주의 망명 여사(旅舍)에서 신음하고 있을 때 도산은 내외가 노역해서 저축한 돈 1천 불을 그에게 보냈다. "도산은 운하공사 인부가 되어서 벌고, 도산 부인은 삯빨래를 해서 번 돈이래" 하고 추정은 감격한 눈물을 흘리며 말했다. 돈을 가져다 준 사람이 도산 부부가 이 돈을 어떻게 벌었는지 말해 준 것이다. 동지들이 병들어 죽어갈 때는 밤을 새우고 똥오줌을 받아가며 간호를 하였다.[71] 도산은 자기를 사랑하여 바로 세우는 일에 애를 쓰고 힘을 쓴 만큼 남을 사랑하고 섬기는 일에 혼신을 다하였다. 도산에게 애기와 애타는 동전의 양면과 같은 것이었다. 나를 사랑하는 애기의 길은 남을 사랑하는 애타로 가는 길이었다. 자기를 사랑함으로써 자기를 바로 세우고, 지극정성으로 남을 사랑했던 그는 참으로 애기애타의 모범을 보였다.

나를 사랑하고 바로 세우려는 도산의 끝없는 수련의 동기와 목표는 우리 민족을 사랑하기 위한 것이다. 도산에게 애타(愛他)는 민족을 사랑하는 것이다. 나를 사랑하는 것과 민족을 사랑하는 것이 다른 것이 아니었다. 한 사람 한 사람의 '나'는 민족과 국가의 구성원이고 주체다. 내가 곧 나라이고 민족이다. 민족을 떠나서 개인이 없고 개인을 떠나서 민족이 없다. 민족에 대한 도산의 사랑은 추상적이거나 관념적인 것이 아니다. 민족의 각 사람이 경제적으로 자립해서 주체 '나'로서 튼실하게 살도록 하는 것이 민족을 사랑하는 것이며 그것이 국가의 기본이고 정치의 기술이다. "도산은 민족의 각 사람이 저마다 제 밥벌이를 하는 것이 곧 민족경제력의 원천이요, 본체라고 보았다. 정치는 국민 각 사람으로 하여금 '저마다 제 밥벌이를 가능하게, 유쾌하게 하는 기술'이라고 도산은 보았다."[72] 도산은 민족의 한 사람 한 사람을 주체 '나'로 존중하고 사랑하였다.

도산이 민족의 운명은 힘으로 결정되는 것이라고 말한 것은 당시 부국강병의 힘과 약육강식을 내세운 사회진화론자들의 주장과 다르지 않다. 그러나 민족과 국가의 힘의 근원을 인간의 도덕과 정신에서 찾은 도산의 철학은 제국주의적 사회진화론자들의 철학과는 전혀 다르다.[73] 국가의 힘이 인간의 도덕과 정신에 있다는 도산의 철학은 당시 유럽, 중국, 일본, 한국의 어떤 정치 사상가에게서도 찾아보기 어려운 것이었다. 도산에게는 개인의 덕력과 체력과 지력을 기르는 것이 '나'를 사랑하는 일이고 이것이 나라와 민족을 사랑하고 구원하는 길이었다. 민주의 근본자리에서 보면 나와 민족(국가)은 하나다. 나는 민족과 국가의 구성원이고 주인과 주체다. 나를 사랑하는 것이 곧 나라를 사랑하는 것이다.

일상생활이 자기수련

인간을 행복하게 하는 힘은 지력에서 나오고 지력은 사랑에서 나온다.[74] 사랑 없는 지식은 사람과 사회를 해치는 흉기가 될 수 있다. 사랑에서 나온 지식의 힘만이 사람을 행복하게 할 수 있다. 그에게 사랑은 삶의 근본적이고 궁극적인 요소였다. 그는 자신을 사랑했을 뿐 아니라 남을 사랑했고 주위의 환경과 사물까지 사랑하였다. 사랑한다는 것은 주체 '나'로 본다는 것이다. 타자를 주체로 보는 것은 나와 타자가 서로 주체로서 상생과 공존의 관계로 들어가는 것이다. 상대를 주체 '나'로 존중하고 사랑하고 높이 세우면 '나'도 존중되고 높이 서게 된다. 내가 나를 존중하고 사랑하여 바르고 높게 세운 만큼 나는 상대를 주체로 존중하고 사랑하고 높이 세울 수 있다. 우주 전체의 생명(하늘, 하나님) 속에서 나와 타자(이웃, 환경, 사물)가 서로 뗄 수 없이 하나로 결합되어 있기 때문이다. 내 속에 타자가 주체로서 살아 있고 타자 속에 내가 주체로 살아 있다. 그러므로 나를 사랑하고 바로 세우는 것은 타자의 나를 사랑하고 세우는 것이고 타자의 나를 사랑하고 세우는 것은 나를 사랑하고 세우는 것이다.

도산은 어디서나 자기가 몸담아 사는 곳을 사랑하였다. 그는 잠시 셋집이나 셋방살이를 하더라도 그 집과 방을 곱게 단장하였다. 깨끗이 쓸고 닦고 문장을 치고 그림을 걸고 화분을 놓고 뜰에 화초를 심어서 자기가 있는 곳을 아름답게 하였다. 그래서 상해나 남경에서도 도산의 거처를 찾으려면 그 동네만 알면 그만이었다. 그중에 가장 깨끗하고 아름답게 꾸민 집이 도산의 거처였다. 도산은 환경과 사물을 깨끗하고 아름답게 하면 인간 자신이 깨끗하고 아름답게 된다고 믿었다. 그래서 도산은 미국의 한인동포들을 주체로 깨워 일으킬 때 먼저 길거리와 집안 환경을 깨끗하고 아름답게 하였다. 도산은 옷을 바르고 가지런하게 입으면 맘의 중심이 잡히고 행동거지가 신중하고 조심스러워진다고 믿었다(衣冠整齊 中心必飭). 거처 환경은 거기 사는 자의 정신에 영향을 주는 동시에 그의 정신의 표현이라고 보았다.[75] 도산의 일상생활이 곧 그의 수양활동이었고 일상행위가 곧 자기 수련이었다. 그는 자신을 사랑함으로써 이웃과 사물을 사랑할 수 있었고 이웃과 사물을 사랑함으로써 자신을 사랑하고 바로 세울 수 있었다.

그의 말년에 2년 반 동안 옥살이를 하고 나와서 그는 더욱 자아혁신과 인격혁명을 강조하였다. 시기와 질투, 당파주의로 나라가 망했으므로 민족의 이런 병든 심리와 악습을 고치지 않으면 나라의 독립을 이룰 수 없다는 신념을 더욱 굳게 가졌다.[76] 고조선, 부여, 고구려로 이어지는 반만년 옛날의 영광을 미래에 회복하고 못함이 오직 민족의 교육과 자기수양에 달렸다고 믿었다.[77] 말년에 그는 동지의 수양처를 마련하기 위해서 송태산장에 집을 짓고 살았다. 집을 지을 때 설계와 공사감독을 도산이 몸소 하였다. 그는 집 짓는 일에 지극정성을 다하였다. 그는 이렇게 말했다. "한번 잘못 되면 그 잘못이 언제까지나 남는 것이오. 얼렁얼렁이 우리나라를 망하게 하였소. 우리가 최선을 다한다 하더라도 최선이 되기 어렵거든 하물며 얼렁뚱땅으로 천년 대업을 이룰 수가 있겠소? 대소간 역사에 관용한 것은 관용(寬容)이 아니요 무책임이니, 관용하는 자가 잘못하는 일꾼보다 더욱 죄라."[78]

도산은 자기 소유의 재산은 하나도 없었고 가지려고 하지도 아니하였다. 미국에 있는 동안 자녀가 어렸을 때에 도산은 '하우스 워크' 노동을 하고 부인 이혜련 여사는 삯빨래를 하여서 호구하였고, 자녀가 장성한 뒤에는 자녀들이 벌어서 생계를 유지하였다. 말년에 그가 송태산장에 살 때는 사슴농장과 양어장을 만들어 생계를 마련하려고 했다. 도산의 지론은 "결코 생활을 남에

게 의뢰하지 말고 스스로 일하여 제 힘으로 생활하라"는 것이었
다. 사람마다 한 가지 능력을 가지고 저마다 한 가지 직업을 가
질 것을 민족 동포 전체에게 요망하였다. 홍사단 약법에 "1종 이
상의 학술 혹은 기예를 학습"하는 것이 단우의 의무로 표현되었
다. 도산은 아무리 부자유스러워도 일이 없어 한가하게 노는 법
은 없었다. 그는 어디서나 일을 찾았고 그 일은 모두 다 민족을
위한 것이었다. 그는 대전 형무소에서 옥살이를 할 때도 옻칠 공
장에서 열심히 일하여 모범수로서 가출옥을 하였다.[79] 도산의 다
심, 세심, 열중, 지성(至誠)한 송태산장의 역사는 작은 일에 충실
한 사람의 본보기다. 작은 일에 충성한 사람은 큰일에도 충성한
다는 것과 나를 닦는 것이 곧 남을 바로 세우는 것이라는 귀중한
진리를 도산은 체득하고 실천하였다. 단체생활의 도덕을 중시한
도산은 여흥의 우스개도 지성으로 하였다. 그는 중국인의 연설
을 흉내 내는 재주가 있었는데, 자기가 지명을 당하면 결코 머뭇
거림 없이 전심전력을 다해서 흉내를 내었다.[80]

무실역행: 거짓과 공론(空論)을 넘어서

도산은 거짓과 공론(空論)이 개인과 민족을 분열시키고 개인
과 민족을 해치고 망하게 하는 나쁜 습관과 버릇이라고 보았다.
거짓과 공론을 극복하기 위해 도산이 내놓은 대책이 무실역행

(務實力行)이었다. 무실역행은 나와 남(민족)을 사랑하고 살리는 애기애타의 실천방법이다. 거짓 대신 참(實)에 힘쓰고 공론 대신 힘써 행동하자는 것이다. 일상생활에서 지극정성을 다해서 참을 힘쓰고 행을 힘쓰면, 거짓과 공론의 나쁜 습관과 버릇에서 벗어나 참된 말과 참된 행동이 습관이 되고 성품이 된다.

도산은 언제나 정성을 다하는 사람이었다. 성실하고 거짓 없는 삶을 사는 사람은 '더할 데 없는 법열(法悅)', 진리의 기쁨을 느끼고 밖으로는 만나는 사람의 신임과 존경을 받을 수 있다. 지극정성을 다하는 사람은 중용에서 말하는 성인(聖人)의 지경에 이른다. 지성을 다하는 사람은 하늘과 사람을 감동시키고 움직이는 덕을 가진다. 참되게 말하고 행하는 건전인격을 세우는 것이 나라와 민족을 위해 가장 필요한 일이다. 참말을 하고 참된 행동을 하는 건전인격을 세우지 못하면 개인으로나 민족으로나 힘을 갖지 못하고 힘이 없으면 잃었던 국권을 회복하고 민족의 운세를 왕성하게 할 수 없다. "민족이 큰 힘을 발하는 길은 오직 하나…… 민족 각 개인의 인격을 건전하게 하는 길이다."[81]

생활수련을 통해서 끊임없이 자신을 개조하고 혁신한 도산은 집과 주위 환경을 깨끗하고 아름답게 바꾸었다. 그는 집과 주위 환경의 정결과 정돈이 민족 개조의 중요 과목이요 제1과목이라고 생각했다. 인격과 자아의 혁신은 생활과 환경의 혁신, 민족의 혁신으로 이어졌다. 자신의 몸가짐과 거처부터 개조 일신하지 않으면 문명한 독립 국민이 되지 못한다고 생각했다.[82] 도산은 작은 물건 하나도 정성을 다해서 다루고 아끼고 존중하면서 물건 하나하나가 있을 곳에 있도록 하였다. 도산의 물건 사랑은 물건을 물건으로 일을 일로 그것을 그것으로 주체로서 존중하고 사랑하여 사물과 일의 물성과 이치가 드러나고 실현하게 한 것이다.

도산은 주위의 물건을 사랑하는 것도 나라를 사랑하는 것도 세계를 사랑하는 것도 한결 같은 진실의 정신과 사랑의 자세를 가지고 하였다. "나 한 몸이 건전인격이 되는 것이 곧 우리 민족 전체의 힘이 되고 복이 되는 것같이, 우리 민족의 나라를 선의 나라, 정의의 나라로 완성하는 것이 곧 세계 인류의 복이다. 물욕과 권력욕과 같은 사사욕심이 없으면 (그 나라가 부강하게 되고) 그 나라가 부강하게 되면 될수록 인류의 복이 되지 결코 화가 되지 않는다."[83] 도산이 생각한 애국자는 그 나라의 국토를 제 집과 같이 아끼고 사랑하고 그 국토에 있는 초목과 금수를 제 집 가축과 같이 사랑할 것이다. 나와 남을 서로 주체로서 사랑하고 존중하는 사람은 나와 남의 서로 다른 개성과 창의를 인정하고 존중해야 한다. 서로 다른 생명과 정신의 주체들은 똑같을 수 없고 무한한 다양성과 차이를 만들어낸다. 참된 사랑을 가진 사람은 결코 서로 다름과 차이를 두려워하지 않는다. 오히려 서로 다름과 차이를 존중하고 찬양한다. 민족의 한 사람 한 사람에게 이런 사랑이 있다면 "모든 사상과 의견의 대립은 영양이 될지언정 병근(病根)은 되지 아니할 것이다."[84] 정직과 사랑 안에서 서로 다름과 맞섬은 서로를 살리고 키우고 높이는 힘이 된다.

이상촌(理想村)을 그리다

도산은 평생 이상촌을 꿈꾸고 계획하고 실현하려고 애를 썼다. 그가 생각한 이상촌은 고립되고 폐쇄적인 공동체가 아니라 사회교육과 독립운동을 목적으로 하는 모범촌이다. 그가 구상한 이러한 이상촌이 완전하게 실현된 적은 한 번도 없다. 그러나 그의 일생은 이러한 이상촌을 실현하려는 노력으로 일관되었다. 1902년 미국으로 유학 가서 학업을 중단하고 한인 노동자들을 교육하고 조직하여 공립협회를 만든 이래 죽을 때까지, 더불어 살고 서로 살리는 생활공동체를 만들려는 도산의 꿈과 노력은 중단되지 않았다. 그가 미국의 로스앤젤레스와 샌프란시스코에 이룩한 한인공동체의 생활을 본 어떤 독립 운동가는 '도산 공화국'을 이룩하였다고 평가했다. 도산이 이룩한 작은 공화국은 그가 평생 추구한 이상촌의 하나라고 생각한다. 그가 가서 일하는 곳마다 상생·공존·번영의 공동체가 이룩되었다. "도산이 가는 곳마다, 세운 조직마다, 모두 평화 화해 단결이 넘치는 작은 이상촌이 되었다. 흥사단이란 단체를 만들고 운영하는 방법 속에, 도산은 정의돈수라는 특수한 방법을 택했다. 희락회라는 순서를 모든 행사에 넣어서, 반드시 즐겁고 유쾌한 시간을 참석자들이 갖도록 하였다. 공립협회, 청년학우회, 신민회, 국민회, 흥사단, 상해임시정부 등 수 많은 조직에서, 도산이 있는 곳은 정과 의리가 넘쳐흘렀다."[85]

1910년 나라가 망하게 되어 망명을 한 다음에는 중국 만주
나 러시아 지역에서 독립운동과 전쟁을 준비하고 교육 훈련하는
기지로서 이상촌을 도산은 더욱 절실하고 간절하게 실현하려고
하였다. 그러나 일본군이 만주지역과 상해지역에 주둔하면서 세
력을 확장해갔기 때문에 이상촌을 건설하려는 도산의 꿈은 좌절
되었다. 1932년 일본경찰에 체포되어 한국에서 2년 반 동안 옥
살이를 한 후에도 도산은 이상촌을 구상하고 계획하였다.[86]

도산은 1898년 평양의 쾌재정과 서울의 종로에서 독립협회
가 주최한 만민공동회에 참여하여 연설을 했다. 이 연설을 하면
서 도산은 민중과 온전히 하나로 될 수 있었다. 자신이 진실한
생각과 정신을 가지고 올곧게 서면 민족 전체와 하나로 될 수 있
다는 것을 깊이 체험하고 깨달았다. 진실한 정신과 인격, 진실한
말씀과 사상을 통해 민중(민족)과 하나로 되면 엄청난 힘이 나오
는 것을 경험하였다. 민족이 하나로 되면 독립된 국가를 세우고
아름답고 번영하는 나라를 만들 수 있다고 도산은 확신하게 되
었다.

도산은 개인과 민족을 유기체적 생명체로 보았다. 유기체적
생명체는 스스로 하는 주체이면서 내적으로 통일된 전체다. 그
는 개인의 주체적 자립과 인격적 통일을 바탕으로 민족 전체의
독립과 통일에 이르려 하였다. 개인과 민족을 이어주는 다리와
매체로서 도산은 이상촌을 생각하였다. 인격의 통일은 민족(인
류)의 통일을 위한 뿌리이고 토대다. 인격의 통일과 민족의 통일

사이에 가정과 마을이 있다. 가정은 자연적·혈연적으로 이루어
지는 공동체다. 가정을 넘어서 마을공동체를 이루는 것이 인격
의 통일과 민족의 통일 사이를 매개하고 연결하는 다리이고 단
계이며 과정이다. 마을공동체는 인격의 개조와 통일을 이루는
교육과 훈련의 자리이면서 민족 전체의 통일과 독립을 이루어가
는 그루터기다. 그러므로 도산은 나라와 민족을 바로 세우려는
뜻을 가지고 활동하기 시작한 때부터 죽을 때까지 서로 살리고
더불어 사는 생활공동체를 만들려고 힘썼다.

방방곡곡 동리마다 세워지는 마을공동체

도산은 우선 독립운동의 근거지로서 이상촌을 생각했다. 도
산은 독립운동 사업을 지속적이고 구체적으로 추진하기 위해서
반영구적인 근거지를 만들 계획을 구상하고 있었다.[87] 도산은 독
립운동과 독립전쟁의 근거지로서 이상촌을 계획했을 뿐 아니라
그것을 넘어서 일반적이고 보편적인 마을공동체를 생각했다. 그
는 한국 민족이 독립을 완성한 후에 전국적으로 동리마다 국민
수양과 교육과 문화 활동을 위한 마을공동체를 세워야 한다고
생각했다.

도산이 계획한 이상촌은 서로 믿고 사랑하며 서로 살리고 더
불어 사는 생활공동체다. 그는 유정(有情)사회와 무정(無情)사회

를 구분하면서 무정사회는 갈수록 힘을 잃고 망하는 사회이고 유정사회는 갈수록 힘이 나고 흥하는 사회라고 하였다. 도산은 사회에 정의(情誼)가 있으면 흥미가 생기고 흥미가 생기면 활동할 용기가 생긴다고 하였다.[88] 사랑하기 공부(정의돈수)를 강조한 도산은 집단생활과 사교생활의 훈련을 중시했으며, 집단적인 회식과 오락을 중시했다. 그는 사랑과 기쁨이 가득한 마을공동체를 이루려 했다.

도산이 생각한 이상촌은 흥사단의 이념과 목적을 실현한 생활공동체였다. 도산과 춘원 사이에 진행된 흥사단 입단문답에서 흥사단의 이념이 이상촌을 통해 실현되는 것을 알 수 있다. "국민을 수양하는 것이 국민의 생명이요, 정치보다 수양이 근본이 됩니다. 약법에 있는 대로 강습소, 강연회, 서적 출판부, 도서종람소(도서관), 간이 박물원, 체육장, 구락부, 학교 등입니다. 이러한 사업은 전 민족에게 덕·체·지 삼육(三育)을 수양할 기회를 주기 위해서 필요합니다. 한 골에, 한 면에, 한 동리에 그런 사업들이 이루어지면 좋겠소. 동리마다 이러한 시설이 없이 우리 민족이 세계에 일등 가는 문명 민족이 될 수 있을까요?"[89] 도산이 생각한 이상촌은 어느 한 곳에 하나만 세우는 특수한 공동체가 아니라 전국 방방곡곡에 동리마다 마을마다 세워지는 구체적이고 일반적인 생활공동체였다.

도산은 자치와 협동의 생활공동체, 생산과 유통과 소비의 총체적인 지역생활 공동체, 훈련과 교육과 문화가 통합된 마을공동체를 구상했다. "각 마을에는 여관, 금융기관, 협동조합이 있어야 한다. 협동조합은 생산품의 공동판매와 일상 생활용품의 공동 구매·배급 기관이다. 체육시설을 두어 체력과 무술을 배울 것이다." 도산은 덕·체·지 3육이라고 해서 지육(智育)보다 덕육과 체육을 앞세웠다. "덕이 없는 자의 지는 악의 힘이 되고 건강 없는 자의 지는 불평밖에 되지 못한다." 도산은 인격교육과 기술 교육을 함께 하는 특수학교를 생각하였다. 도산은 각자 직업을 가지고 일과 사업을 해야 한다고 보았다. 저마다 직업을 가지고 일과 사업을 할 때 자치와 협동을 바탕으로 교육과 문화의 공동체생활을 하는 아름다운 마을을 이룰 수 있다. "국법을 준수하고 민주적 자치능력이 있고 도덕적으로 허위에서 해탈하고 이기심을 절복(折伏)하여서 공공생활의 신뢰할 각원이 되고 경제적으로는 부채 없이 문화생활을 독립·자영할 재산을 가지고 자녀는 모두 교육을 받고 성인은 모두 독서를 하는 마을을 (도산은) 생각했다."[90]

2장

도산의 가르침

　나라가 망해 가는 비상하고 어려운 시기에 도산은 나라를 구하기 위해서 민족의 한 사람 한 사람을 깨워 일으키는 일에 앞장섰다. 나이 스물에 도산은 쾌재정 연설과 종로 만민공동회 연설을 통해 민중(민족)과 하나로 되는 깊은 체험을 하였다. 이 체험이 도산의 공적 생애를 시작하는 입구이고 출발점이었다. 이 체험이 도산의 삶과 정신, 철학과 실천을 이해하는 열쇠다. 쾌재정 연설에서 도산은 자신의 몸, 맘, 얼이 하나로 되고 민중(민족)과 온전히 하나로 되는 놀라운 체험을 하였다. 민중과 하나로 되는 체험이 인간이 할 수 있는 가장 크고 높은 체험이다.

　인간이 할 수 있는 궁극적 진리(하나님) 체험을 세 가지로 나누어 볼 수 있다. 첫째, 인간은 자신의 속의 속에서 진리를 발견하고 몸, 맘, 얼이 하나로 통일되는 체험을 할 수 있다. 이것은 인간 자신의 진실한 실존적 체험이다. 둘째, 인간은 자기 밖에서 이웃과 만물 속에서 진리를 발견하고 이웃, 만물과 하나 됨을 느끼고 체험할 수 있다. 이것은 나와 이웃(만물)과의 신비한 일치의 체험이다. 천인합일, 신인합일, 범아일여, 물아일체로 표현되는데, 이러한 초시간적·초월적 신비체험은 개인의 주체가 전체(천, 신, 만물)에 매몰되는 경향이 있다. 셋째, 인간은 역사와 사회의 구체적 현실 속에서 살아가는 민중에게서 진리를 발견하고 민중과 하나 되는 체험을 할 수 있다. 민중체험은 내 속에서 진리를 발견하는 실존체험과 이웃(만물)에게서 진리를 발견하는 신비 체험을 아우르는 체험이다. 이것은 역사와 사회의 구체적인 민중들과 하나로 되는 체험이니 가장 깊고 높고 큰 진리체험이다.

역사와 사회의 구체적 현실에서 이루어지는 이 체험에서는 개인의 주체가 깨어 있으면서 고통받고 억압받는 민중과 하나 됨으로써 참된 주체와 전체의 일치, 참된 사랑과 정의에 이른다. 개인과 공동체 전체가 고난받는 민중을 통해서 구원과 해방에 이른다. 고난받는 민중 속에서 구원과 해방의 진리(하나님)를 발견하는 민중체험은 '고난의 종'(히브리 성경 이사야 53장)을 통해 드러난 체험과 깨달음이고[1], 예수의 체험과 깨달음이며 십자가에 달린 예수의 고난과 죽음에서 그리스도인들이 체험하고 깨닫는 체험이다. 이것은 인간이 할 수 있는 가장 알뜰하고 절실하며 깊고 높고 큰 체험과 깨달음이다.

도산의 위대한 점은 이런 깊고 큰 체험과 깨달음을 끝까지 이어가며 심화 발전시켰다는 데 있다. 그의 민중체험은 인간과 역사와 세계(국가)를 깊이에서 전체로 높고 크게 볼 수 있게 했다. 민의 자리에서 인간과 역사와 세계를 깊고 크게 볼 수 있었던 도산이 1906년 말에 미국에서 동지들과 함께 작성한 '대한신민회 취지서'는 이미 그의 사상과 정신, 경륜과 방책이 깊고 높고 크게 확립되어 있음을 보여 준다. 그는 이미 사상과 정신, 경륜과 방책에서 거의 완벽한 준비를 갖춰 1907년 초에 한국에 왔고 신민회를 조직하고 대성학교를 설립했다. 그가 한국에 돌아와서 했던 수많은 강연이 듣는 사람들의 몸과 맘을 사로잡고 그를 따르게 했던 것은 한민족을 하나로 만들 수 있는 깊은 철학과 사상, 경륜과 방책이 있었기 때문이다.

도산의 정신적 계보

도산이 미국에서 돌아와 신민회를 조직하고 전국에서 연설을 할 때 나이가 서른이었다. 그때 남강 이승훈은 44세였고, 이미 기업인으로서 큰 성공을 거둔 유명한 인물이었다. 학교교육은 전혀 받지 못했으나 스스로 자신을 닦아 일으킨 인물이었다. 남강은 1905년 청일전쟁으로 사업에 큰 손해를 보았고 나라가 기울어가는 것을 보면서 낙담하고 실의에 빠져 있었다. 그러다가 1907년 7월 평양에서 도산의 강연을 들었다. 도산의 강연이 그에게 큰 감동과 충격을 주었다. 그는 곧 머리를 깎았고 술과 담배를 끊고 도산의 가르침을 따라 새로운 삶을 살기로 결심하였다.

남강의 교육정신과 철학은 기본적으로 도산에게서 배운 것이다. 한 사람 한 사람의 덕력과 체력과 지력을 길러서 건전한 인격을 이루고 건전한 인격을 이루는 사람들이 서로 믿고 돕는 단결을 이루는 것이 나라를 되찾고 바로 세우는 기초를 마련하는 것이라는 도산의 가르침은 그대로 남강이 세운 오산학교의 교육정신과 이념이 되었다. "몸을 깨끗이 하고 집을 깨끗이 하고 마음을 깨끗이 하는 것이 나라를 바로 세우는 길이라"라고 한 도산의 가르침을 남강은 그대로 평생 실천하였다. 그는 새벽에 일어나 집안과 마을을 쓸기 시작하였고 자신이 설립한 오산학교에서도 마당 쓸고 변소 청소하는 일을 자신이 맡아서 하였다. 오산학교는 어린 학생들에게 교사들이 존댓말을 쓰는 것으로 유명하였다. "남강은 도산의 경륜과 인격을 우러러 보았고 도산은 남강의 강직함과 실천력을 높이 찬양하였다."[2]

남강이 사상과 정신의 면에서 도산의 제자인 것은 분명한 사실이다. 도산이 망명한 후 남강은 신민회의 정신과 사업을 이어갔고 도산의 교육독립정신에 따라 오산학교 교육에 전념했으며 기독교인 민족대표들을 조직하고 끌어들임으로써 삼일혁명을 주도적으로 이끌었다. 일제의 탄압 속에서도 오산학교는 김소월, 백석, 이중섭, 한경직, 주기철, 함석헌 같은 위대한 인물들을 많이 길러내었다. 만일 도산이 일제의 억압과 간섭 없이 대성학교 교육을 30~40년 이끌어갔다면 얼마나 많은 인재들을 길러냈을까 생각하면 일제의 식민통치가 한민족에게 끼친 해악이 너무나 크다.

　오산학교에서 한국의 위대한 철학자 유영모와 함석헌은 스승과 제자로 만났다. 이들은 이승훈을 스승으로 높이 받들었다. 도산과 마찬가지로 유영모는 '나'(인격, 주체)와 민족 전체의 일치를 추구했다. 그는 나의 깊이와 자유를 탐구하고 나의 깊이와 자유에서 전체(민족)의 하나 됨에 이르는 길을 열어갔던 구도자적 사상가였다. 유영모는 동서고금의 정신과 사상을 회통한 사상가로 높이 평가받는다. 한국 민주화 운동의 상징이었던 함석헌은 도산과 남강의 교육운동과 정신을 이어받고 유영모의 철학을 물려받아서 민주정신과 철학을 씨울사상으로 확립했다. 함석헌은 늘 자신의 스승들로서 '도산, 남강, 고당, 다석'을 내세웠다. 그는 70년대 〈씨울의 소리〉를 내며 민주화운동을 하다가 외롭고 힘들 때면 망우리 도산의 묘를 찾곤 했다. 도산의 묘 앞에서 오래 앉아 있다 보면 망우리(忘憂里)란 이름 그대로 근심과 걱정을 잊게 되었다고 한다.[3] 함석헌이 보기에 도산은 민중 속에서 나서 민중의 한 사람으로서 민중을 위해 민중과 더불어 살았던 위대한 씨울이었다. 그래서 독재정권과 유착되었던 지식인 귀족들이 도산의 묘를 망우리에서 강남 청담동으로 옮겼을 때 함석헌은 민중에게서 민중의 선생님을 빼앗아 갔다고 몹시 노여워하고 서

운해하였다.[4] 흥사단 사무총장과 이사장을 지낸 서영훈은 유영
모와 함석헌을 평생 스승으로 높이 받들었다. 도산은 민주정신
과 철학인 씨올사상을 심었고 남강은 그 뿌리를 내리게 했고 유
영모는 그 뿌리가 하늘까지 닿게 했고 함석헌은 그 줄기와 가지
가 뻗게 하였다.

도산은 결코 주입식으로 지식과 교훈을 가르치는 교사가 아
니었고 명령과 훈계를 하는 권위주의 교사도 아니었다. 생명과
정신은 '스스로 하고 스스로 되는' 것이다. 사람은 스스로 하는
인격을 가진 주체다. 그는 자신이 스스로 하고 스스로 되는 이였
고 다른 사람으로 하여금 스스로 하고 스스로 되도록 일깨우고
이끌었던 참스승이다. 그래서 그는 어린 학생에게도 큰절을 하
면서 깨우치고 격려하였다.

새로운 교육의 목표

도산은 과학적 분석과 현실적 진단을 바탕으로 문제를 해결
하고 구체적인 대안을 모색하면서도 높은 이념과 목적을 제시하
고 구체적이고 현실적인 교육목표를 제시하였다. 과학적 사고와
높은 도덕적 이념과 현실적인 목표가 도산의 교육 속에 결합되
어 있다. 산술계산과 논리와 도형을 다루는 수학이나 인과관계
와 법칙이 지배하는 자연과학에는 의욕과 지향, 이념과 목적이

없다. 동일한 것이 되풀이되거나 생성 소멸하는 순환이 있을 뿐이다. 그러나 생명과 정신에는 자람과 진화, 고양과 향상이 있고 의욕과 지향, 이념과 목적이 있다. 그는 생명의 철학자이고 생명의 교육자였다. 그러므로 그는 과학적 사고와 도덕적 이념과 현실적 목표를 통합할 수 있었다.

도산이 과학적 분석과 진단에 힘쓴 것은 땅의 물질적 현실에 충실한 것이다. 땅의 물질세계는 수학적으로 계산하고 측정할 수 있고 과학적으로 분석하고 비교할 수 있는 것이다. 그러나 생명은 하늘을 품은 것이고 정신은 하늘을 지향하고 하늘과 통하는 것이다. 하늘(하나님)은 한없이 깊고 높고 커서 계산·측정·분석·비교할 수 없다. 생명과 정신은 과학을 넘어서 높은 도덕적 의지와 실천, 이념과 목적을 가진 것이다. 하늘의 높은 뜻과 이치를 추구하면서도 땅의 물질적인 현실에 충실하였기 때문에 도산은 생명과 정신, 역사와 사회에 합리적이고 효율적이며, 적합하고 절실한 교육목표로서 '무실 역행 충의 용감'을 제시할 수 있었다.

무실(務實)은 생명과 정신, 역사와 사회의 진실에 힘쓴다는 말이다. 그것은 하늘의 뜻과 땅의 현실이 만나는 우주와 자연생명, 역사와 사회의 본성과 목적을 실현하고 완성하자는 것이다. 하늘과 땅, 정신과 물질은 갈등하고 대립한다. 서로 갈등하고 대립하는 것을 통일하여 생명과 정신을 실현하고 완성하기 위해서는 서로 다른 것을 극복하고 통합하여 더 크고 높은 현실로 종합하는 변증법적 사고가 요구된다. 생명과 정신을 가진 인간은 역사를 가진다. 역사를 가진 인간은 과거와 현재의 주어진 삶을 계승하면서도 낡은 역사와 사회를 비판하고 극복하여 더 나은 새로운 미래를 만들어가야 한다. 그러기 위해서는 주어진 현실을 비판하고 극복하면서 계승하고 새롭게 창조하는 변증법적인 과정과 변화에 진실하고 정직해야 한다.

역행(力行)은 맡은 일을 힘껏 하는 것이다. 인간은 생명과 정신, 역사와 사회의 주인과 주체다. 인간은 역사와 사회를 스스로 형성하는 창조자이며 역사와 사회에 의해서 형성되는 피조물이다. 낡고 불의한 역사와 사회의 현실을 개혁하고 창조하기 위하여 인간은 몸과 맘과 얼을 다해서 힘과 뜻을 다해서 애쓰고 행동해야 한다. 사람이 힘써 행하지 않으면 아무 일도 일어나지 않고 아무 일도 되지 않는다. 정성을 다하고 힘을 다해서 행할 때 가장 좋은 결과에 이를 수 있다.

충의(忠義)는 충직하고 의로운 것이다. 충직하다는 것은 자신과 동지에 대해서 변함없이 정성을 다하는 것이다. 의롭다는 것은 옳고 바른 이념과 목표와 일에 대해서 이치와 도리에 맞게 정성을 다하여 변함이 없는 것이다. 충직함과 의로움이 없는 사람은 공적인 일을 할 자격이 없다. 하늘은 밝고 떳떳한 것이고 땅은 두텁고 미더운 것이다. 인생과 역사는 선과 악, 원인과 결과의 이치와 법도가 지배하는 정직한 것이다. 충의를 잃으면 나뿐 아니라 다른 사람과 세상도 해치는 것이다. 땅의 물질세계에 기초한 바깥 현실은 끊임없이 변화하고 새롭게 개혁해야 하지만 인간 내면의 정신 속에는 변함없고 흔들림 없는 의지와 신념과 원칙이 있어야 한다.

용감(勇敢)은 고난과 역경, 좌절과 실패에도 위축되거나 물러서지 않고 대차게 나아가는 것이다. 생은 언제나 고난과 죽음의 위기 속에 있다. 생은 언제나 죽음의 위협과 위기를 극복하고 실현되고 완성되는 것이다. 정신은 물질적 파멸과 육체적 죽음을 이기고 사는 것이다. 만일 정신이 물질적 위협과 죽음에 굴복하면 정신은 죽고 없는 것이다. 그러나 무모하게 파멸과 죽음에 빠지는 것은 용감한 것이 아니다. 참으로 용감한 것은 고난과 죽음의 위협에 굴복하지 않으면서도 주어진 현실 속에서 생명과 정신의 본성과 목적(주체의 깊이와 자유, 전체의 일치와 통일, 창조적 진화와 혁신)을 두려움과 거리낌 없이 담대하고 힘차게 실현하고 완성하는 것이다.

새로운 교육의 내용

도산은 한국 민족이 깊이 병들고 잘못되었기 때문에 나라를 잃고 식민지가 되었다고 보았다. 그는 한민족의 병과 잘못을 과학적으로 연구하고 분석하고 진단한 후 한민족의 깊은 병을 치유하고 잘못을 바로잡기 위해서 신민회를 조직하고 청년학우회를 만들고 흥사단을 시작하였다. 도산은 언제나 한민족의 교육 운동과 독립운동을 병행하였다.

흥사단이 내세운 수양교육훈련의 핵심내용은 무실, 역행, 충의, 용감 4대 정신이다. 4대 정신을 수양·교육·훈련하는 목적은 건전인격과 신성단결이다. 4대 정신은 인간의 생명과 정신을 형성하는 기본 원소이며 그 생명과 정신을 실현하고 완성하는 근본원리다. 건전인격과 신성단결은 민주국가를 이루는 기본 요소이며 민주국가의 목적이다. 도산이 제시한 흥사단의 교육 정신과 목적, 이념과 내용은 한민족에게만 아니라 민주국가를 지향하는 모든 국가들에게 효용이 있는 것으로 생각된다.

무실(務實)

4대 정신은 생명과 정신이 실현되고 완성되는, 성장하고 성숙하고 고양되는 기본 원소이고 근본원리다. 4대 정신이 있으면 생명과 정신은 살고 자라고 깊고 높아지고 풍성해지지만 4대 정신이 없으면 생명과 정신은 힘을 잃고 쪼그라들고 소멸하고 죽는다. 4대 정신의 뜻을 다시 새겨보자.

생명에는 껍데기와 알맹이가 있다. 생명은 껍데기, 껍질, 거죽에서부터 알맹이가 차올라서 알이 들고 알이 차서 꽃이 피고 열매가 맺는다. 우리말에서 거짓은 거죽, 거죽을 나타내고 참은

'알참'을 뜻한다. 거죽에 머물고 매이는 거짓(거죽), 거짓을 일삼으면 생명과 정신은 생명력을 잃고 쭈그러들어 쭉정이가 된다. 무실은 삶과 일이 알차게 하는 것이다. 생명과 정신, 일과 물건의 알맹이가 알차게 하려고, 깊이 연구하고 정성으로 계획을 짜서 진실하고 성실하게 생각하고 판단하고 결정하고 말하고 행동하는 것이 무실이다.

무실은 생명과 정신, 일과 물건의 알맹이, 알짬이 드러나고 실현되고 자라고 성숙하여 더욱 풍성하고 완성되게 하는 것이다. 철저한 연구와 계획 없이 충분한 의논과 협의 없이 요행을 바라면서 대충대충, 얼렁뚱땅, 마구 덤비는 것이 삶과 일의 거죽에 머무는 것이고 거죽만 만지고 거죽만 핥는 거짓된 것이다. 거짓은 알맹이를 버리고 거죽에 머물러 쭉정이가 되는 것이고 무실은 알맹이가 알차게 하여 생명과 정신, 일과 물건의 알맹이가 성숙하고 풍성하고 아름답고 고상하게 하는 것이다.

씨올이 하늘의 햇빛과 바람, 땅의 흙과 물을 가지고 창조적 생명활동을 펼쳐가듯이 인간은 하늘의 높은 뜻과 목적을 땅의 물질적 조건과 이치에 맞추어 실현해가는 것이다. 무실은 하늘의 뜻과 땅의 현실에 충실한 것이다. 생명과 정신의 알맹이, 본성은 생명진화와 인류역사의 오랜 과정에서 새롭게 형성되고 스스로 형성한 것이다. 그것은 스스로 탈바꿈하면서 진화 발전 고양된 것이다. 생명의 본성은 진화·성숙하고 발전·고양되는 것이다. 역사는 늘 새롭게 변화·발전하고 진보하는 것이다. 무실은

변화하고 진보하는 생명과 역사의 진실에 맞추어 자신의 삶과
세상을 개혁하고 창조해 가는 것이다.

역행(力行)

생명의 근본원리는 스스로 하는 것이다. 숨 쉬는 일이나 밥
을 먹고 소화 흡수 배설하는 일을 남이 대신할 수 없다. 생각하
고 판단하고 말하고 행동하는 것도 남이 대신할 수 없는 것이다.
내가 할 일을 내가 하지 않고 남이 대신한다는 것은 자신의 생명
과 정신을 스스로 포기하는 것이고 스스로 파멸과 죽음에 빠지
는 것이다. 누구나 제 생명을 제가 살아야 한다. 생명의 가장 중
요한 원리는 "내 생명 내가 살자"는 것이다.

나나 너나 그나 저마다 제 생명을 제가 살지 않고 제가 할 일
을 스스로 하지 않고 남에게 떠넘기고 미루기 시작하면 남을 힘
들고 어렵게 할 뿐 아니라 자기 자신을 망치고 해치게 된다. 스
스로 할 일을 서로 하지 않으면 각자 힘을 잃고 함께 망하는 길
로 가게 된다. 가장 중요한 생명의 원리는 제가 할 일을 스스로
힘껏 하는 것이다. 사람들이 저마다 제가 할 일을 몸과 맘과 얼
을 다해서 지극정성으로 할 때 생명과 정신은 자립과 독립이 이
루어지고 갈수록 힘이 나고 함께 자유와 평등, 정의와 평화의 길
로 가게 된다.

제 몸의 필요를 스스로 충족시키고, 제 욕망과 감정을 스스로 다스리는 사람이 자립하고 독립하는 인간이다. 스스로 제가 할 일을 스스로 해서 스스로 서고 홀로 설 수 있는 사람이 성숙한 사람이다. 스스로 할 일을 스스로 하는 것이 자립과 독립의 기본이고 자립과 독립이 민주주의의 기초다. 안창호·이승훈·유영모·함석헌은 모두 제가 할 일을 스스로 힘껏 했으며 자립과 독립과 민주의 귀감이 되었다.

충의(忠義)

삶의 알맹이를 알차게 하는 무실과 제 할 일을 힘껏 하는 역행은 한결같이 충실하게 변함없이 해야 한다. 생명은 고정된 실체가 아니고 끊임없이 살아 움직이고 새롭게 변화 발전하는 것이다. 생명을 제대로 바르게 살려면 끊임없는 변화 속에서 한결같이 살고 충성스럽게 행해야 한다. 끊임없는 변화 속에서 불변의 정신과 원리를 지켜야 한다. 충(忠)은 지극정성을 다하는 것이고 의(義)는 도리와 원칙을 지키는 것이다. 인간의 생명과 정신은 단절되고 고립된 것이 아니라 소통과 교류, 관계와 사귐 속에 있다. 따라서 서로 다른 주체들과 더불어 살고 함께 일해야 한다. 다른 이들과 더불어 살고 함께 일하면서 알차게 제 일을 힘껏 하려면 충성과 의리를 지켜야 한다. 알차게 제가 할 일을 힘껏 하려면 변함없이 자신과 자신의 일에 충성스러워야 하고, 남과 더불어 살고 함께 일하려면 충성스러울 뿐 아니라 의리를 지켜야 한다. 의리는 마땅히 지켜야 할 삶의 도리다. 이치와 사리에 맞을 뿐 아니라 인간과 조직의 관계와 시대와 사회가 요구하는 대의에 맞게 행동해야 한다.

용감(勇敢)

물리적 힘은 강하고 생명과 정신의 힘은 약하다. 자본과 권력의 힘은 강하고 도의의 힘은 약하다. 생명과 정신은 상처받기 쉽고 도덕과 의리를 추구하는 이들은 실패하고 패배하고 좌절할 수 있다. 생명과 인간은 고난을 당하고 죽을 수 있다. 생명은 근본적으로 고난과 죽음의 위험과 위기의 상황 속에 있다. 실패와 패배, 고난과 죽음을 두려워하는 사람은 자신의 삶을 힘껏 살 수 없다. 제대로 힘껏 살려면 실수와 잘못, 패배와 좌절, 고난과 죽음을 두려워하지 않고 용감하게 생각하고 판단하고 말하고 행동해야 한다. 삶은 본래 모험이고 자유이며 용감한 것이다. 생명은 언제나 과거와 현재를 넘어서 새로운 미래로 나아가는 것이다. 새로운 미래를 열고 나아가는 삶은 자유롭고 모험적인 용감한 삶이다. 생명의 알맹이, 본성은 사랑(仁)이다. 사랑 안에서 생명은 크게 자라고 깊고 높고 힘차게 된다. 생명에서 우러나는 사랑은 거짓에서 벗어나 진실하게 하며 불안과 두려움을 이기고 용감하게 행동하도록 이끈다.

세 가지 큰 교육

무실·역행·충의·용감 4대 정신을 수련하고 교육하는 것은 건전한 인격과 공고한 단결에 이르기 위한 것이다. 공고한 단결을 이루려면 먼저 건전한 인격을 세워야 한다. 건전한 인격은 덕력과 체력과 지력을 길러서 덕체지가 통합된 온전한 인격이다. 도산은 덕력과 체력과 지력을 기르는 것을 세 가지 큰 교육(三大育)이라고 하였다. 세 가지 큰 교육이 4대정신과 건전인격과 공고한 단결의 바탕이 된다.

덕력과 체력과 지력은 삶의 바탕을 이룬다. 체력을 기르는 것은 몸의 각 기관과 요소가 하나로 통일되는 것이다. 몸이 하나로 통일될 때 숨을 잘 쉬고 피가 잘 돌고 소화, 흡수, 배설이 잘 이루어진다. 몸의 신진대사가 잘 이루어지면 몸은 활기차고 힘이 난다. 지력을 기른다는 것도 생각과 지식을 넓혀서 생각과 지식이 하나로 통하게 하는 것이다. 생각과 지식이 뒤죽박죽 혼란스러우면 힘이 빠지고 힘을 잃는다. 지식과 생각이 크게 확장되면서 하나로 통일되어 잘 이어지고 통할 때 지식과 생각에서 새롭고 창의적인 힘이 나온다. 지식의 힘을 기른다는 것은 전문지

식과 기술을 배우고 익혀서 지식과 기술에 통달하여 생업에 힘
쓰고 산업을 발달시키는 것이다. 덕력을 기른다는 것은 몸, 맘,
얼이 하나로 통일되어 욕망과 감정과 생각과 뜻이 하나로 통일
되고 몸과 맘, 생각과 행동이 일치하게 되는 것이다.

장리욱은 건전인격을 이루는 6가지 요소를 제시하였다. 첫
째, 도덕적 역량, 둘째, 건강에 대한 지식과 습관, 셋째, 사물을
올바로 살피고 판단하는 능력, 넷째, 대공을 위해 희생하고 봉사
하는 정신, 다섯째, 생산기술을 가짐으로 경제적으로 독립하는
힘, 여섯째, 단체생활을 위한 민주적 운영방식과 기술의 소유.[5]
여기서 첫째, 도덕적 역량, 둘째, 몸 건강, 셋째, 지성적 능력을
아우르는 건전한 인격은 인간의 덕체지, 몸, 맘, 얼을 통합하는
인격이다. 이것은 국민 한 사람 한 사람의 주체적 역량과 관련된
것이다. 이에 반해 넷째, 대공정신, 다섯째, 경제독립, 여섯째, 민
주적 운영방식은 국가사회와 관련된 것이다. 장리욱이 제시한 6
가지 요소는 개인과 국가사회에 대한 도산의 사상을 종합하여
제시한 것이다.

넷째 대공정신은 사사로운 개인과 집단의 이해관계와 주장
을 넘어서 민족(인류) 전체의 자리에서 공적인 정신과 원칙을 지
키는 것이다. 이것은 인간의 욕망과 감정, 물질적 이해관계, 집단
과 조직의 주장과 주의를 넘어선 것이고, 도덕적 역량과 직결된
것이며 인간의 얼과 관련된 것이다. 이것은 욕망과 감정, 물질
적 이해관계, 계산적 이론적 시비를 뛰어넘는 하늘의 초월적 정

신을 나타낸다. 다섯째 생산기술을 가지고 경제적으로 독립하는 힘은 땅의 물질적 현실에 든든히 뿌리를 내리고 현실에 충실하게 사는 능력이다. 여섯째 민주적 운영방식과 기술은 하늘의 자유로운 초월적 대공정신과 함께 땅의 물질적 현실에 뿌리를 내린 경제적 독립을 바탕으로 서로 주체인 인간들이 자치와 협동, 상생과 공존의 민주사회를 실현해가는 원칙과 자세, 방식과 기술이다. 인간의 내면에서 몸, 맘, 얼(덕·체·지)의 통합을 이루고 인간의 밖에서 하늘(대공), 땅(경제), 인간(민주)의 통합을 이루는 것이 건전한 인격을 형성하고 실현하고 완성하는 것이다. 건전한 인격을 가진 사람은 공고한 단결에 이를 수 있고 공고한 단결에 이르면 민족(국가) 전체의 자리에서 공적인 심정과 생각을 가지고 민족 전체를 통일로 이끌 수 있다.

건전한 인격을 가지기 위해서 가장 중요한 것은 도덕적 역량이다. 도덕적 역량은 인간의 가장 깊은 내면과 가장 높은 정신에 속하는 주체적 능력이다. 이것은 육체적·물리적 힘을 넘어서고 물질적 이해관계나 계산적 분석능력을 넘어서는 고상한 능력이다. 그것은 인간의 생명과 정신의 속의 속에서 우러나는, 자발적이고 헌신적인 기쁨과 사랑의 힘이다. 고상한 도덕적 역량이 없으면 건전한 인격은 성립하지 않는다.

건전한 인격을 가지기 위해서 가장 필요한 것은 몸의 건강이다. 몸은 생명의 집이고 토대다. 몸이 없으면 인간의 삶도 없다. 몸이 건강해야 인간의 삶도 건강하게 유지될 수 있다. 몸의 생명은 땅의 물질세계에 뿌리를 박은 것이다. 물질세계는 과학적 법칙과 이치에 따라 존재하고 움직인다. 따라서 건강에 대한 과학적 연구와 지식을 바탕으로 바른 생활습관을 형성하고 지켜야 몸을 건강하고 힘차게 유지할 수 있다.

인간이 삶과 역사와 사회를 개혁하고 창조하며 인간답게 살려면 사물을 올바로 살피고 판단하는 지적 능력을 가져야 한다. 무실역행을 위해서는 성실하게 관찰하고 연구하고 분석하고 판단하는 능력이 요구된다. 철저한 계획과 준비를 가지고 계통적이고 조직적이고 통일적으로 일을 하는 것이 무실역행을 실천하는 것이다. 따라서 도산은 무슨 일을 하든지 지성을 다해서 살피고 연구하고 계획하고 준비해서 일을 하였다. 현실에 충실하면서 깊은 연구와 계획을 가지고 정성을 다해서 일을 추진하면 반드시 좋은 성과를 가져온다고 확신하였다.

교육기관 흥사단

흥사단은 철저한 민주정신과 높은 도덕정신을 바탕으로 인간의 덕력, 체력, 지력을 기르기 위해 세워진 전인교육기관이다. 흥사단은 인간을 생명과 정신의 주체로 보고 삶과 인격의 개조를 추구할 뿐 아니라 역사와 사회(국가)의 주인과 주체로 보고 역사와 사회의 개혁과 창조를 지향한다. 흥사단은 현대적이면서 주체적이고 전인적인 교육을 추구하는 교육기관이다.

서양의 고대 그리스철학과 근현대철학에서는 인간을 이성의 관점에서 봄으로써 편협한 인간관과 교육관에 이르렀다. 플라톤의 아카데미 정문에는 "수학(기하학)을 모르는 자는 들어오지 말라"라고 함으로써 수학적 이성을 강조했다. 그리스어 'idea'(이데아), 'theory'(이론)는 '보다'라는 의미를 지닌 말이며 순수한 수학적 이성으로 본 것을 뜻한다. 수학적 이성이 지배하는 이런 철학에서는 인간의 초월적 영성은 배제되고 이성이 욕망과 감정을 지배한다. 따라서 감성(체력), 지성(지력), 영성(덕력)을 통합하는 전인교육은 불가능하다. 플라톤의 '국가'는 정복과 침략의 전쟁, 노예제사회에 대한 반성이 없는 전체주의 독재국가다.

서양의 근현대철학은 중세의 기독교 지배에서 벗어나 수학적 자연과학적 사고를 극단적으로 강조했다. 수학과 자연과학의 연구방법에 기초를 둔 학문연구와 교육체계를 확립한 서양의 대학은 역사, 사회, 심리, 미학, 철학, 종교까지도 자연과학적 방법으로 연구하고 가르침으로써 전인교육(인성교육)은 거의 불가능하게 되었다.[6] 이런 연구 교육체계는 1~2차 세계대전, 독일의 파시즘적 군사 국가를 막지 못했다. 이러한 연구 교육체계를 충실히 수입한 한국의 대학과 중고등학교에서는 현실적으로 전인교육(인성교육)이 불가능한 형편이다. 수학과 자연과학의 방법론에 기초한 교육은 주입식 지식교육에 머물기 쉽고 몸, 맘, 얼을 살리는 전인교육이 되기 어렵다.

　　도산이 세운 흥사단은 일제의 군국주의적 전체주의를 극복
하고 치유하여 평화롭고 정의로운 민주국가를 이루려고 하였다.
흥사단은 민주적이고 과학(합리)적이면서 높은 영적 도덕을 지
향한다는 점에서 특별하고 위대하다. 몸의 감성, 기쁨과 사랑의
감정, 이성적 관찰과 연구, 자기를 초월하는 희생과 대공(大公)
의 높은 영적 도덕을 강조한다는 점에서 흥사단의 교육은 통합
적 전인적이면서 현대적이고 심오하다. 이기심과 이타심, 공과
사, 나와 남을 함께 살리고 존중하고 결합하고 통합한다는 점에
서 현실적이고 이상적이다. 흥사단의 교육은 몸, 맘, 얼을 살리는
전인교육, 생활교육이다.

교육 방법: 동맹수련

　　권위 있는 지도자의 일방적 지도에 의존하지 않고 서로 주체
로서 서로 가르치고 배우고 서로 이끌고 따르면서 함께 수련하
는 동맹수련은 민주적이고 협동적이다. 동양의 수양법이 홀로
하는 것이면서 금지와 자제를 중심으로 소극적인 수양법이라면
흥사단의 수양법은 함께 집단으로 하는 공동체적 수양법이면서
실패와 실수를 두려워하지 않는 적극적이고 능동적인 수양법이
다. 흥사단의 적극적 수양은 과거의 잘못과 허물에 집착하지 않
고 현재와 미래의 보다 나은 삶을 지향하는 개혁적이고 모험적

이며 용감한 실천을 추구하는 수양이다.

교육 방법: 대화법

상대를 나라의 주인과 주체로 존중하는 도산의 대화법은 상대의 생각과 말을 경청하고 공감하고 설득하는 민주적이고 공동체적 대화법이다. 이성의 힘을 강조한 소크라테스의 대화법은 상대의 논리와 주장에서 허점을 간파하고 공격함으로써 상대의 무지와 거짓을 폭로하고 상대에게 진리를 깨우치는 공격적 대화법이다. 도산은 상대를 국가, 역사, 삶의 주인과 주체로 존중하고 섬기려 했기 때문에 상대를 받들어 섬기는 자세로 상대와 공감하고 소통하면서 설득하여 상대가 스스로 깨닫게 하였다.

교육 방법: 웅변(연설)

군주시대에는 명령과 지시가 있을 뿐 연설과 웅변이 필요하지 않았다. 민주시대에는 나라의 주인과 주체인 민을 설득하고 이해시켜야 하기 때문에 연설이 필요하게 되었다. 이승만은 권위를 내세우며 꾸짖고 훈계하는 연설을 하고 글을 썼으나 도산은 겸허하게 설득하고 호소하는 자세로 연설을 하고 글을 썼다.

도산의 연설이 감동을 준 것은 논리와 이치가 정연하고 깊은 성
찰과 높은 이념을 지녔을 뿐 아니라 자기를 초월하고 개인의 이
해관계와 감정을 넘어서서 청중의 몸과 맘과 얼을 주체와 전체
로서 존중하고 고양시켰기 때문이다.

교육 방법: 생활 자체

도산이 생활을 통해서 교육한 것은 민주적인 교육의 모범과
전형을 보인 것이다. "나를 따르라"고 지시하고 명령하는 교육
자, 지식이나 정보, 기술을 주입시키는 교육자는 생활의 모범을
보일 필요가 없다. 전인교육, 생활교육은 가르치는 자와 배우는
자가 서로 배우고 가르치는 과정 속에서 민주적이고 공동체적으
로 이루어져야 한다. 도산은 위대한 사상가, 위대한 조직가, 위대
한 정치인, 위대한 도덕가, 위대한 교육자였다. 한 사람의 삶과
인격 속에 이처럼 많은 영역을 통합하고 완성한 경우는 찾아보
기 어렵다. 그는 생활과 행동, 말과 일로 가르친 스승이었다. 도
산은 살고 일하고 말하고 행동하는 가운데 사람들이 스스로 깨
닫고 바로 서게 하였다.

교육의 목적: 애기애타

도산은 사랑을 인간 행복의 최고원소로 보았고 문명부강의 뿌리와 씨를 민이 사랑으로 서로 보호하고 단합함으로 알았다. 그의 교육목적은 나를 사랑하고 남을 사랑하는 애기애타의 삶에 이르는 것이고 환난 속에서 서로 돕고 구제하는 사회적 협동에 이르는 것이었다.

도산은 자기를 사랑하면서 남을 사랑하는 애기애타(愛己愛他)의 삶을 살았고, 사적인 일과 공적인 일을 함께 존중하는 공사병립(公私竝立)의 삶을 살았다. 민족을 구하는 공적인 독립운동에 참여하라고 호소하면서 저마다 사적인 생업에 힘쓸 것을 역설했다. 도산에게는 '나' 개인(私)의 인격을 새롭게 하는 일과 민족(公)의 성격과 풍습을 새롭게 하는 일이 뗄 수 없이 하나로 결합되어 있다. 개인의 덕력과 체력과 지력을 길러서 인격을 바로 세우는 일은 당파주의와 소영웅주의에서 벗어나 민족 전체를 하나로 통일하여 민족의 독립에 이르는 토대이고 방법이다.

나와 남, 공과 사, 개인과 민족을 구분하면서도 긴밀하게 결합하는 것은 도산의 삶과 정신에서 한결 같은 원칙이다. 도산의 이러한 원칙은 생명의 본성과 원리에서 나온 것이다. 생명은 언제나 개체로서 존재하며 개체는 스스로 하는 자발적 주체를 가진 것이다. 개체가 없는 생명, 스스로 하는 자발적 주체가 없는 생명은 없다. 또한 생명은 유기체적으로 통합된 전체다. 팔과 다리, 머리와 몸통이 연결되지 않고 분리되어 있으면 죽은 것이다. 사회, 역사적으로도 나와 너와 그가 아무 연락과 관계, 소통과 통합이 없이 분리되어 있다면 그 사회와 역사는 죽은 것이다.

'내'가 없는 사회와 역사도 없고, 나와 너와 그가 이어지고 소통하고 연결되고 결합되지 않는 사회와 역사도 없다. 그러므로 국가사회가 건강하고 힘차게 살아 있으려면 국민 한 사람 한 사람의 나가 힘차게 살아 있어야 하고 한 사람 한 사람의 나가 다른 사람들의 나와 긴밀하게 연결되고 결합되어야 한다. 나를 사랑하는 애기는 나를 살리고 세우고 힘 있게 하는 삶의 근본원칙이며 남을 사랑하는 애타는 남을 살리고 세우고 높임으로써 나와 네가 협동하고 상생하는 관계를 만들어가는 사회의 근본원칙이다.

사랑하기 공부: 정의돈수(情誼敦修)

애기애타의 삶을 살리려면 나를 사랑하고 남을 사랑하는 사랑하기 공부를 해야 한다. 인간교육은 나를 사랑하고 남을 사랑하는 법을 배우고 익히고 실천하는 교육이다. 나를 사랑할 줄 알아야 남을 사랑할 수 있다. 그러므로 인생에서 가장 먼저 할 일은 나를 사랑하는 일이고 인간교육에서 가장 먼저 배울 일도 나를 사랑하는 일이다. 나를 사랑하려면 어떻게 해야 하는가? 내가 누구인지 알고 나를 존중할 수 있어야 나를 사랑할 수 있다. 나를 사랑하는 것은 생명과 역사와 신적 생명의 씨올인 나를 알고 존중하고 실현하고 완성하는 것이다. 나를 사랑하는 것은 하늘의 뜻에 따라 사명을 다하는 참사람이 되는 것이다. 참사람이 되어야 나와 남을 주체와 전체로서 사랑할 수 있다.

남을 사랑하는 것은 남을 나의 욕망과 감정을 충족시키기 위한 수단과 도구로서 사랑하는 것이 아니다. 그것은 남을 남으로서, 주체 '나'로서 이해하고 존중하고 받들고 섬기는 것이다. 남이 저답게 '스스로 하고 스스로 되도록' 하는 것이다. 나를 사랑하고 남을 사랑함으로써 인성을 실현하고 상생과 공존, 자치와 협동의 민주적인 공동체 사회를 형성할 수 있다. 나를 사랑하고 남을 사랑하는 사랑은 저절로 자연적으로 할 수 있는 것이 아니다. 나를 사랑하고 남을 사랑하려면 나를 사랑하고 남을 사랑하는 일을 공부하고 훈련하고 수련해야 한다.

도산은 상해 임시정부 시절에도 사랑하기 공부를 역설하고 실행하였다. 그 시절 도산과 함께 지낸 주요한에 따르면 도산은 사랑하기 공부를 위한 노래를 지어 불렀다. "도산은 시(詩)를 읊듯이 노래의 후렴을 부르듯이 감격에 넘치는 표정과 어조로 이렇게 부르짖었다." 도산이 부른 사랑하기 공부의 노래는 다음과 같다. "너도 사랑을 공부하고 나도 사랑을 공부하자. 남자도, 여자도, 우리 2000만이 다 서로 사랑하기를 공부하자. 그래서 2000만 한민족은 서로 사랑하는 민족이 되자."[7]

안창호는 사랑을 공부해야 한다면서 사랑하기 공부를 내세 웠고 사랑하기 공부의 방법과 원리로서 정의돈수(情誼敦修)를 주장했다. 정의(情誼)는 나와 남 사이의 따뜻하고 마땅한 사랑 과 인정을 뜻하고 돈수(敦修)는 도탑게 닦는 것을 의미한다.[8] 정 의돈수는 서로 사랑하는 정신을 닦고 기른다는 말이다. 정의돈 수란 사랑하기 공부다. 사랑하기를 공부함으로써 우리의 사랑이 더욱 도타워질 수 있다. 나와 남에 대한 따뜻하고 마땅한 사랑과 인정을 도탑게 닦는 공부와 훈련을 해야 한다. 인간교육은 나를 이해하고 존중하고 사랑하는 공부와 남을 이해하고 존중하고 사 랑하는 공부를 도탑게 닦고 연습하고 실행하는 일이다. 도산은 사랑하기를 날마다 힘쓰면 그것이 습관이 되고 습(習)이 성(性) 이 되면 그것이 덕이 된다고 하였다.[9] 안창호의 사랑하기 공부 에 비추어 보면 인성은 하늘로부터 타고난 것도 고정불변한 것 도 아니다. 사랑하는 공부를 통해서 날마다 사랑하기를 힘쓰면 사랑하는 것이 습관이 되고, 습관이 성품이 되면 사랑할 수 있는 힘과 지혜의 덕을 갖게 된다.

인성과 덕의 형성에서 인간의 주체적 노력과 의지를 도산은 강조하였다. 그러나 인성과 덕을 형성하는 사랑하기 공부는 인 간의 작위적인 노력에만 의존하는 것은 아니다. 사랑은 인간의 생명과 정신 속에서 솟아나는 자발적이고 주체적인 것이다. 자 발적이고 주체적인 사랑은 저절로 본능적이고 기계적으로 자동 적으로 생겨나는 것이 아니다. 흔히 사랑은 저절로 솟아나는 자연적인 것이라고 생각하기 때문에 사랑하기를 공부하지 않는다. 사랑은 저절로 솟아나기도 하지만 저절로 솟아나는 사랑으로는 부족하다. 저절로 솟아나는 샘이 있어도 우물을 파는 것처럼, 저절로 솟아나는 사랑이 있어도 사랑하기 공부를 하여 사랑이 더욱 솟아나고 더욱 풍성해지도록 해야 한다. 맘을 깊이 파고 사랑하기를 힘써서 사랑이 솟아나고 가득 고이게 하는 것이 안창호가 생각한 사랑하기 공부다.[10] 생명과 정신의 흘러넘치는 자발성과 풍부함은 인간의 주체적이고 인격적인 헌신과 노력에 의해서 더욱 깊고 풍부하고 아름답게 된다.

가정에 대한 사랑과 존중

내가 나를 존중하고 사랑하는 것은 생명의 진리이며 요청이다. 삶은 나를 사랑하고 존중하는 데서부터 시작되어야 한다. 가정은 나와 뗄 수 없이 결합된 공동체다. 가정은 나의 연장이다. 나를 사랑하고 존중하는 사람은 반드시 가정을 사랑하고 존중한다. 내가 남을 사랑하는 것도 생명의 본성적 진리이며 요청이다. 생명은 물질 안에서 물질을 초월한 것이다. 생명은 물질의 제약과 속박을 초월한 해방의 기쁨과 감격을 가진 것이다. 물질의 제약과 속박을 벗어났기 때문에 생명은 물질적·육체적 경계와 한계를 넘어서 너와 나가 하나로 되는 사랑과 평화에 이른 것이다.

나와 네가 단절되어 내 안에 내가 갇혀 있는 것은 물질의 제약과 속박에서 해방된 생명의 본성에 어긋난 것이다. 그러므로 도산은 나를 사랑하면서 남을 사랑했고 가정을 사랑하면서 민족과 나라를 사랑했다. 나를 사랑하는데 남을 사랑하지 않는다거나 나라와 민족은 사랑하는데 가정은 사랑하지 않는다는 것은 도산에게 있을 수 없는 일이다. 나를 사랑하고 존중하지 않는 사람이 남을 사랑하고 존중할 수 없듯이, 가정을 사랑하고 존중하지 않는 사람은 민족과 국가를 사랑하고 존중할 수 없다.

민족의 독립을 위해서 가정을 버리다시피 하며 떠돌이 생활을 했던 도산이 아내의 사랑을 받고 자녀의 존경을 받을 수 있었다는 것은 기적에 가까운 일이다. 하나님 나라 운동을 위해서 가정을 떠났던 예수도 가족으로부터 '정신 나갔다'는 소리를 들어야 했다. 독립운동을 위해 몸이 닳도록 헌신하며 어려운 처지에 있으면서도 도산은 가족에 대한 깊은 사랑과 관심을 가지고 아내와 자녀를 위로하고 격려했다.[11] 젊은 아내와 어린 자녀들이 그릇되지 않고 떳떳하고 바른 삶을 살 수 있었던 것은 가족에 대한 도산의 기도와 격려와 보호가 있었기 때문이라고 생각한다. 물론 흥사단 동지들이 도산의 가족을 따뜻하게 보살피고 알뜰하게 배려한 것이 큰 격려와 위로가 되었을 것이다.

도산은 독립운동을 하면서도 자기의 인격과 삶을 바로 세우려 애썼고 자기를 사랑하고 존중하는 만큼 자기 가정을 아끼고 사랑하고 존중하였다. 가족에 대한 도산의 사랑과 존중은 애기애타, 공사병립의 철학에서 우러난 것이고 그의 이런 철학은 스스로 하는 주체이며 전체가 하나로 통일된 생명의 본성과 원리에 바탕을 둔 것이다.

공적 일에 대한 가르침

가정에 대한 도산의 사랑과 존중이 자기와 자기 생명을 사랑하고 존중하는 데서 나온 것이라면 도산의 공적 가르침은 생명의 전체적이고 공적인 차원을 드러내고 실현하는 진리와 실천을 담고 있다. 그것은 남을 사랑하고 구원하는 가르침과 나라와 민족을 사랑하고 구원하는 실천을 담고 있다. 도산의 공적 가르침은 애타와 공적 사업에 대한 가르침이다. 이것은 애기와 사적 사업에 대한 가르침과 짝을 이루어서 이해되어야 한다.

먼저 제 몸을 아끼고 사랑하고 존중할 줄 아는 사람만이 제 몸을 희생하고 옳은 일을 실행할 수 있다. 제 몸을 사랑하고 존중할 줄 모르는 사람이 제 몸을 희생하면, 제 몸을 해칠 뿐 아니라 남도 해치게 된다. 저를 사랑하고 존중할 줄 아는 사람만이 욕망이나 감정에 휘둘리지 않고 이치에 맞게 올바로 행동할 수 있다. 애기와 애타, 사적 사업과 공적 사업을 통합하는 역량을 기르는 것이 정의돈수다. 인정과 사랑이 두텁고 깊어야 나에 대한 사랑과 남에 대한 사랑이 하나로 통할 수 있고 사적 사업과 공적 사업이 일치할 수 있다.

도산은 흥사단의 가르침을 가장 깊이 생각하고 가장 철저히 실행한 사람이다. 도산이 상해에서 임시정부를 이끌 때 말할 수 없는 음해와 공격을 받았다. 쾌재정 연설, 미주 교민들 교육 조직, 공립협회, 국민회, 신민회 조직과 교육활동, 연설 활동, 흥사단조직, 상해임시정부 조직과 운영 등으로 젊은 나이에 도산은 민족의 지도자로 우뚝 섰다. 깊고 큰 사상과 높은 인격, 뛰어난 연설능력, 민주적 조직력과 지도력, 대화와 설득의 능력, 사업의 기획력과 실천력에서 도산은 다른 사람들과 비교할 수 없는 뛰어난 자질과 품격과 능력을 보여 주었다. 그래서 따르는 젊은이들도 많았지만 시기하고 질투하며 음해하고 모함하며 집요하게 흔들어대고 공격하는 인간들도 많았다.

도산이 지역주의와 당파주의, 영웅주의와 파벌주의를 극복하고 민족의 독립과 통일을 위해 평생 헌신하였지만 정치적 경쟁자들로부터 '지방열의 화신', '야심가'라는 음해와 비난이 끊이지 않았다. 그가 몸과 맘이 닳도록 희생하고 헌신하면서 터무니없는 음해와 공격을 끝없이 받았던 것은 참으로 안타깝고 고통스러운 일이었다. 이런 상황에서 도산은 흥사단의 정신과 원칙, 무실역행과 충의용감, 애기애타와 정의돈수를 실천하였다. 도산은 "우리를 이해치 못하며 악평하고 중상하는 이들에 대하여 더욱 사랑으로 대접하기를 힘쓰라"라고 했다.[12] 아무 근거 없이 사실을 날조하고 조작하여 끊임없이 자기를 비난하고 공격하는 사람들을 도산은 사랑과 정성과 진실로 대하려고 하였다. 뒤에서 헐뜯고 음해하는 것은 공리공담에 빠진 것이고 비겁하고 비굴한 것이다. 무실역행과 충의용감의 정신을 가진 사람은 나를 존중하고 적대자를 사랑하는 애기애타의 삶을 살 수 있다. 상해임시정부 시절에 도산이 쓴 일기를 보면 그가 얼마나 깊고 높은 정신을 가지고 사랑과 정성으로 적대자들을 대접하며 인내하고 서로 협력하려고 애를 썼는지 알 수 있다. 그는 자기 욕심이나 감정에 휘둘려서 말하거나 행동하지 않고 언제나 민족의 통합과 독립을 위해서 말하고 행동하였다.

도산은 "우리의 원수는 일본뿐"이라고 했다. 도산이 말한 '원수 일본'은 침략주의 국가 일본이다. 일제의 식민지배에서 벗어나 민족의 독립을 추구했던 도산에게는 일본이 원수였지만 일본의 식민지배에서 벗어난 우리에게는 더 이상 일본이 원수가 아니다. 불의한 식민통치를 했던 일본 제국주의와 같은 불의하고 폭력적인 모든 국가주의, 침략·정복주의가 우리가 싸워 이겨야 할 원수다. 국가주의, 침략·정복주의는 생명과 정신의 도리와 진실을 짓밟는 거짓되고 불의한 것이다. 도산이 말했듯이 거짓과 불의가 우리의 가장 큰 원수다. 만일 오늘 우리에게 원수가 있다면 돈과 기계, 물질과 지식을 위해 생명과 정신, 인격과 영혼을 해치는 모든 사람과 조직과 기관, 관행과 사업이 우리가 극복하고 넘어서야 할 우리의 원수다. 생명과 정신의 본성과 진리를 실현하고 완성하여 정의와 평화의 세계에 이르는 것이 도산의 정신이고 철학이며 가르침이다.

친일파를 대하는 도산의 자세

상해임시정부에서 일할 때 도산은 사법의 신성한 기강을 세우기 위해서 일제 식민통치세력, 일제의 식민통치에 협력하는 배반자들, 더 나아가서 자치나 참정권을 운동하는 자들까지 죽이라고 극언하였다.[13] 일제의 식민통치 아래서 자치를 주장하는 사람들을 격렬하게 비판하고 자치주의의 어리석음을 지적하였다. "참정이나 자치를 주장하는······ 이러한 자들은 자기의 사욕을 채우기 위하여 일본놈에게 아첨을 하며 떨어지는 밥풀로 배를 채우려 합니다. ······ 지금 일인은 우리에게······ 왜 자치를 주려 하는가? 그는 우리 민족을 영멸시키려는 계획입니다."[14] 도산이 국내의 자치운동을 이처럼 격렬히 비판하였으나 많은 사람들이 도산을 자치운동의 배후인물로 의심하고 비난하였다.

이광수가 상해를 떠나 일본이 지배하는 한국으로 돌아가려할 때 도산은 지금 한국으로 돌아가는 것은 적에게 투항하는 것과 같다면서 강력히 반대하였다. 도산의 반대를 무릅쓰고 이광수가 한국으로 돌아가자 도산은 공개적으로 격렬하게 그를 비판하였다. 그러나 이광수가 《민족개조론》을 쓰고 한국에서 수양동우회를 만들려고 하자 그를 불러서 깊은 대화를 나누고 동지

관계를 회복하였다. 1924년에는 도산이 이광수를 북경으로 불러서 그에게 구술하여 '동포에게 고하는 글'이라는 긴 글을 써서 발표하게 하였다.[15] 1932년에 도산이 체포되어 한국으로 온 후에는 이광수가 가장 가까이서 도산을 도왔고 도산은 이광수와 함께 수양동우회 일을 의논하였다. 적어도 이광수는 도산이 살아 있는 동안에는 본격적인 친일행위를 하지 않았다. 도산이 이광수와 수양동우회를 지켰다.

대전교도소에서 2년 반 동안 옥고를 치르고 나온 도산은 전국을 여행하면서 민심의 동향을 살펴보았다. 조국을 떠난 지 25년 만에 도산은 조선의 참된 마음을 보고 싶었던 것이다. 여행 후에 그는 동지들에게 그가 본 조선의 마음을 설명했다. "조선의 마음은 옛날(국권 침탈을 당할 그때)이나 지금이나 변한 것이 없다. 진짜 친일파는 있지 않다."[16] 전국을 여행하는 가운데 안창호는 천도교 지도자 이종린을 만나서 깊은 대화를 나누었다. 이종린과의 대화에서 안창호는 민족의 변화를 위해서는 제도 혁신보다 더 근원적이고 중요한 것이 인격혁명과 자아혁신임을 거듭 강조했다.[17] 신의주에서는 일본인 도지사의 허락을 얻어 100여 명의 동포들과 식사하며 연설했는데 "인격혁명에 관한 간곡한 호소가 있었다".[18] 한국 민족이 독립의 정신과 신념을 가지고 살려면 인격혁명과 자아혁신이 필요하다고 안창호는 생각했던 것이다.

이 시기에 안창호는 일제에 협력하거나 타협하려는 생각은 조금도 하지 않았다. 출옥 후에 도산은 일제의 고위관리를 만나라는 일경의 요구를 거절했으며 미국으로 돌아가라는 평안도지사의 요청도 거절하였다. 그렇다고 일제의 식민통치가 군사 행정적으로 확립된 시기에 무력항쟁이나 비밀독립운동조직을 만들 수 있는 상황도 아니었다. 도산은 이상촌을 만들고 실업학교를 세우려 했으나 그것도 허락되지 않았다. 도산이 할 수 있는 것은 정신교육과 수양운동뿐이었다. 가족과 동지들이 미국으로 오라고 했으나 가지 않고 한국에 머물렀다. 만일 도산이 미국으로 갔다면 건강을 회복하고 오래 살면서 큰일을 할 수도 있었을 것이다. 그러나 도산은 한국 땅에서 한국 민족과 더불어 있으면서 한국 민족을 지키려 했다. 출옥 후 수많은 한국인들이 도산을 찾아와 힘을 얻었다. 한국에 도산이 존재하는 것만으로도 한민족의 맘을 지키고 이광수와 수양동우회 동지들의 맘을 지킬 수 있었다.

안창호는 인격수양만을 강조한 수양주의자도 아니고 제도개혁만을 추구한 행동주의자도 아니다. 그는 흑백논리나 진영논리에 빠진 당파적이고 분열적인 생각과 행동을 철저히 거부하고 경계한 사람이었다. 그는 원칙과 동기와 목적에 충실한 사람이면서 매우 입체적이고 종합적이며 주체적이고 전체적인 관점에서 생각하고 행동한 지도자였다. 그러므로 그는 민족의 마음의 깊이에서 그리고 민족의 마음 전체를 끌어안는 심정을 가지고 볼 수 있었다. 그렇기 때문에 그는 "조선의 마음은 변하지 않았

다. …… 진짜 친일파는 있지 않다"라고 말할 수 있었다. 또한 도
산은 모든 문제를 민의 자리에서 주체적으로 보았다. 도산은 나
라와 민족에 관한 모든 일의 궁극적이고 최종적인 책임은 민족
한 사람 한 사람의 '나'가 지어야 한다고 보았다. 그렇기 때문에
그는 매국노나 친일파의 문제를 매국노와 친일파만의 문제로 보
지 않았다. 그것은 결국 민족 전체의 문제이고 '나' 자신이 책임
지고 풀어야 할 문제였다.

해방 후 친일파로 몰린 윤치호는 그가 오래 후원했던 이승만
을 만나려고 애를 썼으나 이승만은 끝내 만나주지 않았다. 김구
를 면담하려고 했으나 김구도 만나주지 않았다. 독립협회 때부
터 대성학교와 청년학우회의 민족교육운동에 이르기까지 윤치
호는 안창호의 선배이고 동지였다. 만일 안창호가 그때 살아 있
었다면 안창호는 기꺼이 윤치호를 만났을 것이다. 안창호는 친
일파의 친일행적을 준엄하게 심판하고 청산하면서도 윤치호, 이
광수, 최남선 같은 친일인사들을 끝내 외면하지 않고 끌어안는
길을 지혜롭게 마련했을 것이다.

모든 책임은 씨올에게 있다

친일파에 대한 도산의 이러한 관점과 생각은 함석헌에게서
그대로 이어졌다. 도산과 마찬가지로 함석헌은 모든 일의 마지

막 책임은 씨올(民)에게 있다고 보았다. 씨올이 역사와 사회의 주체이고 전체이기 때문이다. "소크라테스를 죽인 것은 아테네의 법관이나 정치가가 아니라 그 씨올이었습니다. 예수를 십자가에 못 박은 것도 빌라도나 제사장들이 아니라 유대의 씨올이었습니다."[19] 씨올이 깨어나 제 구실을 했다면 제대로 된 사회가 되었을 것이고 제대로 된 사회라면 소크라테스나 예수를 처형하지는 않았을 것이다. 역사와 사회의 최종 책임이 씨올에게 있기 때문에 함석헌은 자신이 싸울 상대는 씨올이라고 한다. 싸움의 목적은 씨올과 씨올이 함께 하나님에게 이르는 것이다. 그에게 하나님은 참된 주체이고 참된 전체다.

하나님을 모시고 하나님의 품 안에 있을 때 씨올은 자각하여 저 자신이 되고 씨올과 씨올이 서로 하나가 된다. 함석헌은 실존적으로 씨올들과 하나가 되려고 했다. "여러분 속에 나의 있을 곳을 발견하지 못한다면, 다른 말로 해서, 내 속에 여러분을 발견하지 못한다면, 또 다른 말로 해서, 몸 안에서 하나님을 모실 곳이 없다면, 차라리 이 몸을 제물로 바쳐서까지라도 하나님의 품을 찾아야지요."[20] 하나님의 품 안에서 씨올과 씨올이 하나로 되는 것이 삶과 역사의 목적이다. 하나님 안에서 씨올과 함석헌이 하나로 되면 전체의 자리에서 참된 주체로 살 수 있다. 그러면 역사와 사회를 바른 길로 이끌 수 있다.

함석헌은 친일파 문제를 놓고도 씨올(민중)의 자리, 전체의 자리에서 생각한다. 최남선과 이광수가 일제 말기에 친일행위를 한 것은 사실이지만 나라와 민족을 위해 누구보다 열정을 가지고 헌신한 것도 사실이다. 이들의 친일행위를 비난하는 것만으로는 부족하다. 이들의 친일행위에 대한 일차적 책임은 자신들에게 있지만 마지막 책임은 민족 전체, 민중 자신들에게 있다. 모든 친일행위의 결과는 민족 전체에게 돌아가고 친일행위를 청산하고 나라와 역사를 바로잡는 것은 나라와 역사의 주인과 주체인 민중이기 때문이다.

이광수와 최남선의 친일행위 자체는 비판하고 비난해야 한다. 그러나 이들을 비난하고 비판하는 것으로 끝나서는 친일문제의 청산이 이루어질 수 없다. 오늘 우리 민중(씨올들)이 거꾸러진 이광수와 최남선을 일으켜 세워 이들과 함께 과거의 죄악을 청산하고 새 역사를 지어나가야 한다. 그러려면 최남선, 이광수와 우리가 하나로 되는 자리에서 함께 과거의 잘못을 회개하고 새롭게 되어야 한다. 그래야 최남선, 이광수의 친일행위에서 최남선과 이광수를 해방시킬 수 있고 우리 자신도 친일의 역사에서 벗어날 수 있다. 그때 비로소 민족을 위한 최남선과 이광수의 열정과 업적을 살려내고 이어받을 수 있다. 이렇게 함으로써 역사와 민족이 바로 서게 된다.[21] 이것이 죄와 악은 미워하지만 죄악을 저지른 사람은 사랑하는 것이고 죄인과 함께 우리 모두가 죄악을 극복하고 바르게 사는 길이다.

서로 구원하는 환난상구의 신학

도산의 교육목적은 서로 사랑하고 서로 돕는 정신을 기르는 것이다. "혁명역량을 집중하여 큰 세력을 이루려면 압박에서 같이 고통받는 동포 사회에 서로 사랑하고 서로 돕는 정신을 먼저 길러야" 한다면서 "우리는 (우리를 악평하고 중상하는) 저들의 모든 혐의를 잊어버리고 오직 동포를 진심으로 사랑하자"[22]고 도산은 말했다. 도산은 자기뿐 아니라 모든 동포가 서로 사랑하고 서로 구제함으로써 민족의 통합과 독립에 이를 수 있다고 보았다. 도산은 환난상구(患難相救)와 환난상제(患難相濟)를 말하였다.[23] 도산의 독립운동은 억압받고 고통받는 동포들이 서로 사랑하고 서로 구원하는 운동이었다. 모든 동포들이 서로 사랑하고 서로 구원하는 삶을 살기 위해서는 정의돈수가 필요하고 사랑공부가 필요하다. 그러므로 도산은 정의돈수와 사랑공부를 평생 강조했다. 정의돈수를 통해 사랑을 공부하고 사랑하는 능력을 기르면 힘없고 가난하고 고통받는 사람들이 서로 사랑하고 서로 구원할 수 있다.

가난하고 힘없고 고통받는 동포들이 서로 사랑하고 서로 구원함으로써 민족의 독립을 이룬다는 도산의 생각은 민주적일 뿐아니라 도덕적이고 공동체적이며 영적이다. 환난을 서로 구제함으로써 자기와 민족을 구원한다는 생각은 소박하고 단순해 보이지만 새롭고 적극적이고 주체적이고 참신하고 혁신적인 생각이다. 당시 많은 선교사들이나 목사들은 그리스도의 십자가 죽음을 믿기만 하면 구원받는다면서 한국 기독교인들이 독립운동과 같은 정치사회운동에 참여하지 않도록 권면하고 가르쳤다. 도산은 기독교신앙을 받아들인 시초부터 선교사들과 목사들의 탈역사적·수동적 신앙을 비판하고 거부하였다. 예수가 인간과 세상을 구원한 것처럼 예수를 따르는 기독교인이라면 당연히 인간과 세상을 구원하는 일에 앞장서야 한다고 도산은 보았다.

어떤 영웅이나 지도자, 구원자가 와서 구해주는 것이 아니라 고난받는 약한 사람들이 서로 사랑하고 서로 구원한다는 도산의 가르침은 신학적으로도 매우 혁신적이고 현대적이다. 메시아, 미륵, 정도령이 와서 모든 문제를 해결하고 고통받는 인간들을 구원해준다는 신앙은 고대 노예제 사회나 중세 봉건 신분사회에서 통할 수 있는 낡고 미신적인 생각이다. 민주적이고 과학적인 사고가 지배하는 현대사회의 인간들은 영웅이나 구원자가 구름 타고 백마 타고 와서 인간들을 구원해 준다는 타율적 신앙과·운명론적 생각을 버려야 한다.

하나님과 예수가 살아서 인간을 구원한다면, 인간 밖에서 인간을 구원하는 게 아니라 오늘 살아 있는 인간의 삶과 정신 속에서 인격과 영혼 속에서 인간을 구원할 것이다. 하나님과 예수가 인간의 삶과 정신 속에 살아 있어서 삶과 정신, 인격과 영혼을 새롭게 변화시킴으로써 인간이 스스로 자신을 구원하게 할 것이다. 하나님이 나를 새롭게 변화시킨다는 것은 나의 인격적 참여를 배제하고 공장에서 제품을 만들 듯이 기계적으로 나를 새 인간으로 만드는 것이 아니다. 참된 하나님은 내가 스스로 참된 인격과 주체로 되게 하고 참된 인격과 주체로 살게 하는 신이다. 서로 주체로서 살아가는 현대 민주사회에서는 구원자가 따로 있는 것이 아니라 서로가 서로를 불쌍히 여기고 서로를 구제하는 구원자가 되어야 한다.

도산은 청소년 시절부터 성경과 기독교진리를 공부하려고 애를 썼다. 그는 전문적으로 신학공부를 하지 않았지만 지난 200~300년 서양의 신학이 도달하려고 했던 최고의 경지에 이르렀다고 나는 생각한다. 20세기의 가장 진보적인 신학이론은 신화적 요소를 벗겨내려 했던 불트만의 비신화화, 종교적 형식과 관념을 씻어내려 했던 본회퍼의 비종교화, 기독교의 교리와 개념까지 벗어나려 한 프리츠 부리(Fritz Buri)의 탈케리그마화였다. 내가 보기에 도산의 삶과 신앙과 실천은 비신화화, 비종교화, 탈케리그마화를 동시에 구현한 것이다. 이러한 이론을 공부하지 않고도 아니 이들이 이런 학문적 탐구와 성찰을 시작하기도 전에 도산은 자신의 삶과 정신과 실천 속에서 비신화화, 비종교화, 탈케리그마화를 실현하였다. 이런 이론들은 모두 도산이 세상을 뜬 후에 생겨난 것들이다. 도산은 독실한 기독교신앙을 지녔지만 신화적 요소나 표현, 종교적 형식과 관념, 기독교 교리와 용어에 매이지 않고 그런 것들 없이 성경과 기독교의 진리를 삶과 행동으로 실현하였다.

1907년 한국에서 도산이 본격적으로 민족의 독립운동을 할 때 기독교 인구는 전체 인구의 1퍼센트도 되지 않았다. 따라서 민족 전체를 상대로 교육독립운동을 펼친 도산은 기독교의 교리나 용어를 사용할 수 없었다. 또한 고통받는 민중의 삶 속으로 들어가 민중을 깨워 일으킨 도산이 기독교의 낯선 교리나 언어를 사용할 수도 없었다. 도산은 자연스럽게 비기독교적인 언어와 생각을 가지고 민중의 삶과 정신을 깨워 일으켰다. 그의 삶과 정신, 말과 생각 속에는 '사랑과 정의', '참회와 자기 쇄신'의 기독교정신이 깊이 들어 있지만 그의 말과 생각은 비기독교적 언어로 표현되었다.

도산은 성서와 기독교의 기본사상을 한국 근현대의 현실 속에서 현대적으로 새롭게 형성하고 표현하였다. 그는 예수를 믿고 따르는 대상으로 여기지 않고 오늘 여기의 삶 속에서 예수의 삶과 뜻을 이어서 예수처럼 살려고 하였다. 그는 결코 자기가 예수라고 하거나 자기와 예수를 동일시하는 말을 하지 않았다. 그러나 그는 예수를 믿고 따르는 신앙에 머물지 않고 예수를 이어 예수의 삶을 자기도 살고자 하였다. 이러한 도산의 예수 이해와 예수에 대한 자세는 유영모와 함석헌에게 그대로 이어져서 씨올사상의 핵심내용으로 확립되었다.[24] 도산의 이러한 예수 이해는 씨올사상을 거쳐 민중신학에서 민중이 스스로 자기를 구원해 간다는 민중구원론으로 발전되었다. 민중의 '환난상구'(患難相救), '환난상제'(患難相濟)를 말함으로써 도산은 민중신학보다 70년

앞서 민중구원론을 펼쳤다.[25]

고난받는 동포가 사랑으로 서로 돕고 구원함으로써 민족의 독립을 이룬다는 도산의 주장은 인류역사에서 항구적 의미를 가진 진리다. 도산은 평생 서로 불쌍히 여기고 서로 구원하는 환난상구의 삶을 살자고 부르짖었고 그 자신이 서로 불쌍히 여기고 구원하는 삶을 살았다. 민중을 나라의 주인과 주체로 깨워 일으켜 나라의 주인노릇을 하게 하는 도산의 정신과 사상은 한국의 근현대사에서 민주정신과 민족정신의 불씨로 살아남아서 삼일독립운동, 4·19혁명, 촛불혁명으로 타올랐다. 2016년 가을에서 2017년 봄까지 한국의 민중 수백만 명이 떨쳐 일어나 서로 손잡고 촛불혁명을 일으켜 한반도에 민주정부를 수립하고 평화와 통일의 길을 열었다. 촛불혁명은 민중이 서로 믿고 사랑하고 구원하는 운동이었다. 인공지능과 과학기술이 아무리 발달하고 부강한 나라가 되어도 민중이 스스로 일어나 손잡고 서로 보호하고 단합하는 자치와 협동의 나라를 열어가지 않으면, 그 나라는 쇠퇴와 무기력, 부패와 불행의 늪에서 헤어나지 못할 것이다.

사제관계의 모범: 도산과 장리욱

장리욱은 《나의 회고록》에서 '도산을 따라서'라는 제목하에 글을 썼다.[26] 이 글에서 스승 도산과 제자 장리욱의 관계뿐 아니라 도산의 삶의 진실한 모습을 볼 수 있다. 장리욱은 미국에서 교육학을 공부하는 도중에 두 차례나 학업을 중단하고 흥사단의 서무원으로 일하면서 도산을 가까이 모시고 도산에게 직접 배우면서 흥사단을 위해 헌신하였다. 장리욱은 한국의 흥사단이었던 수양동우회 사건으로 서대문 형무소에서 도산과 함께 옥고를 치렀고 형무소에서 도산과 함께 마지막 식사를 하며 특별한 가르침을 받을 수 있었다. 해방 후에 장리욱은 흥사단의 큰 기둥이 되어 흥사단을 새롭게 일으켜 세우고 널리 펼치는 데 앞장섰다.

도산에게 많은 제자들이 있었다. 그러나 장리욱처럼 일제의 억압과 위협에도 굴복하지 않고 고난과 시련 속에서도 한결같은 성심을 가지고 도산의 정신과 가르침을 따라서 살았던 인물은 찾기 어렵다. 서울대 총장과 미국대사 직을 거치면서도 겸허하고 진실하게 흥사단의 정신을 지키며 《도산의 인격과 생애》라는 귀한 책까지 썼다는 점에서 장리욱은 도산에게 더욱 귀중한 인물이 되었다. 장리욱과 도산의 관계는 사제관계의 모범을 보여준다. 마치 어부였던 베드로와 요한이 그물을 버려두고 예수를 따른 것처럼 도산의 부름에 따라 장리욱은 학업을 중단하고 도산을 따르며 가르침을 받고 도산을 섬겼다.

1925년 듀북 대학교에서 교육학으로 학사학위를 받은 장리욱은 뉴욕에 있는 컬럼비아대학교 사범대학원에 들어갈 계획을 세웠다. 그때 컬럼비아 대학교 사범대학원은 교육학을 연구하는 사람들에게 교육학의 성지처럼 여겨졌다. 거기서 가르쳤던 "존

듀이 교수의 새 교육철학은 교육원리, 교육행정, 교육방법 등 모든 면에서 혁명적인 변화를 일으키고 있었다". 교육학을 전공한 장리욱도 컬럼비아 대학교로 가서 공부하려고 하였다.

그해 6월 상순에 장리욱은 듀북을 떠나 먼저 시카고로 갔다. 방학 기간에 시카고에서 일을 해서 학비를 마련하려 했던 것이다. 그런데 시카고에서 갑자기 도산을 만나게 되었다. 도산은 1919년에 상해로 가서 2년 동안은 상해 임시정부를 위해 일했고 1921년 임시정부를 나와서는 국민대표회를 소집하여 민족의 단결과 통일을 이루기 위해 3년 넘게 노력하다가 성공하지 못하고 5년 8개월 만인 1924년 12월 6일에 다시 미국으로 돌아왔다. 이때 도산은 미국에 1년 남짓 머물면서 미국 교포들을 찾아 격려하고 생각과 뜻을 모으며 힘을 결집하고 있었다.

1917년 이후 7년 만에 다시 도산을 만난 장리욱은 도산과 깊은 이야기를 나눌 수 있었는데 도산은 그에게 흥사단 서무원을 맡아달라고 당부하였다. 서른의 나이였던 장리욱에게는 다시 학업을 중단하는 것이 여간 어려운 일이 아니었다. 나이 서른이면 이미 공부하기에는 늦은 나이였다. 여기서 한 해를 더 늦추는 것은 단지 한 해를 늦추는 게 아니라 공부의 흐름을 단절시키는 것이었다. 잠시 숙고한 후에 장리욱은 도산의 뜻을 따라 학업을 중단하고 흥사단 일을 맡기로 하였다. 대학에서 이론적인 학문을 닦는 것도 중요하지만 도산을 가까이 모시면서 도산의 높은 인격과 깊은 예지를 삶 속에서 배우는 것이 더 중요하다고 생각했기 때문이다. 장리욱의 이러한 결정은 참으로 옳은 결정이었다. 미국의 대학교에서는 결코 배울 수 없는 삶의 진리와 지혜를 그는 도산에게서 배울 수 있었다. 도산이 1926년 2월 미국을 떠나 상해로 갔으니 이때 장리욱과 도산은 8개월쯤 함께 지낼 수 있었다. 도산이 떠난 후에도 6개월을 더 머물며 흥사단 일을 보았지만 장리욱은 당시 흥사단의 형편이 어려워서 학비를 보조받지 못하고 도산의 배려로 여행경비를 보조받았을 뿐이다. 그러나 장리욱은 도산의 삶과 정신에서 가장 중요한 것을 붙잡을 수 있었다. 도산의 인격과 정신이 장리욱의 삶과 정신 속에 깊이 새겨질 수 있었다. 그러므로 그는 미국에서 학업을 마친 후에도 도산의 정신과 사상을 이어서 흥사단의 중심에서 흥사단을 이끌 수 있었다.

도산을 따라서 산 남강 이승훈

도산에게는 많은 제자들이 있었다. 도산을 따라서 살았던 사람들 가운데 중요한 몇몇 사람을 살펴보자. 도산의 제자 가운데 가장 나이 많은 이는 남강(南岡) 이승훈이다. 그는 도산보다 열네 살 많았고 도산을 만나기 전에 이미 한국에서 가장 성공한 기업가 중의 하나였다. 그가 도산의 교육정신과 이념을 이어서 오산중학교를 세웠고, 오산학교에서 유영모와 함석헌이 만나서 도

산의 정신과 철학을 발전시켜서 씨올철학을 정립하였다. 또한 남
강은 기독교 대표로서 삼일독립운동을 조직하고 이끌었다. 도산
의 정신과 철학에 비추어보거나 민족사의 큰 흐름에서 보면 남
강이 도산의 가장 위대한 제자이고 계승자다. 이승훈의 제자로
서 이승훈 평전을 쓴 김기석은 삼일운동을 십자가로 형상화하면
서 도산과 남강의 관계를 극적으로 표현하였다. "골고다의 십자
가를 개인의 형상에 있어서 온 십자가라고 하면 삼일운동은 민
족의 형상에서 온 십자가라고 할 수 있다. 남강은 베드로와 엘리
야를 합한 성격에 가깝고…… 명치(明治)정부는 빌라도, 총원(塚
原) 재판장은 대제사장, 강서·수원·수안에서 흘린 피는 이스라
엘의 피, 도산의 임종은 십자가에서 흘린 핏방울……."[27] 여기서
김기석은 도산을 예수와 동일시하고 남강을 베드로와 동일시하
였다. 김기석(1905~1974)은 오산학교 졸업생으로서 일본에서 철
학을 공부하고 서울대 사범대 학장, 단국대 학장을 지냈고 한국
교육학회 초대회장을 지낸 인물이다. 그는 장리욱의 10년 후배
로서 장리욱과 함께 서울대 사범대 교수로 있으면서 장리욱을
통해 도산에 대해서 깊이 알게 되었을 것으로 여겨진다. 도산과
남강에 대해 깊은 이해를 가지고 있었으므로 그는 도산과 남강
의 관계를 십자가로 형상화할 수 있었다.

남강은 열 살 이전에 부모, 조부모를 모두 잃고 유기점 주인
방 사환으로서 심부름하며 살았다. 얼마나 부지런하고 성실했던
지 주인이 "저 애는 내가 일을 시킬 수 없는 애다. 일을 시키려고

하면 벌써 일을 했거나 일을 하고 있더라"라고 하였다. 학교 공
부는 전혀 하지 못했으나 스스로 공부하고 배우면서 자신을 닦
아 일으켰고 정직과 신의로써 사업을 하여 크게 성공하였다. 부
지런하고 정직하고 신의를 지키는 사람이면서 기꺼이 남의 아래
서 심부름할 훈련과 준비가 되었다는 점에서 남강은 도산의 제
자와 동지로서 준비된 사람이었다.

　청일전쟁이 나서 사업에 큰 손실을 입고 기울어가는 나라를
보면서 시름에 잠겼던 남강은 1907년 평양에서 도산의 강연을
들었다. "나라가 없고서 한 집과 한 몸이 있을 수 없고, 민족이 천
대받을 때에 혼자만이 영광을 누릴 수 없다. 나라를 구하려면 어
서 빨리 우리 민족을 깨워 일으켜야 한다"는 도산의 강연을 듣
고 남강은 엄청난 감동과 충격을 받았다. 그는 완전히 새 사람이
되었다. 도산을 만나고 나서 집으로 돌아온 남강은 한 동안 밖에
나가지 않고 방 안에 홀로 앉아서 깊은 생각에 잠겼다. 생각에
잠긴 남강은 방바닥에 눈물을 뚝뚝 흘리기도 하고 갑자기 주먹
으로 방바닥을 치면서 "이래서는 안 된다"라고 소리를 지르기도
하였다. 이런 남강을 보고 가족들과 친지들은 남강의 정신이 잘
못되는 것이 아닌가 걱정했다고 한다.[28] 이승훈은 동네 사람들에
게 자신의 결심을 말하였다. "평양에서 미국에서 돌아온 청년 지
도자 도산의 연설을 듣고 결심하여 단발하고 술과 담배를 끊고
나라에 몸을 바치기로 했다.…… 백성 한 사람 한 사람이 새 사
람이 되어 덕스럽고 지식 있고 힘 있는 사람이 되기 전에 나라를

구원할 길이 없음을 알아 이천만이 새로운 결심 아래 일어설 때가 돌아왔다."[29] 한번 크게 결단한 남강은 도산의 교육입국정신을 실천하는 데 혼신을 다하였다. 가진 재산을 다 바쳐 오산학교를 세우고 학교에서 마당 쓸고 변소청소를 하며 허드렛일을 맡아 하였다. 그는 삼일운동을 주도하면서 민족의 큰 지도자로 우뚝 섰으나 죽을 때까지 누구보다 충실히 도산의 교육정신과 이념을 실현하기 위해 지극정성을 다하였다.

절대 정직과 사랑을 강조하고 과학적인 진리 정신을 내세우고 덕·체·지의 교육을 앞세우며 민족의 독립과 통일을 위해 희생하고 헌신한 것은 도산과 남강의 공통된 교육이념과 실천정신이었다.[30] 남강이 정신과 사상에서 도산의 제자인 것은 분명한 사실이지만 남강이 도산의 단순한 추종자만은 아니었다. 남강은 신민회와 청년학우회를 도산과 같이 했지만 이광수가 주도한 수양동우회에 가입하지는 않았다.[31] 도덕적·인격적 주체를 강조하고 민주정신에 사무쳐 있었던 도산은 제자들을 자신의 추종자로 만들지 않았다. '스스로 하고, 스스로 되게' 하는 것이 도산의 교육정신과 원칙이었다. 남강도 스스로 하고 스스로 되는 주체적인 삶을 살아서 한국 민족의 위대한 지도자로 우뚝 섰다.

남강 이승훈은 도산 안창호와 함께 한국 근현대가 낳은 가장 위대한 인물 가운데 하나다. 그는 씨울정신(seed spirit)의 귀감이다. 그는 가난하고 학교교육을 제대로 받지 못했으나 한국 근현대사에서 깊고 큰 영향을 끼쳤다. 그는 사업에서 큰 성공을 거두었고 오산학교의 교육에서도 기적과 같은 성공을 거두었다. 그가 세운 오산학교는 작은 학교였으나 큰 인물을 많이 배출하고 학교교육의 위대한 모범이 되었다. 삼일독립운동의 주역으로서 남강은 식민지 백성이던 한민족을 하나로 일어서게 하는 놀라운 일을 하였다.

배우지 못하고 가진 것 없는 사람이 어떻게 그렇게 위대한 기업인이 되고 위대한 교육자가 되고 위대한 지도자가 되었을까? 그가 가진 것은 몸과 맘 하나뿐이었다. 그는 그것으로 자기를 일으켜 세웠고 사업을 크게 일으켰고 민족을 하나로 일어서게 하였다. 어려서 남의 집 사환 노릇을 하면서 이승훈은 남을 섬기고 심부름하는 일을 잘 배웠다. 이승훈은 자신의 몸과 맘으로 지극정성을 다해서 남을 섬기고 일깨우고 일으켜 세웠다.

그렇다면 '섬기는 지도자' 이승훈은 어떤 사람인가? 몇 가지로 나누어 그 면모를 살펴보자. 첫째, 믿음의 사람이었다. 이승훈은 민족을 이끄는 지도자요, 민족을 일깨우는 교육자요, 하나님을 믿는 신앙인이었다. 장사를 하되 도덕적 품격을 가졌고, 민족독립운동을 하되 신앙적 깊이를 가졌다. 정치나 사업보다 교육이 더 중요하고 교육은 신앙의 바탕을 가져야 된다고 보았다. 민족을 살리려면 교육이 바로 되어야 하고, 교육이 바로 되려면 신앙이 바로 되어야 했다. 씨올의 이치가 그러하다. 열매의 껍질 속에 속살이 있고, 속살 속에 씨가 있고, 씨의 껍질 속에 속 알맹이가 있다. 씨올의 생명은 속 알맹이에 있다. 생명과 정신의 속 알맹이는 무엇인가? 인격, 영혼, 양심, 믿음이 속 알맹이다.

정치·경제·문화의 속 알맹이는 정신과 사상과 양심이다. 정신과 양심을 살리는 것은 신앙이다. 이승훈은 기도와 성경공부를 통해 중심을 세우고 늘 자기를 비우고 낮추었으며, 자신을 불태워 헌신했다. 말년에 20대 후반의 청년 함석헌이 학생들과 성경공부를 하는 자리에 참여하여 같이 듣고 이야기를 나누었다. 함석헌과 무교회 동지들의 순수하고 진지한 신앙에서 남강은 나라와 민족을 살릴 수 있는 참된 씨올과 싹을 보았던 것이다.

둘째, 헌신의 사람이었다. 이승훈은 의로운 일을 위해서는 기꺼이 죽을 각오로 살았다. 오산학교를 위해서는 모든 재산을 내놓았고, 나라와 민족을 위해서는 목숨을 바치고 죽은 다음 자신의 뼈다귀까지 바치려 했다. 그는 오산학교의 설립자와 이사장이면서 손수 학교 마당을 쓸고 변소청소를 하고, 집을 지을 때는 돌과 나무를 먼저 날랐다. 마치 자기가 아무것도 아닌 것처럼 자기의 '나'가 없는 것처럼 자유롭고 열정적으로 살았다. 언제나 목숨을 바칠 각오로 살았고 죽음 앞에서 자유롭고 당당했다. 이승훈이 남에게 궂은일을 시키지 않고 스스로 궂은일을 맡아서 한 것은 스스로의 몸과 맘을 불태워 헌신한 것이고 남을 스스로 하는 주체로 섬기고 받든 것이다. 사람이 스스로 최선을 다하게 하려면 지도자나 책임자가 스스로 열정을 가지고 창의적으로 최선을 다해야 한다. 이승훈은 스스로 최선을 다함으로써 남이 스스로 최선을 다하게 하였다.

셋째, 정직의 사람이었다. 이승훈은 "대줄기 같이 곧은 사람"이다. 사업가 이승훈이 가장 미워한 것이 거짓이다. 그에게는 거짓이 모든 악의 근원이었다. 이승훈은 장사와 사업의 근본을 정직으로 삼았다. 정직함으로 신뢰를 얻고, 신뢰를 바탕으로 사업을 크게 일으켰다. 생명의 씨올은 거짓을 모른다. 씨올이 속임수로 싹이 트고 꽃을 피우고 열매를 맺을 수 있겠는가? 정직만이 생명과 진리의 중심에 이른다. 정직한 사람이 사람의 맘을 움직인다. 정직한 종교인, 정직한 교사, 정직한 정치인, 정직한 기업가가 사람의 맘을 얻는다. 이승훈은 하나님의 정의를 믿었고, 스스로 곧음으로써 남도 곧도록 하였다.

넷째, 남을 앞세우는 사람이었다. 이승훈은 궂은일에는 앞장서 일하고, 누리는 일에는 남을 앞세웠다. 오산학교 초대교장으로는 지역의 유학자를 내세웠고, 다음에는 조만식을 교장으로 내세웠다. '삼일독립선언서'에 대표자 이름을 쓸 때는 손병희의 이름을 앞세웠다. 이사장이자 노인인 그가 다른 교사들, 학생들과 나란히 20대 후반의 청년교사 함석헌의 성경강의를 들었다. 함석헌을 앞세움으로써 함석헌의 영원한 스승이 되었다. 한 사람 한 사람을 일깨워 덕스럽고 지혜롭고 용기 있는 사람으로 일으켜 세우려 했던 교육자 이승훈은 언제나 사람을 높이 세우고 앞으로 나아가게 하였다. 자기를 낮추고 남을 섬김으로써, 남을 세우고 키움으로써, 사람들이 큰일을 하게 했다. 이승훈은 섬기는 정치, 섬기는 교육의 귀감이었다.

다섯째, 죽음을 이기고 산 사람이었다. 젊은 시절 공동묘지를 지나다가 '사람은 결국 이렇게 되는구나!'하고 깨달은 이승훈은 언제나 죽을 각오를 하고 살았다. 안악사건과 105인 사건으로 4년 넘게 옥고를 치르며 온갖 고문과 악형을 당하고 나서도 선우혁이 찾아와 독립만세운동에 나서 달라고 요청하자 "방에서 누워 죽을 줄 알았더니 죽을 자리 찾았다!"며 기꺼이 수락하였다. 삼일독립운동을 일으키고 감옥에 들어가서도 죽을 자리 찾았다며 춤을 너울너울 추었다.[32] 감옥에서 사형설이 돌아갈 때에도 그는 조금도 슬퍼하는 기색이 없이 나라에 헌신함이 약한 것을 한탄하였다. 손으로 한편 식지를 때려 피가 흐르게 하면서 그는 이렇게 말하였다. "이것이 썩을 손가락 아니야. 그런데 이것이 아까워서 못 바치니 어떻게 하나……."[33] 그가 죽었을 때 정인보는 묘비에 "20여 년을 다시 살고 다시 죽기를 거듭하였다"(且生且死)고 썼다.[34]

여섯째, 젊고 아름다운 사람이었다. 늘 자기를 낮추고 버릴 수 있었던 이승훈은 나이가 들수록 성성하고 아름답게 살았다. 그를 보기만 해도 큰 가르침을 얻었다. 이승훈이 죽기 한 해 전인 1929년에 소나기의 작가 황순원은 오산중학교에 입학하여 한 학기를 지냈다. 15세 소년 황순원은 이승훈을 보고 "남자라는 것은 저렇게 늙을수록 아름다워질 수도 있는 것이로구나" 하고 감탄하였다.[35] 건강이 나빠진 황순원은 가족이 있는 평양으로 전학했기에 오산중학교에서는 겨우 한 학기 공부했을 뿐이다. 그러나 그때 만난 이승훈은 황순원에게 평생 마음의 별이 되었다. 이승훈은 몸으로 맘으로 가르친 스승이었다.

도산을 따라서 산 유영모와 함석헌

유영모와 함석헌은 직접 도산을 만나 깊은 가르침을 받지는 못했으나 남강과 오산학교를 통해서 간접으로 도산의 철학과 정신을 이어서 발전시켰다. 도산철학의 핵심은 인격(주체, 나)의 혁신을 통해 민족(인류) 전체의 통일에 이르는 것이다. 주체의 깊이와 자유에서 전체의 하나 됨에 이르는 도산의 기본 철학은 유영모와 함석헌에게서 더욱 깊이 탐구되고 발전되었다. 동서고금을 막론하고 어떤 철학자도 도산 안창호, 다석 유영모, 씨올 함석헌처럼 주체(나)를 강조하면서 전체의 통일을 강조한 사람은 없다. 주체의 깊이와 자유를 탐구하면서 전체의 하나 됨에 이르는 철학이라는 점에서 세 사람은 일치한다. 유영모는 깊고 높은 정신세계에서 성자의 삶을 살면서 동서고금의 철학과 사상을 회통하는 위대한 철학을 형성하였다. 함석헌은 도산과 남강의 민족교육운동을 계승하고 유영모의 깊고 큰 철학을 이어받아서 삶과 사상을 통합하는, 바다처럼 크고 넓은 정신세계를 이룩하였다. 도산은 '나'의 철학을 확립하고 흥사단을 만들고 통일독립운동과 교육독립운동을 조직적으로 민족적으로 펼쳤다는 점에서는 유영모나 함석헌을 능가했다. 이승훈은 위대한 교육독립운동을 펼치고 삼일운동을 이끌었다는 점에서 위대하지만 사상과 철학에서는 기여하지 못했다. 유영모는 거의 은둔자처럼 내적·철학적 탐구에 몰두했다. 함석헌은 대중연설과 글을 통해 많은 추종자를 얻었으나 조직화하지 못했고 민주화운동에 앞장섰으나 조직적인 지도력을 발휘하지 못했다. 도산은 사상능력, 조직력, 사업의 기획과 추진력, 민주적 지도력에서 비교할 수 없는 역량을 발휘하였다.

도산을 따라서 산 백범 김구

백범 김구는 도산보다 나이가 두 살 많지만 도산을 존경하고 따랐다. 도산과 함께 신민회에 가담하여 황해도에서 교육운동에 앞장섰던 김구는 도산을 깊이 존경하고 신뢰하였다. 상해에 있던 김구는 도산이 상해로 온다는 소식을 듣고서 도산을 보호해야 한다며 미리 준비하였다. 도산이 상해 임시정부 내무총장이 되었을 때 김구는 도산을 찾아와 정부 문지기로 써 달라고 부탁했다. 도산은 그를 경무국장으로 임명하였고 그는 경무국장으로서 임시정부 요인들 특히 도산을 경호하는 데 집중하였다. 도산이 임시정부에 있을 때 김구는 크고 작은 모든 일을 도산에게 보고하고 의논하였으며 도산의 지휘를 받아서 일을 처리하였다.

한국사학자 박찬승 교수는 당시 상해의 계파들을 분류하면서 도산을 지지했던 서북파의 첫 사람으로 김구를 꼽고 있다. 그는 흥사단 특별회원이 되었다. 그는 성정과 기질이 도산과는 매우 달랐고 독립운동의 방법과 방침도 달랐지만 도산을 존경하는 마음은 한결같았다. 1932년에 도산이 일본경찰에 체포된 후 공개적으로 도산을 비난한 무리들이 있었는데 이에 격분한 김구는 청년들을 동원하여 도산을 비난했던 무리들(김석, 김철, 조소앙)을 응징했다.[36]

상해에서 도산은 독립운동의 방법과 목적으로서 민족통일을 줄기차게 주장하여 '안창호의 통일독립'이라는 별명을 얻었다. 김구가 도산의 정신과 사상에서 영향을 받은 것은 분명하다. 해방 후에 그가 민족통일을 위해 신명을 바친 것은 도산의 통일정신에서 자극과 영향을 받았기 때문이라고 생각한다. 김구가 자신의 소원은 부강한 나라를 만드는 데 있지 않고 아름다운 문화의 나라를 만드는 데 있다고 한 것도 도산의 생각과 같다. 해방 정국에서 김구가 대통령이 되려는 욕심을 버리고 기꺼이 낮은 자리에 서려 했던 것도 상해 임시정부 시절에 도산이 보여 준 처신과 태도를 연상시킨다. 해방 후 도산의 추모행사에 참여한 김구는 도산에 대한 존경과 사랑을 절절하게 표현하면서 다음과 같이 말하였다. "선생의 위대한 정신과 영용한 전적(戰跡)을 체득하는 자가 과연 얼마나 되겠나이까. 오늘 이 자리에서 선생을 추모하는 자 중에서는 선생의 발자취를 밟고 나갈 동지가 얼마나 되겠나이까. 바라건대 3천만 각개의 뇌수(腦髓)마다 선생의 위대한 정신을 주입하여서 조국의 통일과 독립이 완성될 때까지 영용한 투쟁을 계속하게 해주옵소서."37

도산을 따른 최남선과 이광수

도산의 제자 가운데 뛰어난 문필력과 사상적 능력을 가진 사람은 최남선과 이광수다. 두 사람은 한국 근현대 문학을 창시했을 뿐 아니라 오랫동안 2인 문학시대를 이끌었다. 누구보다 도산의 정신과 사상에서 깊은 영향을 받았던 두 사람은 단순한 문필가와 사상가가 아니라 국민계몽운동을 이끌었던 지도자였다. 이들이 일제의 압박과 회유를 이기지 못하고 변절한 것은 참으로 안타까운 일이다. 최남선이 쓴 독립선언서와 《불함문명론》을 보거나 이광수가 쓴 《민족개조론》과 《도산 안창호》를 보면 이들의 철학적·사상적 역량이 얼마나 대단한지 알 수 있다. 그러나 이들은 변절했고 도산의 정신과 철학을 이어서 발전시킬 자격과 기회를 갖지 못했다. 이것은 도산과 흥사단뿐 아니라 한국 민족을 위해 큰 손실이었다. 깊고 높은 사상과 뛰어난 연설능력을 가졌던 도산이 문필력은 발휘하지 못했다. 그가 문필력을 갈고 닦았다면 위대한 문장가가 되었겠지만 그러지 못했다. 도산은 자주 문필력이 부족함을 말했고 중요한 문건을 만들 때는 글을 잘 쓰는 이에게 맡겼다. 이런 점에서도 이광수와 최남선의 변절은 도산과 흥사단을 위해 아쉬운 일이다. 1935년에 도산이 출옥했을 때 최남선이 찾아와 꿇어 엎드려 큰절을 하였다.[38] 1955년 문교부와 국사편찬위원회에서 애국가 작사자 규명 작업을 할 때 최남선은 이병도, 백낙준, 서정주 등 친일파들의 '윤치호설'에 맞서 '안창호 애국가 작사설'을 완강하게 주장하였다.[39]

도산을 따라서 산 장리욱

도산의 영향을 받은 제자들은 많았으나 장리욱처럼 도산의 사상과 사업을 계승하여 발전시킨 제자는 찾아보기 어렵다. 도산의 제자 가운데 조병옥은 흥사단의 창립 발기인으로서 옥고를 치르면서도 끝까지 변절하지 않고 정치인으로서 대통령 후보까지 되었다. 그의 아버지와 형제는 유관순과 함께 아우내에서 삼일만세운동을 주도하였다. 대통령 후보였던 그가 갑자기 세상을 뜬 것은 안타까운 일이다.[40] 유상규와 안태국과 최광옥은 도산이 특별히 아끼고 기대한 인물들이나 모두 일찍 죽고 말았다. 동양적인 의미에서 스승과 제자의 관계를 모범적으로 보여 준 것은 장리욱이다. 그는 몸으로 도산을 따르면서 도산의 삶과 정신을 배우고 익혔다. 그리고 그가 도산에게 배우고 익힌 것을 서울대 총장과 미국대사를 거치면서 민족을 위해 실천하였다. 그는 흥사단을 바로 세우고 발전시켰으며 《도산의 인격과 생애》를 도산의 정신과 사상을 세상에 전하였다. 도산에 대한 다른 전기들이 여러 권 나왔으나 진솔하면서 차분하게 자신이 직접 만나고 배우고 경험한 도산의 삶과 정신을 오롯이 드러낸 것은 장리욱의 책이다.

장리욱은 도산을 따라 여행하고 도산과 함께 지내면서 무엇을 보고 배웠던가? 그는 도산과 함께 높은 산에 올라 넓은 세상을 보았다. 도산과 장리욱은 콜로라도 스프링스에 있는 절경의 산악지대를 굽이굽이 돌아서 4,000미터가 넘는 파이크스 고봉까지 올랐다.[41] 광활한 미국 대륙에서 높고 높은 산꼭대기에 올라 무한대로 펼쳐진 크고 넓은 벌판을 도산과 함께 바라보는 장리욱의 정신은 얼마나 감격스럽고 벅차올랐을까!

다정한 벗, 친근한 스승

도산은 상해에 있을 때 일이 너무 많았을 뿐 아니라 온갖 음해와 중상모략으로 힘든 시절을 보냈다. 지나친 과로로 심신의 극심한 피로를 자주 느꼈고 몸져누울 때가 많았다. 도산은 임시정부를 세우는 데는 성공했으나 지도자들의 단합을 이루지 못하고 결국 2년 만에 임시정부를 떠나게 되었다. 임시정부를 떠나서 민족의 대동단결을 위해서 3년 동안 민족대표회의를 소집하였으나 분파주의와 소영웅주의, 이념의 갈등과 대립으로 그마저 실패하고 말았다. 5년 반 만에 다시 미국에 돌아와 가족과 흥사단 동지들과 함께 지내며 도산은 병들고 지친 몸을 추스르고 생각과 힘을 키우고 있었다.

1년 남짓 미국에 머무는 동안 도산은 독립운동과 전쟁을 위해 그리고 동포들의 생활향상과 인격수련을 위해 중국에 이상촌을 만들 구상과 계획을 가다듬으며 휴식을 취할 수 있었다. 오랜만에 도산은 심신의 여유와 자유, 평화를 맘껏 누릴 수 있었다. 어쩌면 이 짧은 기간이 도산이 무거운 과제와 일에서 벗어나 여유롭게 자유와 평화를 누릴 수 있었던 유일한 시기가 아니었을까? 이때 도산은 천하를 유람하는 사람처럼 장리욱과 한가하고 평화로이 여행을 할 수 있었다.

여행길에서 장리욱은 도산의 참 모습을 볼 수 있었다. 근엄하고 엄정한 도산이 여행길에서 보여 주는 소탈하고 천진한 모습은 도산의 정신과 인품의 진면목을 드러낸다. 젊은 처제가 운전하는 차를 타고 장리욱과 함께 여행하면서 도산은 차를 세우고 몸소 캔디를 사오곤 했다. 도산은 일하지 않고 남을 부려먹으며 살았던 양반관리들 때문에 나라가 망했다고 보았다. 민주정신에 투철했던 도산은 자신이 할 수 있는 일은 무엇이나 스스로 하려 했고 기꺼이 남의 아래서 심부름을 하려고 했다.

캔디를 좋아하는 도산의 밝고 명랑하고 천진한 모습도 좋거니와 권위를 버리고 몸을 가볍게 하여 캔디를 직접 사오는 가볍고 겸허한 도산의 행동도 친근해 보인다. 게다가 말없이 그냥 가지 않고 "장군이 또 캔디 생각이 날거야. 엘리스, 너도 그렇지?" 하며 동의를 구하며 캔디를 사러가는 도산의 모습은 격의나 형식을 깨버린 친밀하고 소탈하며 다정하고 세심한 도산의 인품과 삶을 보여 준다.[42] 이처럼 작은 일상생활에서도 도산은 다른 사람과 교감하고 소통하는 삶의 모습을 보여 주었다. 도산의 이런 작은 행동거지에서 겸허하고 소탈하면서 하늘처럼 크고 자유로운 도산의 품격과 향기를 맛볼 수 있다. 도산은 언제나 친구와 동지들을 인격적 주체로 존중하고 그들과 함께 느끼고 함께 생각하고 함께 행동하며 더불어 살려고 했다. 교감하고 소통하는 도산의 이런 자세와 태도는 자신을 자유롭고 편하게 했을 뿐 아니라 더불어 있는 사람들을 편하고 자유롭게 했다. 그래서 도산에게서는 언제나 사람들을 끌어당기는 힘이 있었고 많은 사람들이 기꺼이 도산을 따르고 도산을 위해 헌신하였다. 도산이 상해에서 청년들과 여성들 그리고 교민들의 강력한 지지와 사랑과 존경을 한몸에 받을 수 있었던 것도 안으로는 한없이 근엄하고 엄정하면서도 밖으로는 권위와 격식을 버리고 겸허하고 소탈하고 자유롭게 말하고 행동했기 때문이다.

젊은 학생 이영학

도산과 이영학 이야기는 중요하지 않은 것 같지만 도산을 이해하고 도산의 삶을 깊이 들여다볼 수 있는 실마리가 된다. 도산이 이름 없는 젊은 유학생 이영학을 배웅하러 홀로 새벽에 역으로 나갔다는 작은 이야기에서 도산의 삶 전체가 드러난다. 1925년 여름 호놀룰루에서 열린 '태평양회의'에 참석하고 돌아오는 서재필 박사를 만나기 위해서 도산은 샌프란시스코로 갔고 서 박사와 함께 로스앤젤레스로 돌아왔다. 서 박사는 이틀 동안 머물면서 도산과 여러 가지 이야기를 나누었다. 서 박사가 떠나기 전날 밤에 20대의 학생 이영학이 흥사단으로 도산을 찾아왔다. 이군은 평북 선천의 유력한 인사의 아들로서 남강이 세운 오산중학교를 졸업한 사람이었다. 그는 5개월 전에 학비를 넉넉히 가지고 미국에 왔으나 공부할 것을 단념하고 귀국하기로 결심하고 귀국인사를 하려고 도산을 찾아온 것이다. 도산과 서 박사는 이군에게 1년이라도 공부를 해보고 귀국 여부를 결정하라고 권고하였다. 그러나 이군은 충고는 고맙지만 자기대로의 소견이 있기 때문에 그대로 귀국하겠다고 했다. 다음 날 아침 아직 해도 뜨기 전에 이군은 떠나갔다. 그 새벽에 로스앤젤레스 중앙역까지 나가 이군을 전송한 사람은 도산뿐이었다. 이군의 귀국 결심의 잘잘못을 떠나서 그의 강한 주체성을 도산은 높이 평가했던 것이다.[43]

　　언제나 도산은 청년들에게 열심히 공부할 것을 강조하고 권하였다. 특히 그 시기에 학업을 통해 서양학문과 지식을 배우는 것은 민족을 위해서도 매우 중요하였다. 그러나 도산 자신은 공부를 중단하고 교민들을 교육하고 조직하는 일에 앞장섰다. 공부보다 더 급하고 중요한 일이 있었던 것이다. 미국유학을 포기하고 귀국한 이영학이 어떤 일을 했는지는 알려져 있지 않다. 그러나 미국유학보다 더 중요한 일을 찾은 사람은 예사로운 인물이 아니다. 도산은 이영학의 주체적인 결단을 존중했다. 그의 고집스러운 결심 속에 미래의 큰 가능성을 보고 도산은 격려하고 기대하는 심정으로 이른 새벽에 홀로 이군을 배웅했을 것이다.

3장

도산의 생활철학

근현대 민주 철학으로서 도산사상은 예수(기독교), 플라톤, 아리스토텔레스, 칸트와 일치하고 통하는 것도 있지만 근본적으로 다른 것이 있다. 그 다른 것이 중요하다. 도산과 서양 철학자를 비교한 장리욱, 안병욱은 양자의 공통점을 강조할 뿐 그 다름을 말하지 않았다. 현대인들은 고대, 중세의 사람들보다 깊고 높고 크게 볼 수 있고 오류와 편견에서 벗어나 진실을 볼 수 있는 인식론적 특권을 가지고 있다. 도산은 현대의 한 시민으로서 그 특권을 온전히 누렸다. 현대인은 누구나 도산처럼 인식론적 특권을 누릴 수 있는데 많은 사람들이 여전히 고대와 중세의 낡은 사상에 매여 있다.

나라의 주인과 주체인 민을 깨워 일으켜 나라를 되찾고 바로 세우려고 했던 도산 안창호는 인간의 인격적 깊이와 자유에서 민족 국가 전체의 단합과 통일에 이르려고 했다. 인간의 덕력과

체력과 지력을 기르고 과학적·도덕적 인과관계와 정직을 강조
하고 애기애타와 대공주의를 내세운 도산의 철학은 현대적이고
과학적이면서 도덕적 깊이를 가지고 있다.

근현대의 성격과 특징

도산 안창호는 한국의 근현대가 낳은 인물이다. 근현대의 성
격과 특징을 세 가지로 말할 수 있다. 첫째, 민의 주체적 각성이
다. 근현대에 이르러 비로소 역사와 사회의 주인으로서 민의 주
체적 각성이 이루어지고 민이 역사와 사회를 주체적으로 변혁시
켜 나가기 시작했다. 동서를 막론하고 고대와 중세에는 민을 역
사와 사회의 주체로 보는 관념이나 생각이 없었다. 따라서 '주
체'(主體)라는 말도 없었다. 주체(主體)란 말은 19세기 후반에
일본에서 만들어 낸 것이다. 중국에서 주체(主體)는 제왕의 몸
을 나타내는 말일 뿐 역사와 사회를 움직이고 변혁하는 주체의
의미로 쓰이지 않았다. 오늘날 서양에서 주체를 나타내는 말은
'subject'인데 이것은 '~아래 놓인', '~아래 던져진'을 뜻하는 말
이며 지배 권력에 예속된 신민(臣民)이나 부하(部下)를 뜻하는
말이다. 서양에도 '민의 주체'를 나타내는 말은 없다. 동양과 서
양에서 민의 주체적 각성과 의식은 근현대를 특징짓는 새로운
것이다.

둘째, 근현대의 성격과 특징은 세계화다. 근현대 이르러 국가와 민족이 그들의 지역과 경계를 넘어서 서로 다른 정신과 문화의 전통을 합류시키고 융합하면서 인류사회가 하나의 큰 세계로 나아가기 시작했다. 민족과 국가의 구성원과 주체로서 민은 세계 보편적 전망과 의식을 가지고 세계인으로 살 수 있게 된 것이다. 셋째, 근현대에 이르러 과학기술의 혁명과 이성적·과학적 사고의 확립이 이루어졌다. 과학기술과 이성적 사고를 가진 민은 운명론적·결정론적 사고와 미신적이고 비합리적인 사고를 벗어나서 합리적이고 과학적으로 생각하고 행동하게 되었다.[1]

안창호는 한국의 근현대에서 사상적으로나 실천적으로 근현대의 이러한 성격과 특징을 가장 완전하게 실현한 인물이다. 민을 역사와 사회의 주인과 주체로 깨워 일으키는 민중교육독립운동에 앞장섰다는 점에서, 민주정신과 원칙에 따라 말하고 행동했다는 점에서 그는 한국의 근현대를 대표할 수 있는 인물이다. 또한 그는 한국인으로서 역사적·문화적 주체의식을 가지고 살았지만 누구보다 깊고 온전하게 서양의 기독교정신, 민주정신, 과학사상을 체화하고 실천하였다. 한국 민족의 자주독립을 위해 헌신하면서도 미국과 중국과 멕시코의 국경을 넘나들면서 세계적인 전망과 의식을 가지고 세계인으로서 살았다. 한국과 동양의 역사와 문화를 지키면서도 서양의 정신과 문화를 체화하고 실천하였다는 점에서 그의 삶과 사상은 동서의 정신문화를 합류시키고 융합했다. 그는 동서의 정신과 문화를 조화롭고 균형 있게 통합한 세계인이었다.

언제나 그는 현실의 문제들을 과학적으로 분석하고 진단하고 평가한 후에 적합한 대안을 연구하고 제시했다. 과학적이고 합리적이고 현실적으로 생각하고 행동했던 그에게는 운명론과 결정론의 흔적을 조금도 찾아볼 수 없었다. 그는 민이 역사와 사회를 변혁하고 창조하는 주체임을 확신했고 그의 생각과 말, 삶과 행동은 민주정신에 사무쳤다. 세계적 경험과 안목을 가진 사람으로서 그는 누구보다 깊고 넓은 관점과 전망을 가지고 주어진 현실을 고민하고 미래를 내다보며 대안을 모색했다. 그는 과학적이고 합리적인 정신을 가지고 민주적인 자세와 태도를 지키면서 미래를 위해 깊고 크고 열린 세계적 관점에서 생각하고 행동했기 때문에 젊은이들과 소통하고 협력할 수 있었다. 안창호는 근현대의 정신을 온전히 구현한 사상가이고 활동가였다.

도산과 예수

장리욱은 예수, 플라톤, 국가주의와 관련해서 도산사상을 말했다.[2] 예수, 플라톤, 국가주의는 도산사상을 이해하는 데 소중한 실마리가 될 뿐 아니라 도산의 사상이 지닌 가치와 의미를 드러내준다. 장리욱은 도산이 정상(꼭대기)에서 외롭지만 보람 있는 삶을 살았다고 하였다. 인간의 삶에서 정상은 어디인가? 장리욱은 "가장 총체적이고 가장 항구적이고 가장 보편적인 가치가 정상의 가치"라고 하였다.[3] 가장 총체적이고 항구적이고 보편적인 가치가 드러나고 실현되는 곳은 어디인가? 생명과 정신의 분열과 갈등과 대립이 없고, 나와 너와 그가 하나인 자리가 정상이다. 산봉우리 꼭대기는 가장 높고 시원하지만 외로운 곳이다. 삶과 정신의 가장 높은 꼭대기는 홀로이면서 모두 품을 수 있는 곳이다. 거기가 바로 하나님(진리)이 계신 곳이다.

도산에게는 늘 친구도 많고 따르는 이도 많았다. 그러나 도산과 가까운 이들은 도산에게 남모르는 외로움이 있음을 느꼈다고 전한다. 옳고 바르고 떳떳한 생각과 말과 행동을 했던 도산에게는 시기와 질투, 오해와 음해, 중상모략이 끊이지 않았다. 그러나 도산의 외로움은 남의 오해와 비난, 알아주지 않음에서 오는 것만은 아니었다. 그의 외로움은 인생과 역사의 꼭대기에서 사는 사람이 겪을 수밖에 없는 외로움이었다. 민족의 중심에서 민족의 모든 허물과 아픔을 함께 겪으며 민족을 구원하려고 했던 도산을 장리욱은 예수와 비교한다. 세례자 요한은 예수를 가리켜 "세상 죄를 지고 가는 하나님의 어린양"이라고 평했다(요 1:29). 예수는 하늘에서 내려왔다고 했는데 하늘은 정상의 정상이다. "이러한 정상에서는 시간이나 공간의 제한 없이 현재와 미래에 걸쳐서 있을 수 있는 전 인류의 죄를 도맡아지고 또 그 고난을 도맡아 받을 수 있는 통찰력과 자비심을 아울러 가질 수 있다." 장리욱은 세상의 짐을 진 예수의 삶이 정상에서 살았던 모든 인간에게 적용될 수 있다고 보았다. "역사에서 찾아볼 수 있는 모든 정상의 인물들은 인류의 죄와 허물을 위해서 무슨 형태, 또 어떤 의미로서나 거의 다 이런 수난의 의미를 지니고 있다." 그리고 정상에서 살았던 도산도 민족의 짐을 지고 살았다는 것이다.[4]

세례자 요한과 관련된 예수의 이야기는 기독교 신앙(교리·신학)에 의해 덧칠되고 포장된 예수상(像)을 벗겨내고 역사적 예수의 진상과 실상을 보게 한다. "세상 죄를 지고 가는 하나님의 어린양"이라는 증언은 매우 상징적이고 비유적인 증언이지만 예수의 삶과 정신의 진실을 드러내는 열쇠와 같은 말이다. 예수는 마치 인류의 죄악과 불의의 짐을 지고 사는 사람처럼 살았다. 고대 사회 특히 이스라엘 사회에서 어린양은 인간(이스라엘 민족)의 죄를 속죄(贖罪)하기 위한 희생 제물로 쓰였다. 인류의 죄를 짊어지고 그 죄를 씻고 없애기 위해 살다가 고난을 당하고 죽은 예수는 이스라엘 민족의 죄를 씻기 위해 대신 희생제물이 된 어린양과 같다.

그런데 깊이 생각하면 모든 생명과 인간은 저마다 자신의 삶의 무게를 견디며 살아야 한다. 그 삶의 무게 속에는 인간의 죄악과 불의, 질병과 상처, 고난과 죽음이 포함되어 있다. 인류의 죄악과 불의는 인류의 삶에서 나온 찌꺼기, 부산물 같은 것이며 삶 속에 깊이 뿌리박힌 것이다. 그리고 생명과 인류의 모든 개체는 개체의 삶 속에서 전체의 삶을 산다. 생명과 정신의 개체는 전체와 뗄 수 없이 결합되어 있다. 개체 속에 전체가 있고 전체 속에 개체가 있다. 현대과학은 생명과 정신의 개체가 전체와 뗄 수 없이 결합되어 있는 것을 밝혀준다. 천문물리학자에 따르면 인간의 몸속에는 우주의 역사(나이테)가 새겨져 있다. 생명 과학자에 따르면 인간의 몸속에는 생명진화의 역사가 압축되어 있고 살아 있다. 정신 심리학자에 따르면 인간의 몸과 맘속에는 인류역사가 새겨져 있다. 그러므로 한 사람은 자신의 주어진 생명을 살면서 자신의 삶의 무게와 함께 우주와 자연생명과 인류역사의 전체 생명의 무게를 짊어지고 산다. 부모만이 자신의 자녀를 위해 희생적인 삶을 사는 것이 아니다. 청소부는 날마다 청소하는 삶을 통해서 도시 전체의 삶의 무게를 짊어지고 사는 것이다. 사람은 누구나 저 자신의 삶의 짐을 저마다 지는 동시에 사회와 인류 전체의 삶의 무게를 지고 사는 것이다.

모든 생명과 인간은 저마다 자신의 짐을 질 뿐 아니라 전체의 짐을 함께 져야 한다. 그런데 권력과 부를 추구하는 강자들은 흔히 자기가 져야 할 짐을 남에게 강제로 지운다. 세상의 불의와 죄악은 자기가 져야 할 짐을 약한 사람들에게 떠넘기는 것이다. 자신이 져야 할 짐을 남에게 떠넘기면 떠넘길수록 세상의 죄악과 불의는 커지고 짐을 많이 진 사람들은 고통을 겪으며 상처받고 병들고 죽어가는 것이다. 남을 정복하고 희생시키는 지배자들이 역사와 사회를 주도하기 때문에, 저마다 자신의 짐을 지면서 전체 생명의 짐을 더불어 져야 한다는 생명의 진리는 숨겨지고 묻힌다. 개체와 전체의 이러한 생명의 진리는 하나님 안에서 그리고 하나님 앞에서 뚜렷이 드러난다. 이것은 생명의 진리이면서 하나님의 진리다.

그러므로 '세상 죄를 지고 가는 하나님의 어린양'이란 말은 예수에게만 해당되는 것이 아니라 모든 인간에게도 해당되는 것이다. 예수는 인류의 한 사람으로서 인류를 대표해서 세상 죄를 지고 살았던 것이다. 다만 예수는 뚜렷이 깨닫고 철저하고 온전하게 개체로서 전체의 삶을 살았다. 개체로서 전체의 삶을 사는 것이 바로 생명의 임이신 하나님의 뜻을 실현하는 것이고 하나님의 존재와 살아 계심을 드러내는 것이다. 사람은 누구나 하나님의 뜻을 실현하고 하나님의 존재와 살아 계심을 드러내는 삶을 살아야 한다. 도산은 예수와 마찬가지로 나라 잃고 고통당하는 한민족의 무거운 짐을 기꺼이 스스로 짊어졌다. 미국 유학을 가서도 유학을 중단하고 고통당하며 무시당하는 한인노동자들의 삶 속으로 들어가 그들의 친구가 되어 함께 노동하며 그들을 깨워 일으켜 세웠다. 도산이 함께했던 교민사회는 자치와 협동의 능력이 크게 향상되고 서로 믿고 사랑하는 아름다운 공동체 사회가 되었다.

그는 평생 민족의 중심에서 민족을 위한 일념으로 살았다. 민족의 독립과 통일을 위해 헌신하다가 옥고를 치르고 죽을 때까지 그는 민족의 한 사람이면서 민족 전체의 중심에서 민족의 대표자로 살았다. 도산은 민족 안에서 살았고 민족은 도산의 삶 속에 살아 있었다. 그러므로 민족 전체의 단결과 통일을 위해서 그는 기꺼이 높은 자리를 남에게 양보하고 다른 사람의 아래 낮은 자리에 서는 것을 꺼리지 않았다. 겸허하고 진실하지 않으면 갈라진 사람들을 하나로 모을 수 없다. 지역적 대립과 당파적 분열이 지배하는 상해교민사회에서 임시정부를 조직할 때 처음부터 도산은 "나는 여러분의 머리가 되려 하지 않습니다. 여러분을 섬기러 왔습니다"라고 선언하였다. 내무총장에 취임할 때는 "이 앞에 일할 때 큰일에나 작은 일에나 속이지 않기를 결심하오"라고 하였다.[5] 그는 단순히 예수를 믿고 따르려 하지 않고 예수의 맘과 뜻을 이어서 예수의 삶을 살려고 하였다.

장리욱이 말했듯이 상해 임시정부 시절에 도산이 제시하고 실행한 교육과 훈련, 사업구상과 계획, 방침과 방략을 보면 도산은 삶의 정상에 서서 인간사회의 모든 문제를 내려다 본 것이 분명하다. "돈을 위시해서 교육, 지식, 건강, 연애, 가정, (일제 시설과 관공서) 파괴행위, 게릴라 전투, 혁명(대한독립) 등 크고 작은 모든 문제가 각각 그 적당한 지위에 있어서 한 폭의 그림인 양 나타났을 것이다."[6] 그는 참으로 역사와 사회의 모든 것을 종합적이고 총체적으로 파악하고 계획하고 실행하려 했던 인물이다. 그는 남이 생각하지 못한 것을 생각했고 남이 보지 못한 것을 보고 배려하고 고심했다.

그의 높은 인격과 도덕, 깊고 큰 사상과 경륜, 뛰어난 전략과 방안, 놀라운 기획력과 추진력, 민주적 조직능력과 경영능력, 합

리적 소통과 협력의 능력, 뛰어난 연설능력과 민주적 지도력은
그 시대 다른 모든 지도자들을 압도했다. 그 때문에 도산을 믿고
따르는 이들도 많았지만 까닭 없이 비방하고 중상 모략하는 이
들도 많았다. 노동국 총판이라는 임시정부의 낮은 자리에서 도
산은 다른 지도자들을 높이고 찬양하면서 임시정부와 한민족의
단결과 통일을 위해 헌신을 다했으나 온갖 시기와 질투, 중상모
략과 모함을 한몸에 받았다. 그가 평안도 청년들의 열정적인 지
지와 존경을 받은 것은 사실이었으나 그는 누구보다 당파주의와
소영웅주의를 극복하려고 힘썼고 민족의 단결과 통일을 위해 목
숨을 바쳐 헌신했다. 그는 겨레의 가난과 고통, 수치와 허물, 무
지와 불행을 자신의 허물과 고통과 수치로 알고 살았다. 겨레의
무거운 짐을 지고 살았던 도산은 온갖 질병을 몸에 안고 옥고를
치르며 나이 예순을 넘기지 못하고 죽음을 당했다. 도산은 한민
족의 죄악과 질병, 일본 제국주의의 불의와 폭력을 몸과 맘에 짊
어지고 살고 죽었던 것이다.

도산 안창호의 민주정신과 철학

서양의 기독교정신, 민주정신, 과학정신을 받아들인 도산의
철학과 정신은 서양의 철학자들과 비교할 때 그 가치가 드러난
다. 도산도 소크라테스처럼 대화를 교육방법으로 강조했지만 도

산과 소크라테스의 대화법은 비슷하면서 다르다. 소크라테스는 상대의 무지와 편견, 약점을 날카롭게 공격하고 깨트림으로써 진리를 드러내려고 했기 때문에 대화 상대방과 갈등과 대립을 가져왔다. 그의 말을 듣고 분노한 청중에게 소크라테스는 길거리에서 매를 맞기도 했다. 소크라테스의 대화법을 흉내 낸 어떤 젊은이가 자기 아버지에게 그 대화법을 썼다가 화가 난 아버지에게 흠씬 두들겨 맞았다고 한다. 도산의 대화법은 상대에 대한 사랑과 존중과 공감 속에서 이루어지기 때문에 그런 갈등과 대립을 일으키지 않았다. 민을 나라의 주인과 주체로 존중하고 섬기면서 깨워 일으키려고 했던 도산의 대화 교육법이 소크라테스의 그것보다 훨씬 격조가 높고 더 교육적이고 보다 현대적이다.

플라톤과 도산의 국가론은 비슷하면서 다르다. 인간이 국가를 구성한다고 본 점에서 도산과 플라톤의 국가관은 일치한다. 그러나 플라톤은 민을 국가의 한 부분으로 볼 뿐 국가의 주인과 주체로 보지는 못했다. 그에게 민은 통치의 대상에 지나지 않는다. 그가 생각한 이상적인 국가는 전체주의적 독재국가다. 플라톤에게 인간의 욕망과 감각, 감정은 이성적 통제의 대상에 지나지 않았다. 인간의 욕망과 감정이 이성적 지배의 대상에 지나지 않는 것처럼 농민과 군인은 이성적 철인의 통치대상에 지나지 않는다. 그에게는 민주정신과 철학이 없다. 그러나 도산은 인간의 욕망과 감정을 존중했고 몸을 소중히 여겼다. 도산에게는 민이 국가의 주인과 주체일 뿐 아니라 자신을 스스로 다스리는 정

치(자치)의 주체다. 민은 국가를 구성하는 부분일 뿐 아니라 국
가의 존재이유와 목적이다.

정직과 이성을 앞세웠다는 점에서 칸트와 도산은 일치한다.
그러나 두 사람의 철학 내용은 아주 다르다. 칸트는 서구 근대
계몽주의의 정신과 이념을 완성한 철학자다. 칸트가 이성적 인
간을 주체와 목적으로 대해야 한다고 주장했지만 인식주체인 이
성은 자신과 타자를 주체와 목적으로 볼 수 없다. 인식주체인 이
성은 사물과 생명을 그 자체로서 주체와 전체로서 보지 못하고
그 현상과 부분을 인식할 뿐이다. 인식주체인 이성은 늘 인식대
상을 대상화·타자화하며 부분적으로 분석해서 보기 때문에 사
물과 생명의 주체적 깊이와 전체를 볼 수 없다. 칸트의 철학에서
는 인간을 현상적이고 부분적으로 대상화하고 타자화하는 인식
주체로서의 인간이성과 인간을 주체와 목적으로 존엄한 인격으
로 대하라는 실천이성 사이에 긴장과 불일치가 있다. 또한 인간
을 철저히 이성적 존재로만 파악한 칸트의 철학은 생리적 본능
과 욕구를 지닌 인간의 몸과 감정, 인간의 주체와 전체를 실현하
고 완성하려는 인간의 영성과 신성을 무시하거나 외면하였다.
이성주의 철학을 내세운 칸트가 물질, 몸, 감각, 욕망, 감정을 대
상화하고 이성의 지배 아래 둔 것과는 달리 도산은 사랑과 기쁨
의 감정을 강조하고 몸을 존중하여 사랑 공부를 내세우고, 충의
와 용감을 말하고 덕체지(얼몸맘)의 인성 전체를 실현하고 완성
하려 했다. 애기애타(愛己愛他)를 말함으로써 도산은 나와 남을

주체와 목적으로 함께 존중하고 실현하려고 했다. 공사병립과 대공주의를 내세움으로써 공과 사를 함께 실현하고 완성하려 했다.

플라톤과 도산의 국가 이해

플라톤은 서구 철학사에 가장 큰 영향을 준 인물이다. 과정 철학자 화이트헤드(Alfred N. Whitehead)에 따르면 서구 철학사는 플라톤의 철학에 대한 주석에 지나지 않는다. 어떤 점에서 플라톤의 철학은 서구 철학사에서 그처럼 중요한 위치에 있는가? 플라톤은 자연만물과 생명과 정신의 속에서 그리고 그 배후에서 수(數)의 조화와 질서, 아름다움과 신비를 보았던 피타고라스의 철학을 계승했다. 그리스의 언어는 정서적이고 교감적인 한국어와는 대조적으로 매우 분석적이고 논리적이다. 가장 논리적이고 분석적인 것은 산술계산과 기하학의 세계다. 계산적이고 논리적인 이성의 능력과 성질이 산술계산과 기하학의 세계에서 가장 잘 드러난다. 이성을 앞세웠던 그리스 철학자들은 수학적 이성을 바탕으로 철학을 확립했다. 이러한 이성이 보고 파악한 진리는 산술계산과 기하학에서 드러나는 절대불변의 이념적 진리다. 그들이 추구한 이론(theoria), 이데아(idea)는 이성이 보고 파악한 수학적 이념이다. 이것은 생성소멸하지도 않고 변화와 향상이 없는 고정 불변한 이념이다.

이러한 이성적 진리는 사물과 생명을 분석하고 진단하여 이해하고 설명할 수 있지만 개혁하거나 변화시키고 창조할 수 없다. 이러한 수학적 진리와 이념이 서구 철학사의 주류를 확고하게 지배했다. 특히 근현대 서구 철학은 수학과 자연과학에 확고하게 뿌리와 토대를 두고 있다. 데카르트와 라이프니치는 당대 최고의 수학자였고 칸트는 자연과학의 지식과 진리를 철학적으로 확립하고 정당화하기 위해 순수이성비판을 썼다. 분석철학자 러셀과 과정철학자 화이트헤드는 뛰어난 수학자였다. 프로이센의 교육장관 빌헬름 홈볼트(Wilhelm Humboldt)는 1809년 베를린에 수학과 자연과학에 토대를 두고 연구하고 교육하는 대학을 세움으로써 세계의 대학연구교육체계를 확립했다.[7] 서구의 근현대 철학은 고대 그리스철학보다 더 철저하게 수학에 토대를 둔 철학이었다.

플라톤의 국가 이해는 도산의 국가 이해와 비슷하면서 아주 다르다. 둘 다 국가를 구성하는 것은 인간이고 인간의 수준에 따라 국가의 수준이 결정된다고 보았다. 플라톤의 국가 이해는 그의 인간이해와 일치한다. 인간은 욕망과 감정과 이성으로 이루어진 존재이며 이성이 욕망과 감정을 통제하고 지배할 때 조화롭고 온전한 인간으로 살 수 있다. 욕망에 대해서는 절제의 덕이 감정에 대해서는 용기의 덕이 이성에 대해서는 지혜의 덕이 요구된다. 이러한 인간의 존재와 본성의 구조는 국가의 구조와 일치한다. 국가는 욕망에 따라 움직이는 생산자계급(농민), 용기를 가지고 활동하는 수호자계급(군인), 지혜로 다스리는 통치자계급(철인왕)의 세 계급으로 구성된다. 지혜로 다스리는 이성의 통치는 이성이 파악한 최고의 진리, 이론(theoria), 최고의 선과 목적 이데아를 실현하려고 한다. 이성의 지배와 통제를 앞세움으로써 플라톤의 국가는 철인 왕이 전적으로 지배하는 전체주의 독재 국가가 되었다. 이성의 완벽하고 철저한 지배를 실현하기 위해서 플라톤은 생명의 주체와 전체를 드러내고 표현하는 시(詩)와 웃음(기쁨)을 배제했다. 플라톤에 의해서 생명과 정신의 주체와 전체는 잘리고 깎였을 뿐 아니라 수학적 이성의 이론과 이념 속에 갇히게 되었다.

플라톤의 인간론과 국가론에서 가장 큰 문제는 '주체'의 개념과 의식이 없다는 것이다. 인간의 욕망과 감정은 이성의 통제 대상일 뿐이다. 욕망과 감정의 주체성과 전체성을 존중하고 실현하려는 생각이 없다. 욕망과 감정은 문젯거리이며, 처리되고 극복되어야 할 대상이다. 국가에서도 대다수를 이루는 생산자들과 군인들은 통제와 지배의 대상일 뿐이다. 이들을 생명과 정신의 주체와 전체로 존중하고 받드는 생각이나 관점은 찾아볼 수 없다. 플라톤이 살던 시대는 노예제 시대였다. 그가 살던 도시 국가 아테네에는 자유민보다 더 많은 노예들이 있었다. 플라톤은 이 많은 노예들에 대해서 아무런 관심과 동정을 보이지 않았다. 아테네의 자유 시민들은 노예들의 어깨 위에 무거운 짐을 지우고 살았다. 어깨 위에 무거운 짐을 지고 신음하는 노예들의 어깨에서 그 무거운 짐을 벗겨주거나 덜어주려는 생각을 플라톤은 하지 않았다.

플라톤의 국가에서 인간은 국가의 구성요소이고 기능일 뿐이다. 국가의 이념과 목적이 인간보다 위에 있었다. 인간은 국가의 이념과 목적을 실현함으로써 비로소 존재할 가치와 의미를 지닌다. 이것은 인간의 이성을 인간본성의 최고단계로 보고 궁극적이고 신적인 것으로 파악한 고대 그리스철학의 당연한 귀결이었다. 산술계산과 기하학적 도형에서 드러나는 순수한 이성의 수학적 진리를 생명과 정신의 궁극적인 최고 진리로 보았기 때문에 인간 생명의 주체와 전체를 존중하고 배려하지 못하고 이성의 독재적 전체주의적 지배에 이른 것이다. 인간을 국가의 구성요소로 보고 국가의 이념과 목적을 실현하는 기능과 힘으로 파악한 플라톤의 국가 이해는 인간의 주체와 전체를 억압하고 희생시키는 국가주의적 국가 이해의 전형이다.

이에 반해 도산은 인간이 몸(體), 맘(知性), 얼(德)을 가진 존재로 보고 몸의 체력, 맘의 지력, 얼의 덕력을 기르고 키우려 함으로써 몸, 맘, 얼을 생명과 정신의 주체와 전체로 존중하고 받들고 실현하려고 했다. 민의 덕력과 체력과 지력을 기름으로써 건전한 인격을 확립하고, 민의 건전한 인격을 확립함으로써 민이 서로 주체로서 국가민족의 단결과 통일에 이르게 하려고 했다. 그는 사물과 생명과 정신의 인과관계와 작용을 중시하고 과

학적으로 분석하고 진단하고 이성적으로 판단하고 행동하려고
힘썼다. 그러나 도산은 과학적·합리적 사고 위에 책임적으로 결
정하고 행동하는 주체로서 인격을 더욱 강조할 뿐 아니라 인간
의 자기개혁을 추구하였다. 이로써 그는 이성의 지배와 통제에
서 벗어나 민의 창조자적 자유와 주체를 확립하려 했다. 도산에
게 과학기술과 이성은 민의 창조자적 자유와 주체를 실현하는
수단과 도구일 뿐이다.

　플라톤에게서 민은 국가의 구성요소와 기능일 뿐이지만 도
산에게는 민이 국가의 주인이고 주권자다. 그에게 민은 국가를
구성하고 성립시키는 구성원이면서 국가의 최고 결정권자다. 도
산은 과거에는 황제가 하나뿐이었지만 오늘에는 모든 국민이 황
제라고 했다.[8] 그에게는 민이 곧 나라였다. 따라서 민 한 사람 한
사람의 '나'는 국가에 대해서 무한책임을 지는 존재였다. 국가의
주인과 주체인 민이 일어서면 국가와 민족도 일어서는 것이고
민이 넘어지면 국가와 민족도 넘어지는 것이다. 도산은 국가와
민을 단순하게 일치시키지 않고 민을 국가 위에 놓았다. 국가의
주인과 주체인 민이 국가를 위해 있는 것이 아니라 국가가 민을
위해 있다. 민의 평화와 번영을 위해서 자유롭고 평등하고 사랑
과 정의가 넘치는 삶을 위해서 국가가 존재하는 것이다. 민이 국
가에 대하여 무한책임을 지는 것처럼 국가도 민에 대해서 무한
책임을 져야 한다.

근현대 국가주의 청산

도산의 국가 이해는 한국 민족에게서 나라와 주권을 빼앗은 일본제국주의와 맞서 싸우는 과정에서 형성되고 심화되었다. 나라를 빼앗겨서 국토와 주권을 잃고 국민만 남았기 때문에 그는 국민을 국가의 중심과 꼭대기로 보고, 주인과 주체로 세울 수 있었다. 나라를 빼앗긴 한민족이 가지고 있는 것은 저 자신밖에 없었다. 독립협회와 만민공동회 이후 나라가 망해가는 상황에서 도산이 할 수 있는 일은 민을 나라의 주인과 주체로 깨워 일으키는 것밖에 없었다. 민이 깨어 일어나면 나라를 되찾고 바로 세울 수 있다는 신념을 가지고 도산은 평생 민을 나라의 주인과 주체로 겸허히 깨워 일으키는 교육독립운동을 펼쳤다.

1896~1898년 독립협회, 만민공동회의 독립운동에서 1919년 삼일독립운동에 이르는 과정에서 도산이 일으킨 신민회, 대성학교, 오산학교, 청년학우회, 흥사단, 공립협회, 대한인국민회 등의 교육독립운동이 민을 나라의 주인과 주체로 깨워 일으키는 데 결정적 영향을 미쳤다. 민중을 나라의 주인과 주체로 깨워 일으키려는 그의 뜨거운 민주정신과 열정이 불씨가 되어서 온 민족이 일어나 '대한독립만세!'를 부르는 삼일독립운동이 일어날 수 있었다. 삼일독립운동은 식민지 쟁탈전으로 치달은 근현대국가주의에 대한 한민족 전체의 저항과 거부였다.

약소국들을 정복하여 식민지로 만든 근현대 강대국들의 국가주의는 플라톤의 국가주의와 비교될 수 있다. 부국강병을 추구한 근현대 강대국들의 국가주의 이념과 목적은 부와 권력에 대한 욕망, 다른 민족들에 대한 우월감, 자기 민족과 국가에 대한 열정과 감정(애국심)에 기초해 있다. 이 점에서 근현대의 국가주의는 욕망과 감정을 이성으로 지배하고 통제하려고 했던 플라톤의 국가주의와는 상반된다. 근현대에 민의 주체적 자각과 해방이 이루어지면서 몸의 해방이 이루어졌고, 몸의 해방과 함께 욕망과 감정의 해방과 분출이 이루어졌다. 물질적 부와 군사력을 앞세운 근현대 국가주의는 부와 권력에 대한 욕망과 충동, 국가와 민족에 대한 열정과 사랑으로 움직였다. 욕망과 감정이 지배한 근현대 국가주의는 이성의 관조를 통해 파악된 이론과 이념(이데아)을 추구하고 실현하려 했던 플라톤의 국가와는 상반된다. 그러나 민을 국가의 구성요소와 기능으로 보는 점에서는 플라톤의 국가 이해와 근현대 국가주의가 일치한다. 둘 다 국가가 인간보다 우위에 있다고 보았다. 국민은 국가의 이념과 목적을 실현하기 위한 자원(노동력)과 도구(군사)로 동원되고 이용되었다. 플라톤과 근현대의 국가 이해에서는 민을 통치의 대상으로 여겼을 뿐, 국가의 주인과 주체로 존중하지 않았다. 플라톤이나 근현대의 국가주의와는 달리 도산은 민을 국가의 중심과 꼭대기에 두고 민의 주체와 주권을 강조했다. 그에게는 민이 국가의 주체이고 실체이며 근원이고 목적이었다. 민이 곧 국가였다. 그는 평생 민의 주체적 각성과 민족적 단결을 위해 생각하고 말하고 행동했다.

한국 근현대에 독립운동을 했던 인물 가운데 민주정신과 실천의 일관성과 철저성에서 도산과 비교될 수 있는 인물은 찾아보기 어렵다. 민을 주체적으로 각성시키고, 각성된 민이 서로 주체로서 단결된 조직을 형성하기 위해서, 단결된 조직이 민족의 대동단결과 통일을 이루고, 민족의 통일된 힘으로 민족의 자주독립을 완성하기 위해서 그는 평생 변함없는 열정과 신념을 가지고 헌신하고 노력하였다. 그는 몸(體), 맘(智), 얼(德)을 주체와 전체로 존중하고 온전히 실현하려고 했다. 그는 아무리 어렵고 힘든 처지에서도 삶의 기쁨과 사랑과 아름다움의 감정을 느끼고 표현하고 이루고 나누고 베풀려고 하였다. 지식과 이론의 힘(지력)보다 몸의 힘(체력, 욕망과 감정)을 앞세우고 얼의 힘(덕력)을 가장 높이 내세움으로써, 도산은 욕망과 감정을 억압한 플라톤의 이성주의적 국가 이해를 넘어섰을 뿐 아니라 욕망과 감정을 앞세우고 조장한 근현대 국가주의의 폭력적·탐욕적 국가 이해도 극복하였다. 도산은 자유와 평화, 민주와 정의의 삶을 실현하는 진정한 민주적 국가 이해에 이르렀다.

교육사상과 철학

민을 깨워 일으켜 나라의 독립과 통일을 이루려 했던 도산의 철학은 기본적으로 교육철학이었다. 그는 교육철학의 기본내용과 실천방법을 4대 정신(무실·역행·충의·용감)과 3대육(三大育: 덕력의 교육, 체력의 교육, 지력의 교육), 공사병립과 세계대공, 정의돈수(사랑공부)와 애기애타 등으로 제시했다. 그의 교육철학은 단순한 도덕교육과 소박한 조직 활동의 차원에서 이해되고 평가되어서는 안 된다. 그의 교육철학의 기본내용과 실천방법은 생명과 영, 인격과 정신의 깊고 높은 자리에서 하늘과 땅을 아우르는 우주적 보편 정신에 비추어 이해되고 해석되어야 한다. 일찍이 그는 도덕에 대해 설명하면서 "하늘을 체험하여 차별 없이 사랑하는" 체천동인(體天同仁)을 말하였다.[9] 체천동인은 도산의 인격과 사상과 실천을 이해하는 열쇠와 같은 말이다. 도산의 인격과 정신이 얼마나 깊고 높으며 그의 기상과 뜻이 얼마나 크고 장엄한가를 알려면 그의 삶과 말과 글을 생명철학과 체천동인의 관점에서 살펴보면 알 것이다.

인간과 민족을 생명과 역사의 변화 속에서 본 도산은 인간과 민족을 근본적으로 새롭게 할 수 있고 새롭게 해야 한다고 보았다. 그는 개조(改造)에 대해서 평생 깊이 생각하였으며, 인간은 '개조하는 동물'이라고 했다. 도산이 말한 '개조'는 근본적으로 새롭게 하는 것이다. 인간은 자기와 사회를 개조하면서 위로 올라가고 앞으로 나아가는 존재다. 도산에 따르면 고대 모든 성현들의 가르침은 인간의 자기개조를 말한 것이고, 성경의 회개도 자기개조를 뜻하는 것이다. 인간의 자기개조는 인간의 본성

(인성)을 근본적으로 새롭게 하는 것이며 도덕적 영적 변화를 포함한다.[10] 한 사람 한 사람의 덕력과 체력과 지력을 기르고 습관과 버릇을 개조하여 개인의 주체 '나'를 확립하고, 조직과 단체의 공고한 단결을 이룸으로써 민족 전체의 독립과 통일에 이르고, 민족의 성격과 풍습을 개조함으로써 아름답고 부강한 나라를 만든다는 도산의 철학은 그대로 인간(인성, 전인, 민주시민)교육의 철학이다.

생명진화와 역사의 진보 속에서 인간과 민족의 본성을 보면 인간과 민족의 본성은 진화 발전할 수 있고 변화 고양될 수 있다. 아메바에서 인간까지 생명이 진화한 것이라면 생명의 본성은 끊임없이 창조되고 진화 발전되어 온 것이다. 생명진화와 인류역사 속에서 형성된 인간과 민족의 본성도 새롭게 개혁되고 창조 변화되고 진화 발전할 수 있다. 역사와 사회 속에서 인격과 민족성의 개조를 추구한 도산의 철학과 사상은 매우 현대적이고 역동적이며 도덕적이고 영성적 차원을 지니고 있다. 도산철학의 진정성은 도산 자신의 삶과 정신과 실천에서 실증되었다. 도산은 나를 사랑하고 존중하지만 나 안에 갇혀 있지 않았고, 가정을 사랑하고 존중했지만 가정 안에 머물러 있지 않았다. 생명이 물질 안에서 물질을 초월하여 끊임없이 진화 발전해 가듯이 도산은 나와 가정, 단체와 사회 속에서 그것들을 넘어서 위로 올라가고 앞으로 나아가려고 하였다.

수학적 논리와 계산을 바탕으로, 물질적 인과관계와 작용을 탐구하는 자연과학적 연구는 자연적으로 주어진 인간과 인간 본성을 현상적으로 설명하고 소개할 뿐 인간과 인간의 본성을 새롭게 변화시키거나 탈바꿈할 수 없다. 생명 공학적 연구를 통해서 인간의 유전자를 바꾸고 신체적 능력을 강화하고 개조할 수 있지만 부도덕한 인간을 성현으로 만들지는 못한다. 과학적 이성주의 철학과 사상에서는 인간의 본성을 변화시키는 인성교육 (전인교육)을 할 수 없고 인간혁명을 말할 수 없다. 몸, 맘, 얼을 아우르고 하늘과 땅과 인간을 통합하는 도산의 생명철학에서 인간교육은 가능하고 요청된다.

존 듀이와 도산

도산은 생활철학자였다. 그의 생활철학은 그의 생에서, 몸, 맘, 얼에서 깨달은 진리와 지혜에 근거한 것이다. 자신의 몸과 맘과 얼에서 확인되고 검증되고 체험된 그의 진리와 지혜는 오류와 편견에서 자유로우면서도 보편적이며 심오하다. 삶에서 깨닫고 체득한 도산의 생활철학은 동양의 학문적 전통을 계승한 것이다. 중국의 경전 서경(書經)은 학(學)을 "가르침을 받아서 깨달음을 전하는 것"(受敎傳覺悟)이라고 했다.[11] 가르침을 받아서 그대로 전하는 것이 아니라 몸, 맘, 얼로 깨달은 것을 전하는 것이다. 이에 반해 서양에서는 학문을 가리키는 말 'science',

'Wissenschaft'는 '지식'을 뜻한다. 객관적 지식과 이론 자체를 추구했던 서구의 지식학은 공부하고 탐구하는 사람의 체험적인 깨달음을 요구하지 않는다. 이런 지식학은 수학이나 자연과학에서처럼 순수한 이성의 이해에 근거한 것이다. 지식학으로서 서구의 학문은 삶과 정신의 주체적 깊이와 통일적 전체를 드러내기 어렵고 주어진 사실의 지식과 정보, 논리와 개념을 추구한다.

당시 존 듀이(John Dewey, 1859~1952)는 가장 영향력 있는 교육철학자였으나 서양학문의 이런 문제와 한계를 지니고 있었다. 예나 지금이나 서양문화와 세력이 세상을 지배하고 서양의 연구교육체계가 세계의 교육을 주도하고 있다. 그러므로 듀이의 교육사상을 공부하고 학위를 받으면 사회의 중심에서 높은 지위에 이를 수 있었다. 미국의 유명한 컬럼비아 대학교 사범대학원에서 듀이의 교육학을 연구하고 학위를 받은 것이 장리욱이 서울대 총장과 미국대사가 되는 데 큰 도움을 주었을 것이다. 그러나 그가 서울대 총장을 하고 미국대사가 되고 흥사단 운동을 이끌 때 그에게 힘을 준 것은 듀이보다 도산이었을 것이다. 장리욱이 인격과 지도력을 형성하는 데 듀이보다 도산이 더 큰 영향을 주었을 것이다. 도산에게서 배운 생활철학이 "결코 무엇과도 바꿀 수 없는 값진 것"이라고 장리욱이 말한 것은 결코 빈말이 아니었다. 장리욱은 존 듀이에게서 교육학을 배웠지만 듀이에게서 배우지 못한 교육정신과 철학을 도산에게서 배웠다. 그러므로 장리욱은 듀이에게서 교육학을 배운 다른 교육학자들과는 다른 품격과 정신을 가질 수 있었다. 《도산의 인격과 생애》와 《나의 회고록》에서 그는 군더더기 없는 정갈한 문장과 소박한 생각을 통해 깊은 생명의 진리와 아름다운 영혼의 향기를 드러냈다. 이러한 생명의 진리와 영혼의 향기는 듀이의 교육학이 아니라 도산의 정신과 철학에서 우러나온 것이다.

듀이는 실용적이고 합리적이며 민주적이고 개혁적인 교육사상을 제시하였다. 그는 원인과 결과를 중시했으며, 교사와 학생의 소통을 강조하고 학생이 수업에 적극적으로 참여할 것을 역설하였다. 실용적·합리적·민주적 개혁 사상은 도산에게도 있다. 도산도 원인과 결과를 중시했고 교육과정에서 학생의 주도적 참여를 강조했다. 듀이는 많은 책과 논문을 통해서 자신의 교육이론과 철학을 정교하고 체계적으로 정리하고 확립하였다. 도산은 저서나 논문을 내지 않았고 자신의 철학을 정교하게 체계적으로 제시하지도 않았다. 도산은 진실하고 감동적인 말과 글을 남겼을 뿐이다. 그는 소박하고 평이하게 흥사단의 강령과 이념으로 자신의 교육철학과 정신을 제시하였다.

그러나 무신론자이고 경험론자인 듀이에게는 없는 결정적인 것이 도산에게는 있었다. 듀이는 자연생명세계를 인간이 실용적으로 사용하는 대상과 도구로 보았을 뿐 자연생명세계를 주체로 존중하지 않았다. 하나님 안에서 모든 것이 살아 움직이며 서로 이어지고 소통하며 깊이 결합되어 있다고 보았던 도산은 자연생명세계를 인간 삶의 일부로서 존중하였다. 그는 자연생명세계와 주위 환경을 아름답게 닦고 가꿈으로써 인간의 인격과 정신을 바로 세울 수 있다고 보았다. 인간과 자연환경의 깊은 결속과 연대를 도산은 분명히 파악하고 실현하려 하였다. 그는 환경을 깨끗하고 아름답게 하면 인간의 인격과 삶이 깨끗하고 아름답게 된다고 믿고 그렇게 실천하며 살았다.

또한 무신론자로서 과학적이고 합리적인 사고를 가졌던 듀이의 철학에는 인간경험의 영적 차원이 결여되어 있었다. 이성주의자였고 경험론자였던 듀이는 몸, 맘, 얼을 통일하는 전인교육의 철학을 제시하지 못했다. 그러나 도산은 몸, 맘, 얼/덕, 체, 지를 통합하는 전인교육의 철학과 방법을 제시하고 실현했다. 그는 인간의 인격과 주체인 '나'의 한없는 깊이와 자유, 무한한 능력과 책임을 강조하고 민족과 인류 전체의 일치와 통일을 추구하였다. 도산의 교육철학과 정신을 바탕으로 교육이론과 교육과정, 교육행정을 정밀하고 체계적으로 탐구한다면 듀이의 교육철학보다 훨씬 심원하고 원대한 교육철학과 방법을 확립할 수 있을 것이다. 듀이의 교육철학에는 돈과 기계, 권력과 부에 기초한 산업국가문명을 자유와 평등, 정의와 평화의 세계로 개혁하고 전진시킬 영적 힘과 전망이 결여되어 있다. 그러나 과학기술과 산업을 존중하면서도 인격의 깊이와 자유에서 전체의 하나됨에 이르는 길을 열어갔던 도산의 교육철학과 사상에는 돈과 기계에 기초한 산업국가문명을 넘어서 평화롭고 정의로운 생명과 정신의 생활공동체를 실현할 힘과 전망이 있다.

도산의 생활철학

도산을 따라서 로스앤젤레스에 온 장리욱은 14개월 동안 "흥사단 일을 도우며 한편으로는 도산을 가까이 모시면서 그의 생활철학을 배울 수 있었다". 그에 따르면 "그것은 결코 무엇과도 바꿀 수 없는 값진 것이었다".[12] 도산의 생활철학은 흥사단의 이념과 정신 속에 압축되어 있다. 장리욱이 도산의 생활철학에 대해서 자세히 설명하고 있지는 않지만 도산의 삶과 행동, 정신과 가르침을 통해서 그리고 흥사단의 3대 교육(덕·체·지 교육), 4대 정신(무실·역행·충의·용감), 애기애타와 사랑공부(정의돈수), 대공정신을 통해 헤아려 볼 수 있다.

도산의 생활철학은 학문적으로 신뢰할 수 있는 것인가? 장리욱은 도산의 생활철학이 학문적 깊이와 가치를 가지고 있음을 확인할 수 있었다. 1925년 6월 어느 날 밤에 학생회 주최로 시카고의 서북대학교 소강당에서 도산특별강연회가 '애국심'을 주제로 열렸다. 그동안 도산은 일반 대중을 상대로 연설을 많이 했지만 석·박사과정의 대학원생들을 포함한 엘리트 지식인들만을 상대로 강연을 한 적은 거의 없었다. 청중의 수준을 살핀 도산은 "애국심을 고무하고 감정에 호소하는 연설이 아니라 애국심 자체를 분석하면서 그 심리적 기원과 성장, 그리고 이것이 국민생활과 어떤 관련을 갖고 있는가 하는 것 등 여러 면에서 설명하는 강연방법을 택했다." 강연을 들은 사람들에 따르면 "도산의 강연은 당시 많은 사회심리학자들의 학식과 거의 일치하고 있다는 것이었다. 다만 술어와 표현이 달랐을 뿐이라는 것이다".[13]

도산은 사회심리학을 전공한 학자가 아닌데 어떻게 당시 사회심리학자들의 학설과 거의 일치하는 강연을 할 수 있었을까? 도산은 정규적인 학교 교육을 받지 못했다. 따라서 서양의 이론적, 과학적 학문을 배울 기회가 없었다. 그러면 그의 뛰어난 학식과 이론, 철학과 사상은 어디서 온 것일까? 조순 서울대 명예교수에 따르면 "그(안창호)는 탁월한 지도자요 사상가였다. 그는 학교다운 학교에 다닌 적이 없고…… 그의 탁월한 식견과 신념은 모두 스스로 터득한 것이었다".[14] 그의 철학과 사상은 그의 삶과 정신, 생각과 행동, 활동과 일에서 우러난 생활철학이었다. 인간의 생명과 정신은 감각과 이성보다 훨씬 깊고 큰 것이다. 감각은 대상의 부분과 표면을 지각할 뿐이고 이성은 대상을 분석하고 분해하여 부분과 표면을 이해할 뿐이다. 그러나 생명과 정신은 주체와 전체로서 다른 생명과 정신의 주체와 전체에 대하여 교감하고 감응한다. 생명과 정신은 주체와 전체로서 다른 생명·정신과 관계하고 소통하고 서로 실현하고 완성한다. 따라서 생명이 깃든 인간의 몸은 머리의 이성보다 더 깊고 크게 본다. 그래서 생 철학자 니체는 머리의 이성보다 육체의 이성이 더 깊고 크다면서 '육체의 대(大) 이성'을 말했다. 머리의 이성을 가지고 이론과 철학을 만들어 내는 학자들의 정신세계는 아무리 해도 생명과 정신을 통해 진리와 지혜를 파악한 예수, 석가, 공자의 정신세계에 미칠 수 없다.

도산은 대학에서 학문을 배우고 익히지 않았으나 그의 몸과 맘과 얼을 통해서 스스로 진리와 학식을 배우고 익혔다. 삶은 개별적이고 구체적이고 주체적인 것이면서, 전체가 하나로 이어지고 통하여 교감하고 감응하는 것이다. 정신은 하나로 통하고 일치하는 것이다. 도산은 자신의 삶과 정신 속에서 주체적이면서 보편적인 진리와 지혜를 깨닫고 체득하였다. 그는 자신의 맘을 통해 다른 인간의 감정과 심리를 헤아릴 수 있었고 자신의 얼을 통해 다른 인간의 생각과 뜻을 헤아릴 수 있었다. 남에게서 듣고 배운 지식이나 책에서 익히고 머리로 짜낸 이론은 그럴 듯해 보이지만 삶의 깊이와 전체를 드러내지 못한다. 그런 지식과 이론은 치우치거나 지나친 것이기 쉽다. 그래서 한때 유행하다가도 비판을 받고 낡은 지식과 이론으로 버려지고 만다. 그러나 자신의 몸과 맘과 얼을 통해 깨닫고 체득한 지식과 이론은 삶의 깊이와 전체에서 나온 것이므로 치우치거나 지나치지 않고 삶의 깊이와 전체를 드러낸다. 그런 지식과 이론은 세월이 지나도 새로운 자극과 영감을 줄 수 있다.

안창호와 유영모, 함석헌의 사상과 철학을 연구하면서 거듭 놀란 것은 그렇게 많은 지식과 주장과 생각을 말하고 썼으면서도 오류와 편견을 찾아보기 어렵다는 것이다. 학자들, 특히 서양 학자들의 책을 보면 오류와 편견을 쉽게 찾을 수 있다. 그들은 흔히 특정한 관점에서 특정한 측면과 부분을 밝혀주지만 다른 관점에서 그리고 다른 부분에서 보면 그 오류와 한계가 분명하게 드러난다. 그러나 안창호, 유영모, 함석헌과 같은 이들은 책이나 머리를 통해서만 지식과 이론을 이해하고 받아들인 것이 아니라 자신의 몸, 맘, 얼을 통해서 느끼고 생각하고 깨닫고 체험했다. 그들의 지식과 이론은 그들 자신의 몸과 맘과 얼로 검증하고 확인한 것이다. 도산은 대학공부를 하지 않았지만 자신의 삶과 정신 속에서 몸과 맘과 얼을 통해서 깨닫고 체득했기 때문에 깊고 보편적인 진리와 지혜를 터득할 수 있었던 것이다.

도산이 사회심리학을 전공하지 않았지만 애국심에 대한 그의 강의가 당대의 사회심리학과 거의 일치했다는 평가는 결코 과장이나 아첨이 아니다. 도산은 자신의 인격과 정신을 돌이켜 보고 더듬어 보고 다듬고 세우면서 인간의 심리를 깊이 이해하게 되었을 것이다. 도산은 나이 스물에 많은 청중을 상대로 연설하면서 자신의 맘과 청중의 맘이 서로 교감하고 소통하고 일치하는 경험을 했고 이 과정에서 사회심리의 역동적인 이치와 과정을 깊이 깨닫고 이해하게 되었을 것이다. 또한 도산은 20대 초반부터 40대 후반에 이르기까지 사람들을 교육하고 조직하고 훈련하고, 그들의 힘과 뜻을 모아 민족독립운동을 이끌었다. 공립협회, 신민회, 대성학교, 청년학우회, 흥사단, 대한인국민회, 임시정부, 국민대표회를 조직하면서, 사람들을 교육하고 훈련하고 대화와 설득을 통해 끊임없이 소통하고 교감하면서 도산은 이미 경험적이고 실천적으로 사회심리의 전문가와 대가가 되었

다. 그는 누구보다 인간 개인의 심리를 깊이 이해하고 개인과 집
단과 사회의 역동적 작용과 영향 관계를 파악하고 이해할 수 있
었다.

물론 많은 단체와 기관을 조직하고 운영하고 사람들을 교
육·훈련한다고 해서 모두 사회심리학자가 된다고는 할 수 없다.
도산은 뛰어난 교육자요 대중강연자로서 언제나 과학적으로 분
석하고 체계적이고 일목요연하게 설명하는 능력과 습관을 가지
고 있었다. 도산은 학자의 능력과 자질을 풍부하게 가지고 있었
던 것이다. 대학에서 사회심리학을 전공하고 가르치는 교수들은
책을 통해 이론을 만들고 토론하지만 도산은 삶과 사회의 현장
에서 사회심리를 경험하고 형성하고 변화시켜 이끌어갔다. 단순
한 이론가가 아니라 이론을 가지고 사회 현장에서 자신과 다른
사람들의 마음을 움직이고 변화시켰던 도산은 사회심리학자들
보다 더 사회심리의 이치와 역동적 변화과정을 더 잘 이해할 수
있었다.

생활철학의 내용

도산의 생활철학은 흥사단의 기본 가르침과 수련으로 제시
되었다. 흥사단의 창단 목적은 "무실역행으로 생명을 삼는 충의
남녀를 단합하여 정의를 돈수하고, 덕·체·지 삼육을 동맹수련

하여 건전한 인격을 작성하고, 신성한 단결을 조성하여 민족전
도대업의 기초를 준비함에 있음"이다.[15] 도산이 직접 지은 이 글
귀에는 그의 생활철학이 오롯이 담겨 있다. 무실역행에서 무실
은 거짓과 공리공론을 버리고 진실하고 정직하게 살려고 지극정
성으로 애쓰고 힘쓰는 것이고, 역행은 몸과 맘이 마르고 닳도록
혼신을 다해서 힘껏 실행하는 것이다. 충의남녀를 단합한다는
것은 도산이 일찍이 남녀를 차별하지 않고 여성과 남성을 평등
하게 주체로 참여시켰다는 것을 나타낸다. 덕·체·지 삼육을 동
맹수련 한다는 것은 지도자의 지도 아래 지도자를 모방하고 닮
기 위해 수련하는 것이 아니라 주체적이고 자율적으로 적극적이
고 창의적으로 자기를 새롭게 하려고 수련하는 것이다. 또한 그
것은 저마다 홀로 명상하고 수양하는 것이 아니라 서로 격려하
고 일깨우며 스스로 배우고 익히며 함께 단체로 수련하는 것이
다. 동맹수련은 민주적이고 능동적이며 진취적인 공동체적 수련
법이다.

"건전한 인격을 작성하고 신성한 단결을 조성하여 민족전도
대업의 기초를 준비한다"는 것은 민족의 독립과 통일을 이루고
모범적인 민주공화국을 건설하기 위하여 뿌리를 깊이 내리고 기
초를 든든히 쌓는 것을 의미한다. 조선왕조의 낡은 신분질서와
일제의 식민통치를 뒤집고 민족의 독립과 통일을 이루어 민주공
화국을 건설하고 세계정의와 평화를 이루려는 원대한 뜻을 가
진 도산은 혁신적 사상가요 혁명적 행동가였다. 그러나 그는 결

코 당장 눈에 보이는 변화를 가져오기 위해서 선동하고 행동하는 사람이 아니었다. 그는 깊이 멀리 보고 생각하고 행동하는 사람이었다. 그가 보기에 민주공화국의 뿌리와 기초는 건전한 인격과 공고(신성)한 단결에 기초한 민주정신과 통일정신이었다. 뿌리와 기초가 없는 혁명은 성공할 수 없고, 뿌리와 기초가 없는 민주공화국은 모래 위에 지은 집과 같다. 그는 당장에는 눈에 보이지 않고 효과도 없어 보이는 뿌리와 토대를 놓는 일에 가장 큰 힘과 정성을 기울였다.

미래의 번영된 조국을 위해서 그는 씨를 뿌리고 뿌리를 깊이 내리고 기초를 든든히 쌓는 일을 하였다. 그것은 당장 눈에는 뵈지 않지만 한 사람 한 사람의 맘과 얼 속에 민족의 정신과 역사 속에 독립정신과 민주정신의 불씨를 심는 일이었다. 그가 쾌재정의 연설에서 마지막 죽을 때까지 민족교육운동을 하면서 우리 겨레의 가슴과 역사 속에 심어놓은 그 불씨는 삼일독립운동과 4·19혁명과 촛불혁명으로 타올랐고 한국의 산업화와 민주화를 이루는 정신적 동력이 되었다. 일제의 식민통치, 남북분단과 민족전쟁, 군사독재의 어둡고 고통스러운 역사를 거치고 자원과 기술과 자본이 없는 가난한 한국이 그토록 짧은 기간에 민주화와 산업화를 이룬 기적의 비결은 도산이 앞장서 일으킨 민족교육운동에 있었다.

흥사단의 교육과 훈련은 덕·체·지를 기르고 닦는 데서 시작한다. 덕과 체와 지는 인간의 한 부분이나 요소가 아니라 저마다

인간의 주체이며 전체다. 덕과 체와 지의 관계는 더하기의 관계
가 아니라 곱하기의 관계다. 덕은 체와 지를 반영하며 체는 덕과
지를 반영하고 지는 덕과 체를 반영한다. 덕·체·지의 서로 다른
차원들이 중층적·복합적으로 결합되어 있다. 덕·체·지의 통일
속에서 덕을 기르고 체를 기르고 지를 기르는 것은 인격과 정신
의 차원을 한없이 깊고 높고 크게 확장하고 열어가는 것이다. 이
것은 덧셈이 아니라 곱셈이고 곱셈이 아니라 기하급수적으로 차
원변화를 해가는 것이다. 인격의 깊이와 높이와 크기는 이웃과
의 사회적 관계로 나아가서 공동체적 조직의 신성한 단결을 이
루고 작은 조직들의 신성한 단결은 민족과 세계의 평화로운 통
일로 이어진다.

　도산이 창안하여 제시한 흥사단의 기본 이념과 실천은 기존
의 서구철학과 동양철학의 관점에서 보면 그 의미와 가치가 잘
드러나지 않는다. 자연과학에 기초한 서구철학은 감각과 이성에
기초한 학문이다. 감각과 이성은 사물과 생명의 한 부분과 표면
을 정밀하고 확실하게 파악할 수 있지만 생명과 정신의 자유롭
고 깊은 주체와 통일적인 전체를 보고 이해하기는 어렵다. 그러
므로 인간의 주체와 전체를 실현하고, 새롭게 하는 생활철학에
이르기 어렵다. 동양철학은 생의 체험과 깨달음에 기초하므로
생의 주체와 전체를 함께 이해할 수 있다. 그러나 주체와 전체의
두루뭉술한 합일을 추구하는 동양철학은 개별적 주체의 구체적
현실을 파악하기 어렵고 개별적 주체의 창의와 개성을 강조하기

어려우며 주체와 전체의 역동적이고 창조적인 일치와 변화의 과
정을 이해하고 제시하기 어렵다.

변화와 혁신을 추구한 도산의 생활철학은 땅의 물질에서 생
명과 정신을 거쳐 하늘의 얼과 신에로 나아가는 생명진화와 인
류역사의 관점에서 그리고 하늘(얼, 덕)과 땅(몸, 체)과 인(맘, 지)
의 합일 속에서 이해되어야 한다. 도산은 매우 현실적인 사람이
었다. 구체적인 현실의 조건과 역량을 중시했다. 따라서 주어진
자리에서 저마다 힘을 기를 것을 역설했다. 또 과학적·이성적
사람이었다. 주어진 현실과 역량을 과학적으로 분석하고 연구하
여 현실에 적합한 대안을 제시했다. 그리고 기독교의 하나님 신
앙을 받아들인 도산의 삶과 정신에는 하늘의 영적 차원이 깊이
박혀 있었다.

1907년 12월 8일에 도산이 서북학생친목회에서 행한 연설
에는 생활철학의 핵심이 잘 드러나 있다. "도덕이란 것은 하나님
(上天)이 내게 주신 것을 받은 것이라 맘과 몸에 있는 것이고 그
것을 사물에 행하여 하늘을 체험하여 차별 없이 평등하게 사랑
으로 대하고 남을 나처럼 사랑하여 인류사회에 서로 살리고 서
로 기르는 요소다."[16] 도덕은 하나님이 내게 주신 것이라고 했다.
자연주의와 인간주의를 넘어서 도덕을 하늘(하나님)과 직결시
켰다. 그러나 도덕은 '나'의 몸과 맘에 있는 것이고 일과 물건에
적용하여 행하는 것이다. 도산이 생각한 도덕은 하나님(하늘)과
인간의 몸과 맘, 땅의 일과 물건을 아우르는 것이다. 또한 도덕

은 하늘을 체험하여 하늘을 본받아 차별 없이 평등하게 사랑으로 대하는 것이다. 도덕은 남을 나처럼 사랑하여 인류사회에 서로 살리고 서로 기르는 요소다. 도산에게 덕력은 하늘을 체험하여 하늘처럼 차별 없이 사랑으로 대하고 서로 살리고 서로 기르는 힘이다. 도산은 역사와 사회의 구체적 현실에서 살면서 하늘의 자리에서 하늘의 심정으로 살았다.

도산이 이렇게 하늘(사랑), 인간(몸, 맘), 땅(일과 물건)을 아우르는 철학자가 된 것은 삶에 충실한 생활철학자였기 때문이다. 머리로 하는 이론과 관념의 철학은 치우치거나 전문적이고 부분적일 수 있다. 그러나 생명을 사는 생활철학은 치우치거나 부분적일 수 없다. 생명은 땅의 물질적 현실과 인간의 생명과 정신, 그리고 하늘의 얼과 신을 아우르는 것이기 때문이다. 생명은 땅의 물질 안에서 물질을 초월한 것이며 인간의 정신을 넘어 하늘의 얼과 신을 지향하는 것이다. 인간은 오랜 생명진화 끝에 땅의 물질세계를 두 발로 딛고 하늘을 향해 곧게 일어선 존재다. 인간은 자신의 몸, 맘, 얼의 실현과 통일을 통해서 생명진화와 천지인합일을 실현할 본분과 사명을 가진 존재다. 욕망과 감정과 지성과 영성을 실현하고 완성하여, 생명진화(진보)와 천지인합일을 이루는 것이 인간의 본분과 사명이다. 인간의 본분과 사명을 이루려 했던 도산은 생명의 모든 차원, 몸의 물질과 본능, 맘의 감정과 의식, 생각과 지성, 얼(뜻)과 신(神)을 각각 긍정하고 존중했고 이 모든 차원을 통합적으로 실현하고 완성하려고 했다.

　　인간은 파충류의 본능(식욕, 성욕)과 포유류의 감정을 정화하고 승화하여 육체적 본능과 심리적 감정을 지성과 영성에로 변화 고양시킬 사명을 가지고 있다. 파충류, 포유류와 인간의 얼굴을 비교해보라. 인간의 얼굴이 얼마나 품위 있고 아름답고 고귀한가! 인간의 본능은 파충류의 본능과 같지 않고 인간의 감정은 포유류의 감정과 같지 않다. 인간의 본능과 감정이 파충류의 본능과 포유류의 감정과 비슷하고 같은 점이 많지만 또 다른 점도 많다. 인간의 본능, 식욕과 성욕에는 원초적인 생존의지와 욕구만 있는 게 아니라 위대한 지성과 거룩한 영성이 깃들어 있다. 인간의 식욕은 생존본능의 욕구를 넘어서 예수의 살과 피(정신과 뜻)를 먹고 마시는 거룩한 성만찬(공동체)이 될 수 있다. 인간의 성욕은 종족보존의 본능과 쾌락의 욕구를 넘어서 아름답고 거룩한 가족을 만들 수 있다. 인간의 욕망과 감정은 지성과 영성을 품고 정화되고 고양되어 하늘의 뜻을 이루는 나라를 땅 위에 세울 수 있다. 땅의 물질 안에서 물질을 초월한 생명은 하늘의 기쁨과 사랑을 품은 것이고 서로 자유로우면서 모두 하나가 되는 나라를 꿈꾸는 것이다. 도산의 삶과 정신 속에서 평생 생명의 기쁨과 사랑이 마르지 않았다. 어떤 고난과 시련 속에서도 도산은 삶의 기쁨을 잃지 않고 끝까지 사람다운 얼굴을 지키며, 인격을 새롭게 하여 깊고 높게 세우고, 두터운 사랑으로 서로 하나 되는 나라를 이루어갔다.

생활철학의 세 원리

놀고먹으면서 평민을 억압하고 수탈하며 공허한 말을 하고, 거짓과 속임이 뼈에 젖은 한국 사회를 도산은 비판했다. 그는 낡고 부패한 사회를 뒤집는 민주적 혁명의식과 정직과 진실을 추구하는 무실역행을 함께 강조했다. 사회를 혁신하고 바로 세우기 위해서 먼저 인간의 정신혁명과 인격개조가 이루어져야 한다고 보았다. 낡은 정신과 자아가 끊임없이 혁신되고 새로운 정신과 자아를 가져야 새로운 나라를 세울 수 있다. 그가 내세운 생활철학의 3원리는 자아혁신, 애기애타, 대공주의다. 그가 실행한 인간교육의 3원칙은 덕력과 체력과 지력을 기르는 것이다. 인간은 마땅히 덕스럽고 몸이 튼튼하고 슬기로운 사람으로 되어야 한다. 그가 제시한 흥사단의 생활준칙은 지극정성을 다하여 진실에 힘쓰며, 현실적이고 실질적인 일을 힘껏 행하고, 충성하며 의리를 지키고, 용감하게 행동하는 것(4대 정신)이다.

도산이 내세운 세 원리, 즉 자아혁신, 애기애타, 대공주의에 대해서 생각해 보자. 세 원리는 도산의 삶과 사상에 일관된 것이다. 대공사상은 도산이 말년에 짧게 말했고 자세한 설명은 없다. 그러나 전에 없던 전혀 새로운 사상을 말한 것은 아니다. 도산에게 대공사상과 정신은 일찍부터 있었던 것이다. 민주평등의 정신을 가지고 이해관계, 당파주의, 소영웅주의를 버리고 이념과 주장의 차이를 넘어서 민족전체, 더 나아가 세계전체의 자리에

서 생각하고 말하고 행동하여 민족의 대단결과 통일을 이루자는
것이 도산의 대공사상과 정신이다. 이것은 쾌재정의 연설에서부
터 죽을 때까지 도산의 생애 전체에 일관된 것이다.

도산은 애기애타의 정신으로 평생을 일관하였다. 공자는 충
서(忠恕)로써 일관되게 살았다고 하였다. 충직한 맘을 지키면서
남을 용서하며 산다는 공자의 가르침 '충서'보다 나를 사랑하고
남을 사랑하라는 도산의 가르침 '애기애타'가 더 적극적이고 능
동적이며 깊고 높다. 애기애타의 정신은 덕·체·지를 기르는 건
전인격에서 시작되고 건전인격은 거짓과 공론의 타성에 빠진 자
아의 혁신에서 시작된다. 자아혁신은 주위 환경의 혁신에 이르
고 사회와 역사의 혁신에 이른다. 자아혁신과 애기애타의 삶을
추구한 도산은 전체의 자리에서 생각하고 판단하고 결정하는 대
공(大公)사상을 주장했다.

애기애타의 원리는 자아혁신과 대공주의(大公主意)를 결합하
는 통일의 원리다. 자아혁신은 나의 인격을 새롭게 하는 것이고
대공주의는 사사로운 나를 넘어서 전체(민족, 인류, 우주)의 자리
에 서서 생각하고 판단하고 행동하자는 것이다. 자아혁신을 하
여 건전한 인격을 가진 사람만이 애기애타를 할 수 있고 대공(大
公)의 자리에 이른 사람만이 애기애타를 할 수 있다. 뒤집어 말
하면 애기애타는 자아혁신과 대공에 이르는 실천 방법과 원리
다. 나를 올바로 사랑하는 것은 나를 자라게 하고 성숙하게 할
뿐 아니라 품격이 높은 사람이 되게 하는 것이다. 그러므로 나를

사랑하는 애기는 나의 거짓과 게으름에서 벗어나 곧고 바른, 힘 있고 품격 있는 사람으로 되는 자아혁신의 방법이다. 또한 애기애타는 대공정신을 실천하는 원리이고 방법이다. 자아혁신, 애기애타, 대공주의는 서로 순환적이며 맞물려 있다. 그러나 세 원리의 중심에는 '나'가 있으며 '나'를 사랑하고 존중하는 데서 세 원리는 시작된다.

나를 가장 사랑하는 방법은 나의 덕과 체와 지를 닦고 기르고 높이는 것이다. 남을 사랑하는 이타는 남의 자리에서 남을 생각하고 존중함으로써 대공에 이르는 길과 방법이다. 전체의 공적인 자리에 서서 생각하고 행동하지 않으면 민주, 정의, 평화를 위한 모든 이념과 정신은 흔들리고 모든 연대와 조직은 허물어진다. 애기애타와 대공주의를 실현하기 위해서는 끊임없는 자아혁신이 요구된다. 자아가 새롭게 혁신되지 않으면 나를 사랑하고 남을 사랑할 수 없고 전체의 공적인 자리에서 생각하고 행동할 수 없다. 애기애타의 사랑공부를 통해서 자아혁신을 끊임없이 하지 않으면 대공의 자리에 이를 수 없다.

안창호는 자아혁신, 애기애타와 함께 전체의 자리에 서는 대공주의를 큰 원칙으로 내세웠다. 자아혁신은 인간 내면의 원리이고 애기애타는 사회관계의 원리이며 대공주의는 개인과 사회를 아우르는 대통합의 원리다. 자아혁신은 애기애타와 대공주의의 시작이고 토대이다. 자아혁신이 없으면 애기애타도 대공주의도 공허한 말이 된다. 안창호가 말한 자아혁신은 인간정신의 내면에 갇힌 종교·도덕적 변화가 아니다. 그것은 사회와 국가와 세계의 혁신을 가져오는 실천적·행동적 자기 변화다. 나를 변화시킴으로써 나라가 변화하고 나라를 변화시킴으로써 내가 변화한다.

그의 자아혁신은 '나'를 나라의 중심과 주체로 발견하고 나의 책임을 아는 데서 시작된다. '나'를 민족과 나라의 중심과 주체로 본 도산은 '나'에게 역사와 사회의 무한책임을 돌렸다. 그는 망국의 책임도 '내'게 돌렸다.[17] '우리 민족' 각자가 한국은 '내것'이요, 한국을 망하게 하거나 흥하게 하는 것이 '내게 달렸다'고 자각하는 때에 비로소 민족부흥의 여명이 온다는 것이다. 책임을 남에게 전가하는 것은 비굴한 자의 일이요, 민족의 분열을 초래하는 원인이라고 보았다. 남에게 책임을 돌리지 않고 스스로 책임을 지는 것이 '나'를 발견하는 것이고 진실하고 정직한 삶에로 들어가는 것이다.

거짓과 공론(空論)이 우리 민족의 가장 큰 결함이라고 본 도산이 내놓은 대책은 무실역행(務實力行)이었다. 도산에게는 참된 행실을 하는 건전인격을 세우는 것이 가장 긴급하고 중요한 일이었다. 민족의 혁신은 자아혁신에서 시작하고 자아혁신은 민족혁신으로 귀결된다. 자아혁신과 민족혁신 이 두 마디 속에 도산의 민족운동이념의 전체가 포괄되어 있다. 도산은 우리나라에 인물이 부족함을 탓하지 말고 스스로 인물이 되는 공부를 하여 인물이 되라고 권고했다. "왜 우리 중에는 인물이 없나? 우리 중

에 인물이 없는 것은 인물 되려고 마음먹고 힘쓰는 사람이 없는
까닭이다. 인물이 없다고 한탄하는 그 사람 자신이 왜 인물 될
공부를 하지 아니하는가."18 인물이 되고 안 되고는 제게 달렸다.
우리나라에 인물이 많이 나는 길은 오직 저마다 인물이 될 결심
을 하고 공부를 하는 것이다. 저마다 나라의 주인과 주체로서 국
민 구실을 제대로 할 자격을 갖추기 위하여 덕·체·지를 수련하
는 것이다.

자기수련의 동기와 목표

    자아혁신을 위해서 도산은 끊임없이 자기를 수련하였다. 도
산의 끝없는 수련의 동기와 목표는 민족의 독립과 통일에 있었
다. 도산에 따르면 민족의 운명은 힘으로 결정되는 것이고 그 힘
은 민족 각 개인의 덕력(德力)과 체력(體力)과 지력(智力)의 총화
였다. 정치력, 경제력, 병력은 이러한 개인의 힘의 조직이요 결과
였다. 자연계의 모든 현상이 힘의 인과 관계에 있는 것처럼 인사
(人事)의 흥망성쇠도 힘의 인과로 이루어진다. 나라가 망한 것은
민족 각 개인에게 힘이 부족했기 때문이다. 나라의 독립을 되찾
고 이를 빛나게 유지하려면 국민 각 개인의 힘을 양성하여 이것
을 조직하는 길밖에는 없다.19
    도산은 자연계에 우연이 없는 것처럼 인류의 역사에도 결코

우연이 없다고 보았다. 역사에서 우연은 결국 인간의 무지에서 비롯된 것이다. 역사에서 원인과 결과를 만드는 것은 인간의 힘이다. 힘 있는 자에게는 언제나 기회가 오는 것이지만 힘없는 자에게는 기회가 소용이 없다. 청일전쟁의 결과로 독립이 왔으나 한민족은 그 독립을 지키지 못했고 1차 세계대전으로 좋은 기회가 왔으나 이 기회를 우리 것으로 만들 힘이 없었다. 이것을 원통하게 여긴 도산은 "우리 각자가 저를 교육하고 수련하여 다음에 오는 기회를 놓치지 말도록 예비하여야 한다"[20]라고 청년동지를 격려하였다. 당시 급진적인 사람들은 도산을 비전론자(非戰論者)요 점진론자(漸進論者)라고 비난하였다. 이에 대해 도산은 여러 차례 이렇게 말했다. "경술국치 이래로 우리는 언제나 '싸우자, 싸우자' 하였소. 그러나 싸울 힘을 기르는 일을 아니하였소. 그러하기 때문에 언제까지나 싸우자는 소리뿐이요, 싸우는 일이 있을 수 없었소."[21]

나라의 독립은 각 개인의 힘과 그 힘의 조직에서 시작된다. 따라서 나라를 잃은 한민족의 첫째가는 의무는 덕·체·지 3육을 끊임없이 행하여 자기가 먼저 독립국민의 자격과 역량을 구비하는 것이다. 도산의 끊임없는 자기수련은 자기를 사랑하는 애기의 길이고 남을 사랑하는 애타에 이르는 길이었다. 그의 자기수련은 나라의 독립과 통일을 이루는 길이고 세계대공에 이르는 길이었다. 그는 세계대공을 말하였으나 민족을 배제한 관념적 세계주의를 주장하지 않았다. 그는 주어진 삶의 현실에 충실한 사람이었다. "개인은 제 민족을 위하여 일함으로써 인류와 하늘에 대한 의무를 수행한다. …… 내 소리가 들리는 범위를 위하여 말하고, 내 손이 닿는 범위를 위하여 사랑하고 돕고 일하라. 이것이 인생의 바른 길이다."[22]

애기애타의 정신과 원리는 서로 주체로서 상생하고 공존하는 공동체적 삶의 정신과 원리이고, 스스로 다스리고 서로 돕는 자치와 협동의 정신과 원리다. 나를 존중하고 사랑하는 것은 자치의 원리이고 남을 사랑하고 존중하는 것은 협동의 원리다. 나를 사랑하지 못하면 남을 사랑할 수 없다. 나를 사랑하고 남을 사랑하면 서로 주체가 되어 저마다 저답게 살면서 더불어 돕고 섬기는 삶을 살 수 있다. 자치와 협동은 저마다 저답게 되어 주체(나)의 깊이와 자유에서 전체가 하나로 되는 과정이다. 그것은 서로 자기를 실현하고 완성하면서 소통과 사귐 속에서 나를 사랑하고 남을 사랑하는 일이다. 그것은 함께 자라고 커가는 기쁨과 신명, 사랑과 평화가 넘치는 축제의 과정이다. 그것은 인성을 실현하고 완성하는 일이며 감성과 지성과 영성을 표현하고 드러내고 실현하고 고양시키는 일이다.

자아가 새롭게 혁신되지 않으면 나를 사랑하지도 못하고 남을 사랑하지도 못한다. 전체의 공적인 자리에서 생각하고 행동할 수도 없다. 그러므로 안창호는 사회를 혁신하고 바로 세우기 위해서는 먼저 인간의 정신혁명과 자아혁신이 이루어져야 한다고 보았다. 낡은 정신과 자아가 끊임없이 혁신되고 새로운 정신과 자아를 가져야 새로운 나라를 세울 수 있다. 안창호가 내세운 원칙(3대육)과 준칙(4대 정신)은 자아혁신의 원칙이며 민주생활원칙이며 인간교육의 실천원리다. 이런 원칙과 준칙을 가지고 사는 사람은 도산 자신이 그랬던 것처럼 늘 새롭고 싱싱하고 미더운 사람이 된다. 그 사람은 주위 생활환경과 사회 환경을 깨끗하고 아름답게 바꾸어간다. 그 사람은 인간관계를 돈독하게 하며 새 나라, 새 시대를 만들어간다.

민족(민중)과 하나로 되는 체험을 한 도산은 자아혁신과 애기애타와 대공주의를 체화하고, 민족 한 사람 한 사람의 '나'와 민족 전체를 하나로 일치시키는 신념과 철학에 이르렀다. 민족(나라, 민중)과 나를 일치시킨 도산은 민족의 모든 허물과 책임을 내가 짊어져야 한다고 보았으며, 민족을 독립시키고 구원하는 일도 내가 해야 한다고 하였다. 그의 철학과 사상의 중심에는 두 가지 과제가 있었다. 그 하나는 낡고 무력한 자아를 혁신하여 건전한 민주시민의 인격을 확립하는 일이고, 다른 하나는 거짓된 언행과 당파적 분열을 극복하여 민족 전체의 통일을 이루는 일이었다.

땅의 흙과 하늘의 정신으로 이루어진 생명의 본성과 원리는 하늘과 땅, 정신과 물질의 본성과 원리를 드러내고 실현하고 완성하는 진실한 것이다. 생명의 본성과 원리를 주어진 역사와 사회 속에서 충실히 실현하고 완성하려 했던 도산의 정신과 철학은 하늘과 땅과 인간사회에 두루 통달하여 깊고 높고 컸다. 그런

정신과 철학을 가지고 살았으므로 도산 안창호는 언제나 진실하고 당당했으며, 아무것에도 얽매이거나 거리낌이 없었고, 어떤 경우에도 위축됨이 없었다.

2부

인간교육과 철학

1장

안창호·이승훈의 교육입국운동

한국현대사에서 안창호와 이승훈의 교육입국운동은 독립과 민주화를 위한 운동으로서 그리고 교육정신과 운동의 모범으로서 큰 의미를 지니고 있다. 그리고 안창호·이승훈의 교육입국운동은 유영모와 함석헌의 씨올사상이 형성된 역사적 배경과 뿌리라는 점에서 씨올사상 연구를 위해서도 주목될 필요가 있다.

1950년대 이후 줄기차게 함석헌은 안창호와 이승훈의 정신을 내세웠으나 급진적 혁명사상과 사회과학주의에 경도된 1970~1980년대 운동권 지식인들은 안창호와 이승훈의 정신과 운동을 도덕적 인격주의, 점진적 개량주의로 낮추어 보고 외면하였다. 높은 인격과 도덕적 품격을 가지고 민중을 깨워 일으켜 주체적 자각과 자발적 참여로 이끌었던 안창호와 이승훈의 교육정신과 운동을 폄하하고 외면한 것은 1970~1980년대 운동권 지식인들의 지성사적 편향과 오류를 보여 준다.

일본 도쿄 대학교에서 철학을 가르쳤던 오가와 하루히사 교수는 한·중·일 근현대 사상 전문가이다. 그는 안창호와 이승훈의 삶과 정신을 매우 높이 평가했다. 한·중·일 근현대의 사상가들과 정치인들 가운데 안창호와 이승훈처럼 겸허하고 성실하게 사랑으로 사람 만들기에 헌신한 인물은 없다는 것이다. 오가와 교수는 자유와 평등의 고귀한 이념을 추구한 사회주의사회가 실패한 것은 사람다운 지도자가 없고 사람다운 인민이 없기 때문이라고 하였다. 오가와 교수에 의하면 자유·평등·민주주의·인권의 사상에서 인류는 사상 최고의 단계에 도달하고 있다. 그러나 산업자본사회에서 인간이 부패하고 타락했기 때문에 이를 실천할 사람이 없다고 하였다. 자연생명세계의 위기와 산업자본사회의 타락에서 인류와 세상을 구하기 위해서 절실히 필요한 것은 자발적 헌신성을 가진 사람다운 사람이다. 오늘의 가장 큰 문제는 사람다운 사람이 없다는 것이다. 안창호·이승훈의 교육운동은 사람 만들기 운동이었다. 오가와 하루이사 교수는 안창호·이승훈의 정신과 사상을 연구하여 한·중·일의 동북아에서부터 먼저 사람 만들기 운동을 벌여야 한다고 주장하였다.[1]

21세기의 생태학적 위기와 사회경제적 양극화를 극복하기 위해서는 민중과 시민의 주체적 자각과 실천, 민중의 자발적 헌신성에 기초한 협동조합과 자치생활공동체가 요구된다. 민중 한 사람 한 사람의 주체적 자각과 자발적 참여를 요구하는 오늘의 이런 사회정치적 상황은 민중 한 사람 한 사람을 깨워 일으켜 주

체로 세우려 했던 안창호와 이승훈의 교육운동에 대한 진지한
관심과 논의로 이끈다. 더욱이 학교폭력과 자살로 드러난 한국
교육의 근본문제와 위기상황은 안창호와 이승훈의 교육입국운
동을 더 이상 외면할 수 없게 한다.

교육운동의 시작: 독립협회와 만민공동회

동학혁명운동이 장엄하게 실패하고 나라가 망해가는 큰 위
기 속에서 나라를 되찾고 바로 세우는 민중교육운동이 크게 일
어났다. 충분한 교육과 훈련 없이 일어났다 참혹하게 실패한 동
학혁명 운동에 대한 반성으로 독립협회와 만민공동회의 교육운
동이 전국에서 들불처럼 일어났다. 개화정부와 고종황제도 교육
의 중요성을 깨닫고 선교사들과 한국 교육자들의 학교설립을 격
려하고 지원했다.

서재필과 윤치호가 주도한 토론회와 강연회에서 민중을 계
몽하고 정부의 시책들을 비판하자 집권 관료층은 이탈하고 새로
운 지식계층들이 떠오르기 시작했다. 이들은 신분차별과 불의한
사회질서를 타파하고 민중의 재산과 권익을 보호하려고 하였다.
농업 중심의 경제를 상공업 주도의 산업경제로 발전시키려 했
다. 자유로운 무역과 국내 상업, 광산 등 각종 산업개발, 기술교
육, 은행 설립 등을 장려하였다.

독립협회 활동 후기에는 민중이 자발적·주체적으로 참여하는 만민공동회가 여러 차례 열렸다. 지식인 시민들의 조직이 지역으로 확대되고 각계각층의 사람들이 만민공동회에 참여하여 개혁과 독립을 위해 발언하였다. 백정 출신 박성춘도 만민공동회에서 연설하면서 아래로부터의 변혁의지가 분출되기도 했다. 지식인 시민 세력이 결집되고 정부의 개혁과 쇄신에 대한 이들의 요구가 분출하자 정부는 서재필을 추방하고 1898년 12월에 독립협회와 만민공동회를 강제로 해산시켰다. 이로써 독립협회와 만민공동회의 활동도 실패로 끝나고 말았다.

독립협회를 주도한 인물들(서재필, 윤치호, 이상재, 이승만)은 정신과 사상에서 아직 동서정신문화의 깊은 만남에 이르지 못했고, 민중의 주체적 자각에 대한 깊은 성찰에도 이르지 못했다. 민중은 아직 계몽의 대상으로 머물렀고 민중을 역사와 정치의 주체로 파악하지 못했으며, 민중과 하나 되는 체험에 이르지 못했다. 서재필과 윤치호는 민중을 무지하고 무력하고 게으른 존재로 여기고 민중을 멸시하고 불신했다.[2] 이처럼 독립협회를 이끈 지도자들은 민중을 주인과 주체로 섬기는 민주정신, 동서정신문화를 아우르는 세계시민적 보편정신에 이르지 못했다. 한국인, 동아시아인으로서의 자부심과 문화적 주체성을 갖지 못했고, 서구 정신문화(기독교와 민주주의)의 뿌리와 깊이를 제대로 파악하지 못했다. 자신의 삶의 뿌리와 깊이를 꿰뚫어보는 확고한 인생관을 지니지 못했고 세계를 하나로 보는 궁극적 세계관을 지니지 못했다. 민중을 역사의 주체와 목적으로 보는 역사관을 정립하지 못했다. 그러므로 민중과 함께 민중을 깨우고 섬김으로써 민중을 주체로 일으키고 나라를 바로 세우는 운동을 계속하지 못했다. 여건이 좋거나 나쁘거나 살거나 죽거나 목숨을 걸고 민중을 일깨우고 민중과 함께 역사를 바로 잡는 일에 헌신하지 못했다.

독립협회와 만민공동회의 민중교육운동은 분명한 한계와 문제를 가지고 있음에도 한국근현대사에서 차지하는 비중과 의미는 높이 평가되어야 한다. 서구의 정신문화를 받아들여 민족을 일깨우고 나라를 쇄신하려 했던 실학과 개화파의 전통을 계승했고, 민을 주체로 일으켜 참여하게 했다는 점에서 동학의 혁명운동을 계승했다. 불완전한 미완의 교육운동이었으나 전국에서 들불처럼 교육운동이 일어나게 했고 민중교육운동을 통해서 안창호와 이승훈의 교육운동과 삼일운동이 싹터 나오게 되었다.

실학에서 교육독립운동까지

안창호와 이승훈은 나라가 망하고 일제의 식민지가 되었을 때 나라의 토대이고 주체인 민(民) 한 사람 한 사람을 주체로 깨워 일으킴으로써 나라를 되찾고 바로 세우려 했다. 이들의 교육입국운동은 민족 전체를 대상으로 한 사람 한 사람을 깨워 일으키는 교육을 통해서 민족독립과 해방의 길을 추구했다는 점에서 큰 의미를 지닌다. 민족 전체의 정신을 깨우고 민족의 정신수준을 높이는 교육을 통해서 지속적으로 독립운동을 했던 사례를 세계사적으로 찾아보기 어렵다.

안창호와 이승훈은 한 사람 한 사람의 건전한 인격을 세우려고 힘썼고 민족 전체의 자리에서 민족의 교사로 평생 몸과 마음을 바쳐 살았다. 이들은 혼신을 다해서 지극정성으로 민족 한 사람 한 사람을 주체로 깨워 일으키고 사심 없이 민족 전체를 하나로 통합하려고 애썼다. 이 점에서 안창호와 이승훈은 민족의 스승이고 교사의 참된 모범과 귀감이 되었다. 이들의 순수한 영혼, 뛰어난 인격, 한 사람 한 사람에 대한 사랑과 정성, 민족 전체를 끌어안는 공평무사한 정신과 자세는 한국 민족뿐 아니라 인류의 큰 스승으로 모자람이 없다.

교사로서 안창호·이승훈의 위대한 인격과 자질, 헌신과 실천은 어떻게 닦여져 나온 것일까? 이들의 개인적 자질과 노력, 시대의 환경과 요청이 이들을 민족의 위대한 교사로 만드는 데 큰 구실을 했다. 그러나 그것만으로는 위대한 교사로서 이들의 정신과 삶을 설명할 수 없다. 17세기 초 실학운동에서 20세기 초 교육독립운동에 이르는 300년의 민족사가 안창호와 이승훈과 같은 인격과 정신, 실천과 활동에 이르는 길을 열어왔다.

이들이 추구한 민족교육의 목적은 건전한 인격의 확립과 민족 전체의 단결과 독립이다. 정직하고 용감한 인격과 민족의 단결에 이르기 위해 이들 자신이 가장 먼저 그리고 가장 진지하게 그런 인격을 갖추고 민족 전체의 단결과 독립을 위해 헌신하였다. 개인의 자주적 인격과 민족의 자주적 통일을 향한 이들의 노력과 헌신은 수백 년 민족사의 시행착오와 좌절과 실패를 거쳐 닦여진 것이다.

300년 민족사의 시행착오는 교육입국운동을 향한 구도자적 과정이었다. 실학자들의 사상운동은 300년 전쯤 민족의 자각운동으로 시작되었다. 그때까지 중국의 정치문화에 예속되었던 조선사회의 지식인 학자들은 우리 역사와 문화를 잊고 신농씨, 복희씨, 요, 순, 우를 말하고 중국의 고전인 사서오경을 공부하고 중국의 성리학자들보다 더 충실한 성리학자가 되었다. 그림을 그려도 중국식으로 중국의 산수(山水)를 그렸다. 서양의 새로운 학문과 정신문화에 접한 실학자들은 비로소 우리 역사와 문화, 정치와 경제에 주목하고 우리나라 지도를 만들고 민생을 위한 정책을 제시하였다. 화가들은 자신들의 눈으로 우리의 산수를 그리기 시작하였다.

한국 근현대사에서 실학의 한계와 실패는 분명하다. 실학자들은 정책제안에 그치고 민의 정신을 새롭게 하지 못했다. 조선왕조의 시대적 한계를 벗어나지 못했다. 실학을 완성한 다산 정약용도 민을 정치와 교육의 대상으로 본 민본 애민사상에 머물렀을 뿐 민을 정치와 교육의 주체로 보는 민주사상과 실천에 이르지 못했다. 실학파의 후예인 급진개화파는 민과 무관한 지식인 엘리트의 급진적인 정치개혁을 추구하다 실패했다. 급진개화파는 민족의 주체적 역량을 확보하지 못하고 일본군에 의지하여 쿠데타를 일으켰으나 삼일 만에 권력을 뺏기고 사형을 당하거나 망명하였다.

실학자들과 개화파가 지식인 엘리트로서 위로부터 개혁을 추구했다면 동학혁명은 아래로부터 민중과 더불어 시작했다. 동학은 민중을 중심과 주체로 세웠지만 동학혁명의 역사적 한계도 분명했다. 동학혁명은 봉건왕조를 혁파하고 나서 새로 세울 나라에 대한 민주적 원칙과 구상을 가지지 못했다. 현대식 훈련과 교육을 받지 못하고 낡은 무기를 가진 동학혁명군은 현대화된 무기를 가지고 체계적인 군사교육을 받은 일본군을 상대하기에는 한참 부족했다. 그리고 주문과 부적을 내세움으로써 민의 맑은 정신을 깨워 일으키는 교육운동으로서는 한계가 있었다.

실학과 개화파의 개혁, 동학의 혁명이 실패하고 나서 생겨난 독립협회와 만민공동회는 처음부터 민중의 계몽(교육)과 민족의 자주독립을 추구했다. 나라가 망하는 과정에서 민중을 깨워 일으켜야 한다는 생각이 수많은 독립지사들과 민족지도자들 사이에 사무쳤다. 교육에 대한 목마름과 열정이 민족 전체에 가득 차게 되었다. 20세 청년으로서 안창호는 독립협회와 만민공동회에서 민족을 각성시키는 연설을 함으로써 새로운 인물로 우뚝 섰고 민족교육운동의 선봉에 서게 되었다.

가르치는 자와 배우는 자가 하나 됨

독립협회 관서지부에서 주최한 쾌재정의 연설, 만민공동회 종로 연설을 통해 20세의 안창호는 민족을 대표하는 수백, 수천 명의 청중과 하나로 되는 체험을 하였다. 그의 연설을 듣고 안창호와 청중이 하나로 되었고 청중 전체가 하나로 되었다. 가르치는 자와 배우는 자가 하나로 된 것이다. 민족의 독립과 통일을 위해 헌신한 안창호에게 청중과 하나로 되는 체험은 민족 전체와 하나로 되는 체험이었다. 민족과 하나 되는 체험을 한 안창호는 사심을 버리고 민족 전체의 마음을 자신의 마음으로 삼아서 살고 생각하고 행동했다. 내 마음이 네 마음이고 네 마음이 내 마음이 되어, 네 속에서 나를 보고 내 속에서 너를 보는 것이 인생의 최고 행복이고 목적이다. 그것이 인생과 종교의 최고 깨달음, 구경각(究竟覺)이다. 안창호는 인생과 종교의 최고 경지에서 교사로 가르치며 살았다.

민중과 하나로 되는 체험으로 공적 활동을 시작한 안창호는 민중을 깊이 사랑하고 존중하고 신뢰하였다. 민중에 대한 사랑과 신뢰가 그의 공적 생애와 활동의 가장 중요한 특징이었다. 안창호는 민중을 나라의 주인으로 사랑하고 존중하면서 나라의 주체로 깨워 일으키려 했다. 그러므로 그의 연설은 민중을 흥분시키고 선동하는 연설이 아니었다. 사람의 속마음을 움직이고 정신을 깨우는 연설이었다. 바로 가슴에 와 닿는 맑고 간결한 말과 깊은 생각, 고결하고 당당한 정신과 뜻, 시대와 현실을 꿰뚫는 이성적인 통찰, 지극한 정성과 열정, 깊고 명쾌한 논리로 청중의 이성과 영성을 깨웠다. 갈라지고 흩어진 민중이 깨어나서 하나로 되면 엄청난 힘과 용기가 나온다. 한 사람 한 사람을 주체로 세우고 전체를 하나로 단결시키기 위해 도산은 사랑을 강조했다. 그는 동포들 사이에 사랑이 없는 것을 한탄하면서 냉랭한 분위기를 사랑으로 훈훈한 분위기로 만들려고 했다. 사랑도 저절로 되는 것이 아니라 공부해야 한다면서 사랑공부를 역설했다.[3]

민을 주체로 받들어 섬김

민을 주체로 깨워 일으키려면 민을 주체로 받들어 섬겨야 한다. 안창호는 지극한 정성으로 겸허히 절하는 자세로 사람들을 깨워 일으켰다. 건국대 총장, 한신대 학장, 한국 유네스코 사무총장을 지낸 정대위 박사가 소년 시절에 안창호를 만났다. 정대위가 평양 중학교를 졸업하고 몇몇 친구들과 식당에서 밥을 먹으면서 미래의 희망에 대해서 이야기를 나누었다. 한 학생은 큰 정치가가 되어 나라를 바로 세우겠다고 하였고 한 학생은 큰 기업가가 되어 민족을 굶주림에서 벗어나게 하겠다고 하였다. 정대위 학생은 "나는 목사가 되어 민족의 정신을 깨워 일으키겠다"라고 하였다. 같은 식당에 있던 안창호가 다가와서 정대위에게 큰

절을 하며 "미래의 목사님, 부디 훌륭한 목사님이 되어 민족의 정신을 깨워 주십시오"했다는 것이다. 민족의 큰 지도자 안창호의 큰절을 받은 정대위는 평생 자신의 사명을 잊지 못했다고 한다.

배우는 사람에게 절하며 가르치는 정신과 자세를 안창호는 평생 지켰다. 안창호는 언제나 누구의 말이나 끝까지 귀를 기울여 들었다. 그러나 남의 험담이나 비밀 이야기는 들으려 하지 않았다. 남의 말을 끝까지 경청했지만 잘못된 주장이나 헛소리에 동조하지는 않았다. 다 듣고 나서는 자신의 생각을 분명하게 이야기함으로써 깨우침을 주었다고 한다. 그는 만나는 사람들의 인격을 존중하고 주체로 여기고 받들었다. 그리하여 사람들이 삶과 역사와 사회의 주인과 주체임을 '나는 곧 나'(I am)임을 깨닫게 하였다.

그는 언제나 민중을 깨워 일으키되 민중이 스스로 깨어나기를 기다렸다. 그리고 스스로 깨어난 민중이 스스로 지도자가 되어 이끌어 가기를 기다렸다. 결코 민중을 앞장서려고 하지 않았다. 안창호가 평생 지켜간 민중운동과 사업의 원리는 "첫째, 점진적으로 민중의 자각을 기다려서 하는 것과, 둘째, 민중 자신 중에서 지도자를 발견하여 그로 하여금 민심을 결합케 하고 도산 자신이 지도자의 자리에 서지 아니한다는 것이었다".[4] 안창호는 민중을 앞세우고 민중 가운데 스스로 지도자가 나와서 이끌어 가기를 기다린 기다림의 지도자였고 섬김의 지도력을 모범적으로 보여 주었다.

대화 문답법과 조직훈련

소크라테스가 대화를 통해 젊은 청년들을 진리에 대한 깨달음으로 이끌었듯이 안창호는 진지한 대화와 문답을 통해 청년들을 자각과 결단에로 이끌었다. 도산이 청년학우회와 흥사단에 가입할 신입회원을 심사할 때는 반드시 긴 문답과정을 거쳤다.[5] 이 대화와 문답을 통해서 도산은 청년이 스스로 깨닫고 결단하도록 이끌었다. 대화와 문답을 통해서 인간과 현실에 대한 진리를 자각하게 했다는 점에서 소크라테스와 도산은 비슷하다.

그러나 도산과 소크라테스의 차이는 분명하다. 소크라테스는 식민지 정복전쟁을 일삼는 노예제 도시국가 아테네의 제국주의에 대해 아무런 반성과 비판을 하지 않았다. 그에 반해 안창호는 일제의 식민통치에 맞서 싸우면서 민족의 자주독립과 세계평화를 위해 헌신하고 희생하였다. 또한 소크라테스의 대화가 소크라테스를 중심에 둔 개인적인 대화로 그쳤다면 도산은 흥사단을 조직하여 대화와 교육이 자율적이고 공동체적으로 이루어지게 하였다.

소크라테스가 죽음으로써 소크라테스의 대화식 교육은 단절되었으나 도산의 대화문답식 교육은 흥사단을 통해서 오늘도 이어지고 있다. 엘리트와 귀족을 중심으로 이루어진 소크라테스의 교육 내용은 아테네 국가주의의 시대적 틀에 제약되어 있다. 그러나 민을 주체로 받들어 섬기는 도산의 민주적 세계 평화적 교육 내용은 시대를 넘어 보편성을 지니고 있다.

교사의 모범

민족의 독립을 위해 민족을 깨워 일으키는 교사로 살았던 안창호는 돈과 지위와 이성(異性)에 초연한 교사의 심정과 자세를 잃지 않았다. 안창호를 존경하다 사랑하게 된 젊은 여성이 밤에 그의 침실로 들어왔다. 그러자 안창호는 천연한 목소리로 "○○○아, 무엇을 찾는 것이냐? 책상에 성냥과 초가 있으니 불을 켜고 찾아보아라" 했다. 그래서 여인은 초에 불을 켜고 잠시 있다가 나갔다는 것이다. 후에 안창호는 그 젊은 여인을 만나서 그 열정을 민족에게 바치라고 권했고 여인도 그렇게 다짐했다고 한다.[6] 그는 여성에 대해서는 정절을 지켰고 돈에는 엄격하고 검소했으며, 조직과 단체의 자리나 지위에는 언제나 남을 앞세웠다.

도산은 무실(務實), 역행(力行), 충의(忠義), 용감(勇敢)을 인격수련의 표어로 내세웠는데 자신이 먼저 실천하였다. 그는 누구에게나 진실하고 정직했으며 큰일이나 작은 일이나 힘과 정성을 다해 실행했다. 자기 자신과 민족(민중)에게 충성스럽고 의리가 있었고, 어떤 난관과 시련에도 두려움이나 거리낌 없이 용 감하게 앞으로 나아갔다. 미국 이주 생활 초기에 그는 농장 노동 자, 공사판 노동자, 청소부로 일하며 교민들을 교육하고 조직하 는 일에 앞장섰다. 그는 늘 진실하고 정직하게 사는 무실과 힘차 게 실천하는 역행을 강조하고 가르쳤을 뿐 아니라 자신이 무실 과 역행의 모범을 보였다.

도산은 교사로서의 권위와 위엄을 내세우지 않았다. 그는 자 신의 실제 모습을 진실하고 정직하게 드러내 보이며 사람들을 스스로 깨닫고 성장하도록 이끌었다. 상해 임시정부 시절에 유 상규·김복형 두 청년이 도산과 함께 생활하면서 홍사단 일을 도 왔다. 도산이 이들에게 당부하였다. "내가 상해로 온 처음부터 두 사람이 나를 도왔으므로 (나의) 어떠한 비밀, 어떠한 일과 행 위도 다 같이 알 것이다. …… 나를 도우려고 노력하는 것에 대 하여 감사한다. 지금 내가 물질로써 보답하지는 못하지만 정신 으로써 두 사람에게 보답하려고 한다. 지금 두 사람은 (홍사단 입 단의) 새 결심을 가지고 수양하여 전진하려고 한다. 두 사람이 나 와 항상 밀접하게 서로 만남으로써 혹시 나의 부족한 것을 본받 을까 염려한다. 나와 자주 만나지 않는 사람들은 나로 인하여 수 양이 잘 이루어지는데, 반대로 나와 자주 만나는 사람은 나의 단 점 때문에 수양에 방해를 받을 수 있다. 나의 단점이 없다고 할 수 없다. 두 사람은 수양할 때 나의 단점에 대해서 지극히 주의 하라."[7] 도산은 자신의 잘못을 정당화하거나 단점을 숨기지 않았다. 도산은 자신에게 배우는 청년들이 도산 자신에게 매이지 않고 저마다 저답게 스스로 건전인격을 이루도록 이끌었다. 도산은 자신과 남에게 진실하고 정직한 사람이었으며, 배우는 이들을 자기 삶의 주인과 주체로 존중했던 참 교사였다.

사람은 누구나 진실하고 정직해야 하며 모든 일은 내가 해야 하고 나부터 해야 한다. 안창호는 흥사단 단원들에게 모든 일은 내게서 시작되고 내가 무한책임을 져야 한다는 것을 일깨워 주었다.[8] 죽을 때 그는 죽음은 두렵지 않다고 했으며 사람들에게 "낙심 마라!"는 말을 남겼다.[9] 사람들은 안창호가 화내는 것을 보지 못했다고 한다. 어려운 역경을 수없이 겪었지만 안창호는 늘 훈훈하고 따뜻한 맘으로 빙그레 웃었다고 한다.[10]

독립협회와 공립협회

도산은 1986년 독립협회 활동에 참여하고 서재필의 각종 시국 강연회에 1년 동안 쫓아다녔다. 그는 서재필의 연설을 듣고 나라를 구하는 일에 일생을 바치기로 다짐했다. 1897년 평안도 지역 독립협회 지부 조직에 앞장섰다. 1898년 평양 쾌재정과 서울 종로에서 연설하여 1만 명에 이르는 청중을 감동시켰다. 1899년에 고향에 점진(漸進)학교를 세워 운영했다. 꾸준히 한 걸음씩 나간다는 정신으로 학생들을 교육하였다.

22세에 미국으로 유학을 갔으나 길에서 싸우는 동포를 보고 가난한 동포들의 생활안정을 돕는 일에 앞장서면서 학교공부를 미뤘다. 당시 미주 한인들은 가난할 뿐 아니라 생활이 무질서하고 주위환경이 더러웠다. 안창호는 한인들이 사는 길거리를 청소하는 것으로 시작해서 한인들의 정신과 생활을 바꾸는 운동을 일으켰다. 서로 신뢰가 생기면 한인들의 집안 청소까지 해줌으로써 한인들의 집안환경과 생활이 깨끗하고 아름답게 이끌었다. 1년쯤 지나자 한인들의 집과 거리 환경이 바뀌고 얼굴과 말투와 행동거지가 바뀌었다. 미국의 한 기업가가 "한국에서 얼마나 훌륭한 지도자가 왔기에 한인들의 생활이 저렇게 달라졌는가!" 감탄했다.[11] 1905년에 공립(共立)협회를 설립하여 한인 이민노동자들의 생활안정과 조직화, 권익보호에 박차를 가했다. 안창호는 단순한 교육가가 아니라 지역주민의 조직운동가였다. 그는 솔선수범과 동고동락하는 지도력으로 동포들을 조직했다. 그가 뛰어난 조직역량과 성과를 보인 것은 뛰어난 인격, 지극정성, 깊은 통찰력에 근거한 것이다.

신민회와 교육활동

1905년 을사보호조약이 맺어진 이후 나라를 걱정하던 안창호는 1907년 귀국하는 길에 일본 도쿄에서 2월 3일 유학생들을

상대로 '학생의 분발과 전진방침'이라는 제목으로 연설을 하여
큰 감동을 주었다. 이 연설로 도산은 국권회복운동의 새로운 지
도자로 부각되었다. 이 연설을 듣고 최남선은 도산을 따라서 청
년 계몽운동에 나설 것을 결심하고 후에 도산이 조직한 청년학
우회 총무로 활동했다. 한국에 돌아온 도산은 민주공화국 건설
을 목표로 공화국의 주체인 민의 힘을 강화시키는 신민회(新民
會)를 조직한다. 신민회의 취지서에는 '스스로 새롭게 한다'는
자신(自新)의 필요성이 강조되어 있다. 자신의 내용은 신교육과
신산업을 의미한다. "나부터 변하여 건전한 인격을 만들어야 한
다"는 도산의 운동논리가 여기서 처음으로 나타난다. 도산은 자
신(自新)을 주체적인 자아혁신으로 체계화하였다.[12]

비밀독립운동조직으로 결성된 신민회에는 도산, 이승훈, 안
태국, 양기탁, 이갑, 전덕기, 이동녕, 이동휘, 최광옥, 유동열, 이
준, 이회영, 김구, 신채호, 박은식 등이 참여하였다. 양기탁을 총
감독, 이동녕을 총서기, 전덕기를 재무, 도산을 집행위원으로 하
여 주요 지도자들을 포섭하였다. 집행원으로서 도산은 신입회원
의 자격을 심사하였다. 신입회원의 자격을 엄격히 제한하였다.
자세히 관찰하고 담력을 시험하여 합격한 자에게만 입회의 기회
를 주었다. 신입회원의 맹세에는 "생명과 재산을 국권회복을 위
해 전부 바친다"는 것이 포함되었다. 신입회원에게는 신민회의
이름조차 가르쳐 주지 않고 합법적인 표현단체에 가입시켜 1년
동안 활동하게 한 다음에 신민회 조직과 활동을 알 수 있게 했

다. 조직 보안을 위해 점조직으로 관리했다.[13]

신민회의 간부 양성기관 대성학교

안창호는 개화파와 각성된 상인층이 많았던 평양에서 신민회의 조직을 총동원하여 1908년 9월 26일 대성학교를 설립하고 개교했다. 교장 윤치호를 앞세우고 교장 대리 안창호가 학교를 이끌었다. 첫 입학생 90명으로 시작했으나 매학기 신입생들을 뽑았다. 1학년 과정에 국가학, 임업, 영어, 중국어 2학년에 법학통론, 수산학 3학년에 천문학, 측량, 광물학, 경제학, 농정학 등을 배웠다.

매일 아침 조회 때마다 애국가를 부르고 애국에 관한 훈화를 했고 수신, 국어, 한문, 작문, 역사, 지리 등과 같은 학문 외에 군사훈련에 해당하는 체조를 중시했다. 체조시간에는 전술강의, 제식훈련, 기병, 장거리 행군 등 체력 훈련을 강조하여 학생들을 독립전쟁의 간부로 육성하려고 했다. 전국 각지에서 뜻 있는 청년들이 대성학교로 모여들어 1년도 지나지 않아 대성학교 학생들은 선비의 품격을 지녔다는 평을 받았다. 개교 이듬해에는 학생이 400명으로 늘었고 학교의 틀도 잡혀갔다. "도산은 학생들에게 죽어서도 거짓이 없어야 한다고 정직을 강조했고, 성실이란 바로 지금 하고 있는 일에 충실한 것이라면서 수업 5분 전 착석과 시간 지키기를 강조했다. 또한 체육시간에 눈 위를 맨발로 걷는다든지 새벽에 비상소집하여 만수대나 정류벽 언덕까지 노래 부르며 행진한 후 집단체조를 실시하기도 했다."[14]

대성학교의 교육활동과 함께 도산은 전국의 청년학생들 가운데 나라를 구할 뜻을 가진 청년들을 찾아내 조직하고 훈련시키기로 계획했다. 일본에서 귀국한 최남선을 중심으로 도산은 청년학우회를 조직하였다. 청년학우회의 조직과정은 엄격한 회원선발과 복잡한 문답과정을 특징으로 했기 때문에 공개적인 단체이면서 인격수양과 정신수련의 단체로 여겨졌다. 청년학우회는 정신이 부패하고 의지가 박약해지는 경향을 우려하여 새로운 기풍을 불어넣는 조직이었고 조선 혼을 일깨우는 청년조직이었다. "청년학우회는 조선 혼을 불어넣기 위해 무실·역행·자강·충실·근면·정체·용감의 7대정신을 강령으로 하고 덕·체·지의 3육을 육성해 실력을 연마하고 1인 1기의 기술을 습득해 자유문명국의 기초로 삼고자 했다."[15]

중학교 교장들인 윤치호(대성학교), 이승훈(오산학교), 박중화(보성중학), 전덕기(공옥학교), 최광옥(양실중학)과 최남선 등 교사들 12명의 발기인으로 청년학우회가 시작되었다. 청년학우회 기관지로 최남선은 〈소년〉을 발간했다. 중학교 학력을 가진 만 17세 이상의 청년들을 엄선하여 훈련시켰다. 청년학우회 조직은 전국의 각급 중학교로 확대되었다. 그러나 1910년 4월 도산이 망명함으로써 도산의 대성학교 생활은 안타깝게도 사실상 끝나고 말았다.

흥사단과 임시정부

나라가 일제에 병합된 후 도산은 망명정부를 세우거나 독립전쟁을 일으키지 않고 흥사단을 만들었다. 강대국으로부터 독립승인을 받기도 어렵고 독립전쟁을 전면적으로 벌일 준비도 없다고 판단한 것이다. 인격혁명과 신성단결을 추구하는 조직을 만들어 새 공화국의 기초로 삼으려 했다. 한국이 독립하려면 무실역행하는 청년들이 많아야 한다고 보고 무실역행하는 청년들을 길러내기 위해서 지속적인 인격훈련과 단결을 추구하는 흥사단 조직을 만들었다. 망명한 도산이 정치 군사적 조직을 만들지 않고 청년들의 인격훈련과 단결을 추구하는 조직을 만든 것은 그가 민족의 교사로서 생각하고 행동한 것을 나타낸다. 도산은 흥사단을 만든 동기를 이렇게 말했다. "조선 사람들은 김옥균의 개화당 이래 20명 이상의 단체를 만들어 단결해 본 예가 없다. …… 이러고야 망하지 않을 수 있겠소. 네가 내게 복종하고 내가 네게 복종해야 한 주의에 모이는 단체를 만들 수 있소. 죽는 날까지 다만 한두 사람을 만나고 말지라도 이러한 간절한 마음으로 흥사단이 발기되었소. 지방적이라는 말을 내지 못하게 하기 위하여 각 도에서 한 사람씩 위원을 뽑았소." 나라의 독립을 위해 일제와 장기전을 치르고 새 나라를 키워나갈 힘을 기르려고 "어떤 폭풍우에도 쓰러지지 않는 튼튼한 기초 작업"으로서 흥사단이 창립되었다.[16] 흥사단은 청년학우회를 잇는 단체였다.

1919년 삼일독립운동이 일어나서 전 국민이 만세운동을 일으키고 상해에 임시정부가 선포되자 안창호는 상해로 달려갔다. 미국에 설립한 대한인국민회(공립협회의 후신)와 흥사단이 임시정부의 살림과 운영을 위해 재정과 인적 자원을 제공하였다. 안창호는 스스로 임시정부의 중책을 맡으려 하지 않고 이승만을 대통령에 이동휘를 국무총리에 추대하였다. 서로 다른 독립운동세력의 분열을 막고 통합하기 위해 안창호는 혼신을 다했다. 자신은 국장급인 노동총판의 자리에 머물렀다. 안창호가 지방열이 강한 야심가라고 비난하는 사람들까지 안창호는 아우르며 통합하려고 애썼다. 임시정부에서 나와서는 '국민대표회의'를 소집하여 독립운동지도자들과 단체들의 대통합을 추진하였다. 국민대표회의에서 수적으로 3분의 2 이상의 세력을 대표했던 안창호는 소수 반대파를 끌어안아 통합된 민족대표기구를 만들기 위해서 "토혈을 하면서도 주야없이 그야말로 망식분주(忘食奔走)하는 것이었다".[17] 안창호는 갈라지고 다투는 자녀들을 끌어안으려는 어머니처럼 희생적이고 헌신적인 심정과 자세로 일관했다. 권력욕에 사로잡힌 이승만과 이승만을 지원한 기호(경기도와 충청도)세력은 안창호를 이용하려 할 뿐 진정으로 협력하지 않았다. 사회주의적 독립운동세력은 국제공산주의조직 코민테른의 결정과 지시에 복종할 뿐 안창호의 호소를 외면했다. 민족의 통합을 위한 안창호의 노력은 이승만 세력의 배신과 사회주의 세력의 이탈로 결정적인 순간에 좌절되고 말았다. 그러나 안창호는 마지막까지 독립운동세력의 통합을 위해 노력하고 헌신했다.[18] 그가 자신을 희생하고 버리면서까지 민족의 통합과 단결을 위해 헌신한 것도 민족 교사로서의 정신과 자세가 투철했음을 말해 준다.

안창호는 독립전쟁을 위한 근거지를 마련하기 위해 중국과 러시아의 국경지역인 밀산에 한인의 이상촌을 만들려고 했다. 전면적인 독립전쟁을 벌이기 전까지는 임시정부의 주도로 일제에 대한 테러와 부분적인 공격을 지속적으로 감행해야 한다고 보았다. 중반기 이후 임시정부를 이끌었던 김구도 안창호가 조직한 흥사단 특별 단우로서 안창호와 긴밀한 관계를 유지했다. 이승훈과 김구가 높은 도덕과 품격을 지닌 문화국가의 이념을 견지했던 것은 높은 도덕과 정신을 추구했던 안창호의 영향이라고 생각한다. 만일 안창호의 노력이 성공하여 임시정부와 민족 독립운동세력의 통합이 이루어지고 통합적인 민족독립운동이 전개되었다면, 남북분단과 전쟁의 비극은 없었을 것이다.

이승훈의 교육정신

이승훈은 어려서 고아가 되어 남의 집 심부름꾼으로 자라면서 남을 위해 헌신하고 봉사하는 일을 몸에 익혔다. 큰 기업가가 되어서나 삼일독립운동과 같은 민족운동을 할 때나 오산학교 학생들을 교육할 때 낮고 겸허한 자세로 남을 섬기고 앞세우는 일에 힘썼다. 삼일운동을 주도하고 감옥에 들어와서는 출소할 때까지 3년 반 동안 변기통 청소를 맡아서 하였다. 오산학교에서는 마당 쓸고 변소청소 하는 일에 앞장섰다. 한겨울에 변소의 얼음 똥 무더기가 얼어서 올라올 때는, 설립자이며 이사장인 이승훈이 도끼를 가지고 가서 얼음 똥 무더기를 깨트렸다.[19]

남을 섬기는 정신은 불굴의 자립정신과 결합되어 있었다. 일본 공산당의 협력을 받아 민족독립운동을 하라는 권고를 듣고 거절하면서 이승훈은 다음과 같이 말하였다. "우리의 할 일은 민족의 역량을 기르는 일이요 남과 연결하여 남의 힘을 불러들이는 일이 아니다. 나는 종자가 땅 속에 들어가 무거운 흙을 들치고 올라올 때 자기 힘으로 들치는 것이고 남에게 캐물어 올라오는 것을 본 일이 없다."[20] 남강은 무슨 일이나 자기가 만드는 것이고 남이 가져다가 주는 것이 아니라고 생각했다. 씨앗이 땅에서 올라오는 것을 보아도 비나 이슬이나 태양광선이 이것을 도와주는 줄지언정 대지를 들치고 올라오는 것은 결국 제가 올라오는 것이다. 올라와서 번성하려면 고난을 뚫고나갈 튼실한 씨알맹이가 있어야 한다. 이것이 없으면 비와 이슬과 태양광선이 쓸모가 없다.[21] 대지를 스스로 뚫고 올라오는 씨앗처럼 개인도 민족도 스스로 자각하여 실천하기를 남강은 기다리며 솔선수범하였다. 이러한 남강의 정신과 자세는 학생의 인격과 지적 역량이 스스로 자라기를 기다리는 참된 교사의 정신과 자세를 나타낸다. 생명과 정신은 스스로 하는 것이므로 강제로나 억지로 자라게 할 수 없다.

남에게 심부름을 시키며 사는 양반의 행태와 스스로 남의 심부름꾼이 되자는 이승훈의 행태는 대조가 된다. 이승훈은 강인한 자립정신을 가진 자유인이면서 남을 섬기는 심부름꾼으로 살았다. 이승훈의 삶과 정신은 섬김과 자립의 정신으로 일관되어 있다.[22] 이러한 섬김과 자립의 정신은 그의 교육정신의 바탕이 되었다. "남강이 오산학교를 세운 것은 민족운동의 인재와 국민 사부(師傅)의 양성이 그 목적이었다. …… 남강은 학생들에게 신학문을 가르치는 일은 선생들에게 맡기려니와 뜰을 쓸고 변소를 깨끗이 하는 일은 자기가 맡아야 할 것으로 생각하였다. …… 우리가 할 일은 빼앗긴 나라를 다시 찾는 일이요, 이것을 찾아서 영광스런 나라로 만드는 일이다. …… 백성 한 사람 한 사람이 깨어 일어나 밝고 덕스럽고 힘 있는 사람이 되기 전에는 이 모든 일이 헛된 수고가 될 것이다. 10년 앓는 병에 7년 묵은 쑥이 약이 된다고 하거니와 그 쑥이 없으면 인제부터라도 묵혀야 할 것이다. 나는 우리학교 졸업생들이 방방곡곡에 흩어져 백성 속에

들어가 그들을 깨우치고 그들의 힘을 길러 민족광복의 참된 기틀을 마련하는 자가 되기를 바란다."²³

남강은 "선생과 학생들이…… 같이 자고 같이 먹고 같이 일하고 하는 일이 오산학교의 특징이 되어야 한다"라고 생각하였다. 남강의 눈에는 "우리 소년들이 거지 옷을 두른 왕자로 보였다".²⁴ 그는 "말끝에라도 실망을 섞는 이야기는 하지 않았고 어려운 일을 당해서는 굽히지 말고 대줄기 같이 뻗어 나가야 한다"라고 하였다.²⁵ 남강은 "감사합니다. …… 하면 된다. …… 해서 안되는 일이 없다"는 말을 자주 했고 기독교와 성경의 진리를 '의'(義)로 파악했다.²⁶ 그는 말년에도 "의를 위해서라면 지금도 기꺼이 죽을 수 있겠다"라고 하였다.

이승훈이 세운 오산학교의 교육이념과 정신은 도산의 교육이념과 정신 그대로였다. 안창호와 마찬가지로 나라를 구하기 위해서는 국민이 깨어나서 새롭게 되는 길밖에 없다고 보았던 이승훈은 학교교육을 통해서 백성을 일깨우고 한 사람 한 사람을 덕스럽고 지혜롭고 힘 있게 하려고 하였다. 오산학교는 학생들을 민족독립운동의 일꾼과 국민의 사부(師傅)가 되도록 교육시켰다. 오산학교 출신 가운데 많은 사람들이 전국에 흩어져서 학교를 세우기도 하고 교사가 되기도 하여 국민들을 일깨우는 일에 헌신하였다. 이승훈은 학생들과 함께 마당을 쓸고 변소청소를 하고 집을 지을 때는 돌과 나무를 나르면서 몸으로 모범을 보이며 학생들과 함께 생활하고 학생들을 이끌었다. 오산학교가 어려울 때 이승훈은 가진 재산을 다 팔아 바쳤다. 학교건물의 기와가 깨져 비가 샐 때는 자기 집의 기와를 벗겨다 덮었고, 교사들의 양식이 떨어지면 집의 양식을 가져갔다. 그의 아내가 "우리는 무엇을 먹고 살아요?"하고 물으면 이승훈은 "우리는 학생들과 선생들 밥해 주고 함께 먹고 살면 되지" 했다.[27]

이승훈은 제자의 말에 귀를 기울이는 겸허한 스승이었다. 이승훈은 청년 교사 함석헌의 성경공부모임에 참석하여 그의 말에 귀를 기울여 들음으로써 오히려 그의 정신과 혼을 굳게 붙잡고 든든히 세웠다. 함석헌으로 하여금 이승훈과 오산학교의 정신과 사명을 이어받아 역사와 사회의 중심과 선봉에 서게 하였다. 말을 함으로써 가르치는 것보다 말없이 들어줌으로써 큰 가르침을 베풀었던 이승훈은 참 스승의 모습을 보여 주었다. 이승훈은 섬기는 교육, 섬기는 지도력의 모범이었다.[28]

이승훈, 조만식, 유영모, 함석헌이 이끌었던 오산학교는 민족정신사의 높고 아름다운 봉우리를 이루었다. 민족에 대한 헌신과 사랑, 정의에 대한 불타는 열정, 하나님에 대한 깊은 신앙, 진리에 대한 열린 자세로 이들은 오산학교를 이끌었고 오산학교는 민족에 대한 열정, 하나님에 대한 신앙, 학문과 진리에 대한 뜨거운 탐구심으로 충만하였다. 함석헌은 오산학교가 신앙정신, 민족정신, 진리정신(과학정신)의 산 불도가니였다고 하였다.[29] 이 학교에서 함석헌과 김소월, 백석과 이중섭 등이 나왔다.

안창호·이승훈의 교육운동: 하늘의 뜻을 이룸

동학혁명운동이 참혹한 실패로 끝난 후 나라가 망하는 과정에서 민을 나라의 주인과 주체로 깨워 일으키는 교육운동이 힘차게 일어났다. 도덕과 신앙과 지성의 깊이를 가지고 교육독립운동을 이끌어간 것은 안창호와 이승훈이다. 이들의 교육내용과 시대정신은 민족의 자주독립을 추구하면서도 명확하게 민주공화정을 내세우고 과학적이고 합리적인 지성을 강조하고 기독교신앙을 깊이 받아들였다는 점에서 민족의 전통과 경계를 넘어서 세계시민적 보편성을 지녔다. 높은 인격과 깊은 영성을 지닌 이들은 지극히 겸허하게 자신을 낮추고 비움으로써 민을 나라의 주인과 주체로 받들어 섬기면서 깨워 일으킬 수 있었다. 이들은 하늘처럼 자신을 비우고 땅처럼 낮추었으며 민을 하늘처럼 높이 섬기고 받들었다. 남을 섬기고 앞세웠다는 점에서 이들은 섬김의 가르침과 이끎을 위한 귀감이 되었다. 안창호와 이승훈은 하늘과 땅 사이에 바르고 곧게 섬으로써 민족과 나라의 독립(獨立)을 이루려고 하였다.

안창호, 이승훈, 조만식, 유영모, 함석헌, 함석헌의 가장 가까운 친구 김교신이 주도한 교육독립운동은 한국 근현대사에서 가장 광명정대하고 숭고하며 아름다운 정신운동이었다. 하늘을 우러러 한 점 부끄러움이 없기를 열망하는 한민족의 정신이 이들에게서 가장 충실하고 온전하게 구현되었다. 함석헌은 일찍이 우리 민족이 하나님의 심판대 앞에서 내세울 것은 '한 사상'뿐이라고 하였다. '한'은 '하늘, 하나님, 큰 하나'를 뜻하면서 우리 민족을 나타내는 말이다. '한'은 '한'(하늘)과 자신을 동일시한 한민족의 정신적 원형질이 되었다. '한'의 정신과 사상이 한민족의 정신과 삶과 문화 속에 사무쳐 있다. '밝고 환하고 크고 하나'인 한의 광명정대한 정신이 우리 민족의 건국설화에서 홍익인간과 이화세계의 건국이념으로 표현되었다. '한'과 자신을 동일시한 한민족의 한 사상과 정신은 동학에서 시천주, 사인여천, 인내천으로 알뜰하게 표현되었다. 동학의 기본사상인 시천주, 사인여천, 인내천은 신분차별의 질서를 깨트리고 사민평등을 주장하고 인간 속에서 천지조화가 일어난다고 함으로써 주체적인 인간과 인성이해를 제시하였다. 동학은 주체적이고 역동적인 인간이해를 제시함으로써 개인을 전체에 귀속시키는 전통적인 천인합일의 사상을 넘어섰다. 그러나 동학의 시천주, 사인여천, 인내천의 사상은 하늘(천주)과 인간의 관계를 자세하고 세밀하게 역동적이고 구체적으로 논의하지 못하고 있다. 이에 반해서 안창호와 이승훈은 하늘(천주)과 인간을 직접 동일시하지 않지만 하늘(하나님)을 중심에 두고 인간, 인간관계, 나라, 교육, 독립운동을 생각하고 행동함으로써 깊고 자유로우면서 풍부하고 다양한 삶과 정신의 세계를 열어 보이고 있다. 이들의 삶과 행동에서 하늘과 인간의 관계는 간접적이지만 보다 구체적이고 역동적으로 이해되고 실현된다. 다시 말해 하늘, 하나님과의 깊은 결속과 관계를 가지면서도 인간의 지성적 자각과 인격적 책임이 훨씬 극적으로 강조되고 실현된다.

안창호와 이승훈의 교육독립운동에서 '하늘', 하나님 관계는 세 가지로 표현되고 구현된다. 첫째로, 절대적 정직을 강조한 데서 이들의 하늘(하나님) 신앙과 관계를 확인할 수 있다. 사람은 하늘을 향해 곧게 선 존재다. 곧음으로써만 사람은 하늘로 솟아오를 수 있고 하늘에서만 사람은 곧고 바르고 정직할 수 있다. 땅의 물질세계는 온전히 곧고 바를 수 없다. 땅바닥을 기는 뱀은 땅의 물질적 조건과 형편에 맞추어 구불구불 기어 다닌다. 물질적 조건과 상태를 초월한 하늘의 세계에서만 생명과 정신은 절대적으로 곧고 바를 수 있다. 일제 식민통치의 엄혹한 현실 속에서 안창호·이승훈이 절대 정직을 강조하고 실천한 것은 그들의 맘과 삶 속에 하늘을 품고 하늘에 충실하게 살았기 때문이다. 이들은 정직과 양심을 인생과 나라의 중심원리로 삼았다. 이승훈은 하나님을 정의의 하나님으로 보고 오직 정직과 의로움만을 삶의 원리로 삼았다. 정직(正直), 바르고 곧은 정신과 기개가 이승훈의 삶을 이끄는 원리이고 힘이었다. 그는 아무리 어려운 상황에서도 바르고 꿋꿋한 자세로 떨쳐 일어나 사람들을 일깨우고 이끌었다. 장사를 하거나 교육을 하거나 독립운동을 하다 옥고를 치를 때나 한결같이 바르고 곧은 말과 행동으로 앞장섰다.[30]

안창호가 "꿈에서라도, 죽더라도 거짓말을 하지 말라!"라고 가르친 것은 그의 생명과 정신의 철학이 얼마나 깊고 높은지 드러내는 것이다. 그가 거짓말하지 말고 정직하라고 한 것은 남에게 솔직하라는 단순한 도덕교훈이 아니다. 그것은 하늘과 땅 사이에 곧게 서서 살았던 안창호의 인간관과 역사관과 국가관을 총체적으로 드러낸 것이다. 그것은 하나님 앞에서 그리고 과거와 미래의 모든 인류 앞에 또한 자기 자신에게 바르고 곧아야 한다는 주체적인 정신철학을 제시한 것이다. 하늘과 땅 사이에 곧게 선 사람은 하늘에 이를 수 있고 하늘에 이르러서만 절대 정직과 진실을 지키며 땅의 물질세계를 이끌고 완성할 수 있다. 하늘과 땅 사이에 곧게 서는 것은 하늘의 뜻을 이루는 것이고 사람의 사명과 본분을 다하는 것이다. 안창호는 하늘과 땅 사이에 곧게 서서 하늘의 뜻을 땅 위에 이루며 살았던 인물이다.

둘째, 안창호와 이승훈은 참 나를 찾음으로써 하늘, 하나님께 이르려 했다. 생명과 인간의 본성과 목적은 주체의 깊이와 자유에서 전체의 하나 됨에 이름이다. 하늘에서만, 하나님 안에서만 주체와 전체의 일치에 이를 수 있다. 안창호·이승훈의 교육운동은 사람이 참된 나를 찾고 참 나가 되어 나라의 주인과 주체로 서게 하는 것이다. 안창호는 독립운동단체인 흥사단 가입심사를 할 때 거짓 때문에 나라가 망했다는 것을 확인하고 거짓을 버리고 참 사람이 되어야 한다는 결론을 이끌어냈다. 덕의 중심은 '참'(성실과 진실)이고 참의 주체는 '나'다. 모든 책임은 내게 있다는 것을 역설하고 거짓과 나에 대한 생각을 깊게 파고들었다. 그는 "누가 독립운동을 하는가?"를 집요하게 물어서 "내가 한다"

는 답이 나오게 하였다. 그리하여 나의 나든 너의 나든 그의 나든 '내'가 하지 않으면 아무도 하지 않는 것임을 확인하였다. 그리고 그 '나'는 사사로운 '나'가 아니라 민족과 나라 전체의 나임을 확인하고 다짐하였다.[31] 주체와 전체의 '나'가 일치하는 자리는 하늘뿐이다. 계산과 비교가 가능한 땅의 물질세계서는 결코 주체와 전체의 온전한 일치가 이루어질 수 없다. 안창호와 이승훈이 전체의 자리에 선 참 나를 추구한 것은 그들이 사사롭고 당파적인 심리를 넘어선 하늘의 맘과 뜻을 품었기 때문이다.

셋째, 이들은 자신을 하늘처럼 비우고 흙처럼 낮추고 지극정성을 다해서 섬기는 맘으로 가르치고 이끌었다. 자신을 낮추고 비워서 지극정성을 다할 수 있는 것은 속에 하늘 하나님을 품고 모셨기 때문이다. 하나님을 모시고 하나님 앞에서 사는 이들은 겸허하게 자신을 낮출 수 있고 지극정성을 다할 수 있다. 안창호는 중학생에게 큰절을 하면서 가르치고 일깨웠고 이승훈은 궂은 일 험한 일을 몸소 하면서 가르치고 이끌었다. 이승훈은 학교에서 허드렛일은 자신이 하고 교사와 학생을 가르치고 배우는 일에 전념하게 하였다. 안창호와 이승훈은 궂고 힘든 일은 자신이 먼저 하고 좋은 일은 남을 앞세웠다. 하늘 어버이의 맘, 천지부모의 맘을 품지 않고는 이렇게 자신을 낮추고 비워서 섬길 수 없었다.

안창호와 이승훈은 큰일이나 작은 일에 지극정성을 다하는 이였다. 지극정성을 다한다는 것은 사랑으로 한다는 것이다. 이들은 절대 정직을 말하면서도 훈훈한 사랑과 인정을 강조하였다. 스스로 곧게 서면서도 전체의 자리에 서는 이는 정직과 함께 사랑을 말하지 않을 수 없다. 나라의 참된 독립은 한 사람 한 사람이 곧게 서면서 전체가 사랑으로 하나가 될 때 이루어지는 것이다. 오산학교 교장으로 오래 일하면서 주기철과 한경직을 길러낸 조만식은 곧으면서도 지극정성을 다하는 이였다. 삼일운동이 일어나서 조만식이 감옥에 갇혔을 때였다. 그가 몸이 아파 누워 있는데 간수가 보고 "거기 누워 있는 놈, 일어나서 똥통을 치워라"라고 지시하였다. 그는 아픈 몸을 이끌고 똥통을 들고 감방문을 나서다가 똥통을 쏟고 말았다. 감방 문 앞에 쏟아진 똥을 조만식은 남김없이 손으로 쓸어 담았다고 한다. 끝까지 손으로 똥을 쓸어 담는 것을 보고 함께 있던 이들은 조만식을 깊이 믿고 존경하게 되었다고 한다.

큰일이나 작은 일이나 이처럼 지극정성을 다하는 것은 조만식뿐 아니라 안창호, 이승훈, 유영모, 함석헌, 김교신 등 당시 교육독립운동에 헌신한 이들의 공통된 마음가짐과 자세였다. 지극정성을 다하는 것은 하늘의 맘을 품었기 때문이다. 중용(中庸)에 따르면 하늘은 성실함 그 자체(誠者)이고 사람은 성실하려고 애쓰는 존재(誠之者)다. 하늘의 법도와 질서는 변함이 없고 든든하여 이지러짐이나 어긋남이 없이 성실함 그 자체다. 사람이 정성을 다하면 하늘의 법도와 질서에 통할 수 있고 하늘에 통하면 하늘과 함께 인간의 본성과 만물의 본성, 자기의 본성과 남의 본성을 실현하고 완성으로 이끌 수 있다고 중용은 말하고 있다. 이들은 정성을 다함으로써 스스로 참 나가 되고 참 사람이 되었다. 그리고 다른 사람을 깨워 일으켜 참 나가 되고 나라의 주인과 주체가 되게 하였다.

이들은 모두 재물욕심, 자리욕심을 내며 남과 다투지 아니하였다. 완전한 인물이라고 할 수는 없어도 자기에게 충실하고 광명정대하고 떳떳한 공심을 가지고 바르고 곧게 살았다고 할 수 있다. 이승훈은 학교를 세우고 운영하기 위해 가진 재산을 아낌없이 바쳤다. 지위와 재산에 초연했을 뿐 아니라 삶과 죽음의 문제에서 자유로웠다. 이승훈은 오랜 감옥 생활을 한 다음에도 삼일독립운동에 앞장 설 것을 제안하자 "죽을 자리 찾았다!"며 기뻐했고 말년에도 "의를 위해 죽으라면 지금도 물러서고 싶은 맘이 없다"라고 하였다. 그래서 정인보는 이승훈의 비문에 한 번 살고 한 번 죽은 것이 아니라 "다시 살고 다시 죽고 하기를 거듭하였다"라고 썼다.[32] 이처럼 재물과 지위에 집착하지 않고 생사에 초연하게 산 것은 하늘을 품고 하늘 맘으로 살았기 때문이다.

안창호, 이승훈, 조만식 그리고 이들의 정신과 사상을 이어서 심화 발전시키고 실천한 유영모, 함석헌 그리고 함석헌과 함께 교육운동에 헌신한 김교신은 하늘을 품고 그리워하며 하늘의 맘으로 지극정성을 다하고 생사를 초월하여 자유롭게 살았던 이들이다. 이들은 하늘의 자리서 하늘과 하나 되는 맘으로 살았지만 맑은 이성과 곧은 인격을 가지고 또렷또렷하게 생각하고 말하고 행동하였다. 이들은 당대에 누구보다 높은 인격과 지성을 가지고 살았던 지도자이고 교육자였다.

안창호·이승훈의 교육운동: 민주화와 산업화의 실현

삼일운동은 교육독립운동에서 피어난 꽃이고 열매다. 국민 한 사람 한 사람이 나라의 주인과 주체로 깨어 일어나면 나라를 되찾고 바로 세울 수 있다고 가르친 교육독립운동의 귀결로 삼일운동이 일어난 것이다. 실제로 삼일운동은 국민 한 사람 한 사람이 일어나 민족의 자주독립을 선언하였다. 삼일운동을 주도한 천도교도 이전의 노선을 바꾸어 독립협회서 교육운동에 헌신한 이들을 받아들이고 교육출판문화운동에 집중함으로써 교육독립운동세력과 손잡고 삼일운동을 일으킬 수 있었다. 삼일운동의 기본원칙과 이념은 민주, 민족의 자주독립, 세계평화와 정의다. 민주, 민족, 세계평화를 일치시킴으로써 민족의 자주독립을 말하면서도 민족국가의 경계와 울타리를 넘어서 세계정의와 평화를 선언할 수 있었다. 삼일독립선언서에는 하늘의 뜻과 지시에 따르는 광명정대한, 떳떳하고 당당한 정신과 자세가 뚜렷이 드러나 있다. 이것은 밝고 환한, 크고 하나인 하늘을 우러르고 받들었던 한민족의 '한'정신과 사상이 표현된 것이다. 또한 건국설화에 나타나는 광명정대하고 세계보편적인 건국이념인 홍익 인간과 이화세계가 반영된 것이다.[33] 그러나 '한'으로 표현된 한 민족의 전통적 정신과 사상은 개별적 인간의 나와 전체 생명의 하늘을 뭉뚱그리는 경향이 있다. 그리하여 '나'의 개성과 자유는 전체 생명 속에 약화되고 객관적 현실에 대한 과학적 분석과 비판적 사고가 약화되기 쉽다. 안창호, 이승훈의 교육운동과 유영모, 함석헌의 생명철학은 개별적 인간의 나를 최대한 강조하고, 현실을 과학적으로 분석하고 비판하면서 전체를 아우르는 높은 얼과 뜻을 드러냈다는 점에서 한민족의 정신과 사고에 새로운 깊이와 성격을 부여했다.

민족의 교사로서 안창호와 이승훈의 정신과 실천은 학교교육의 귀감일 뿐 아니라 인간다운 삶을 일깨우는 스승으로서 인간 교육과 사회교육의 모범이 된다. 모든 교사가 안창호와 이승훈처럼 살고 가르칠 수는 없다고 하더라도 안창호와 이승훈의 교육정신과 자세와 실천에서 참 교육을 위한 자기성찰과 반성의 계기를 발견할 수 있을 것이다. 안창호와 이승훈의 교육정신과 운동은 한국의 국가철학과 정신을 형성하는 데도 역사적으로 중요한 기여를 하였다. 민족 한 사람 한 사람을 나라의 주체로 깨워 일으키는 신민회와 오산학교의 교육입국운동은 민족 한 사람 한 사람이 민족의 자주독립을 위해 떨쳐 일어나 독립 만세운동을 벌인 삼일운동으로 이어졌다. 기독교 민족지도자들을 결합시켜 삼일독립운동을 이끈 것은 이승훈이었고 임시정부를 조직하고 이끈 것은 안창호였다. 안창호가 조직한 청년학우회 총무로 교육입국운동에 앞장 섰던 최남선은 삼일독립선언서를 썼으며, 이승훈이 세운 오산학교는 삼일독립운동과 정신의 산실이고 계승자였다. 삼일독립운동은 민주, 민족자주, 세계평화의 원칙을 바탕으로, 도덕과 정신에 근거한 높은 문화국가 이념을 표방하였다. 삼일독립선언서의 정신과 철학에는 안창호와 이승훈의 교육정신이 깊이 반영되었다.

삼일독립운동의 영향으로 임시정부가 수립되었고 삼일독립운동과 임시정부는 대한민국의 정신과 철학, 역사적 정통성의 근거임을 헌법 전문은 밝히고 있다. 적어도 헌법 전문에 따르면 삼일독립운동과 임시정부의 정신과 철학은 대한민국의 정신과 철학의 근간을 이루고 있다. 그리고 삼일독립운동과 임시정부의 정신과 철학은 안창호·이승훈의 교육입국운동에 뿌리를 두고 있다. 또한 안창호와 이승훈의 교육입국운동은 한국현대의 민주화와 산업화를 이루는 데 정신적 등뼈 구실을 했다. 자본과 기술과 자원이 없는 나라에서 그리고 오랜 세월 봉건왕조와 식민지 군국주의, 남북분단과 군사독재 아래서 고통을 겪은 한민족이 민주화와 산업화를 이룰 수 있었던 것은 안창호·이승훈의 교육입국운동을 통해 민족의 정신 수준과 주체적 역량이 향상되었기 때문이다. 교육입국운동을 통해 주체적이고 각성된 강인한 민중이 있었기 때문에 독재세력의 압박을 뚫고 민주화를 이룰 수 있었고, 자원과 자본과 기술이 없는 나라에서 뛰어난 노동력을 제공하여 산업화를 이룰 수 있었다. 특히 민주주의와 무실역행의 정신을 한민족의 삶과 정신 속에 새겨 넣은 안창호는 한국의 민주화와 산업화를 이해하는 데 중요한 인물로 평가되어야 한다.

한국 근현대사는 동서 문명이 합류하고 민중의 자각이 이루어지는 위대한 시기였다. 한반도에서 동서 문명이 합류하고 민중(민족)의 주체적 자각이 이루어지는 한국 근현대사 300년을 돌이켜보면 전봉준이 일으킨 동학농민혁명과 안창호가 일으킨 교육독립운동이 두드러진다. 전봉준의 동학농민혁명이 민의 생명과 정신이 찬란하고 장엄하게 타올랐다가 아쉽고 안타깝게 꺼져버린 불꽃이었다면, 안창호의 교육독립운동은 민의 생명과 정신이 속으로 알차게 익어간 열매이고 씨올이었다. 녹두는 작은 씨올 민중을 가리킨다. 전봉준이 찬란하게 피었다가 안타깝게 져버린 녹두꽃이라면, 안창호는 민중 한 사람 한 사람의 가슴 깊이 민주와 통일의 씨앗을 심고 그 씨알이 알차게 익어가게 한 녹두 씨올이다.

한국 근현대사에서 독립운동으로서 교육운동이 일어난 것은 매우 특별하고 의미 깊은 일이다. 교육운동을 통해서 동서정신문화가 합류하고 민주적이고 과학적이며 세계 보편적인 새로운 인간형이 생겨났다. 안창호와 이승훈이 주도한 교육독립운동은 민을 나라의 주인과 주체로 받들어 섬기며 깨워 일으키는 민주시민교육의 아름답고 위대한 모범과 귀감이 되었다. 이러한 국민교육의 위대한 전통이 있었기 때문에 한민족은 식민통치, 남북분단과 민족전쟁, 군사독재와 같은 험난한 역사를 겪었으면서

도 그처럼 짧은 기간에 민주화와 산업화를 이룰 수 있었다. 민족 정신과 문화의 주체성을 가지고 서양의 정신과 문화를 깊이 받아들이는 안창호와 이승훈의 교육운동이 있었기 때문에 한국민족은 문화적 주체성과 자부심을 가지고 다른 민족들의 정신과 문화를 존중하면서 새로운 세계문명을 열어갈 자격과 준비를 가지게 되었다.

2장
안창호의 인간교육 철학

　민주국가에서 나라의 근본은 국민 곧 인간이다. 나라의 근본을 바로 세우는 것은 국민인 인간의 삶과 정신을 바로 세우는 것이다. 인간교육은 인간의 삶과 정신을 바로 세우는 것이다. 도산 안창호는 허물어진 나라의 근본을 바로 세우기 위해 평생 민족의 자주독립과 통일을 위해 헌신했고 인간교육의 백년대계를 세우기 위해 흥사단을 조직하였다.

적폐 청산과 인간교육의 필요

　오늘 정부는 나라의 적폐를 청산하기 위해 애를 쓰고 있으며 나름대로 성과를 거두고 있다. 그러나 드러나는 적폐를 청산하는 것은 그 가지와 잎을 잘라내는 것과 같아서 적폐의 뿌리를 뽑

지는 못한다. 적폐의 뿌리가 깊이 박혀 있는 한, 시간이 지나면 다시 적폐의 가지와 잎이 무성하게 자라날 것이다. 적폐의 뿌리는 무엇인가? 나라의 근본인 헌법정신과 이념을 짓밟고 훼손하는 것이다. 이 나라의 헌법정신과 이념은 헌법 전문에 쓰여 있는 대로 삼일운동과 임시정부의 정신과 이념이다. 삼일운동과 임시정부의 이념과 정신은 온 국민이 나라의 주인과 주체가 되는 민주공화의 이념이고 온 민족이 하나로 떨쳐 일어나는 민족통일의 정신이다. 민주공화와 민족통일의 이념과 정신은 삼일운동과 임시정부 그리고 촛불혁명에 사무친 이념과 정신이다. 적폐의 뿌리를 뽑으려면 나라의 근본을 바로 세워야 한다. 공자께서 말씀하셨듯이 근본을 바로 세우면 도가 살아난다(本立道生). 나라의 근본을 바로 세우면 적폐가 사라지고 나라와 국민의 바른 정신과 기운이 살아날 것이다.

나라의 근본인 민주공화와 민족통일의 정신이 한국사회에서 갈수록 약해지고 있다. 삼일혁명, 4·19민주혁명, 촛불혁명을 통해 일시적으로 민주공화와 민족통일의 정신이 찬란하고 장엄하게 타오르기도 하지만, 우리 사회의 일상생활과 정치·경제·교육·문화의 모든 영역에서 나라의 근본정신은 쇠퇴하고 말라가고 있다. 그렇게 된 까닭은 두 가지다. 첫째, 경제성장에 매달린 한국사회는 돈과 기계와 경쟁에 매이게 되었다. 시장과 기업의 논리가 중요하지만 그 논리가 국가사회를 전적으로 지배하면 국민은 모두 돈과 기계와 경쟁에 내몰린다. 그러면 민주공화와 민족

통일의 정신은 쇠퇴하고 소멸할 수밖에 없다. 둘째, 유치원에서 고등학교에 이르는 학교교육이 오랜 세월 입시경쟁과 주입식 지식교육에 머물렀다. 이런 교육을 계속하면 인간의 정신과 성품은 깊이와 품을 잃고 얕고 좁아진다. 그러면 당연히 민주공화와 민족통일의 정신도 약해지고 줄어든다.

한국사회가 돈과 기계와 경쟁에만 매달리고 경쟁교육과 지식 주입 교육만 한다면 나라의 근본을 바로 세울 수 없고 적폐의 뿌리를 뽑을 수 없다. 지역 자치를 위해서 민주시민의 생활공동체를 만들려고 해도, 주민들이 서로 도우며 더불어 사는 삶에 대한 관심과 열정을 가지고 있지 않으면 풀뿌리 자치는 실현될 수 없다. 적폐를 청산하고 나라의 근본을 바로 세우려면 민주공화와 민족통일의 정신과 이념을 바탕으로 인간교육을 해야 한다. 앞으로 4차 산업혁명이 진행되어 인공지능과 로봇이 산업사회와 경제를 주도하면, 인간의 삶은 계산적인 기계화와 자동화에 더욱 예속되고 민주정신과 통일정신은 빠르게 약화되고 고갈될 것이다. 인간이 사회의 주인과 주체가 되는 민주정신과 자치의 이념은 약해지고, 서로 돌보고 보호하며 더불어 사는 협동과 통일의 정신은 소멸할 것이다. 민주와 통일은 인간의 근본문제다. 인간은 삶의 주인과 주체로서 서로 돌보며 더불어 사는 존재다. 그렇게 살 때 인간은 가장 인간다운 인간이 되고 가장 보람 있고 행복한 존재가 된다. 민주공화와 민족통일의 이념과 정신을 확립하고 실현하는 것은 한국 근현대의 이념과 정신을 실현하는

것이며, 한반도와 동아시아와 세계의 정의와 평화를 실현하는
것이기도 하다.

민주시민교육의 시작

덕력, 체력, 지력을 길러서 건전인격을 세우고 조직과 단체의
공고한 단결을 이룸으로써 민족의 독립과 통일을 이루려고 했
던 안창호와 흥사단에게 인간교육은 곧 민주시민교육이었다. 국
민주권을 실현하는 민주시대의 인간교육은 타율적인 주입식 교
육이 될 수 없다. 국민을 국가산업의 인력자원으로 보거나 국가
의 병력자원으로 본 국가주의사회는 부국강병과 입신출세를 추
구하는 국가의 이념과 목적을 주입시키고 국가의 인력과 기능을
육성하는 교육을 추구했다. 이런 국가주의 교육은 입시경쟁교육
으로 귀결되었다. 민주국가의 이념과 목적은 국민이 나라의 주
인과 주체로서 사는 것이며, 국민을 나라의 주권자로서 돌보고
보호하고 섬기는 것이다. 나라의 주인과 주권자를 양성하는 민
주국가의 국민교육은 국가주의 체제를 강화하는 국가주의적 입
시경쟁교육과 상충된다.

민주국가의 국민교육은 국민이 국가의 주인과 주체가 되는
교육이고, 국민교육은 '국민이 국민으로 되는' 국민의 '자기 교
육'이 되어야 한다. 국민의 자기교육은 민주시민교육이고 민주

시민교육은 인간교육이다. 국가차원에서 말하면 국민교육이고 지역사회 차원에서 말하면 민주시민교육이고 인류사회 차원에서 말하면 인간교육이다. 오늘날 지역사회와 국가와 인류사회는 하나로 이어져 있다. 사람은 누구나 지역사회의 시민이면서 국가의 국민이고 국가의 국민이면서 인류사회의 세계시민이다. 세계시민으로서의 인간교육이 지역사회의 시민교육과 국가의 국민교육의 바탕이고 목적이다. 인간교육은 인간이 스스로 참 인간이 되게 하고 스스로 참 인간이 되는 자기 교육이다.

그러나 인간의 자기 교육은 저절로 자연적으로 되는 것이 아니다. 인간의 자기 교육을 위해서는 인간과 역사, 국가와 세계에 대한 깊은 철학적 연구와 인간교육의 내용과 방법에 대한 연구와 노력이 요구된다. 민주공화와 민족통일을 지향하는 인간교육은 고대와 중세의 철학과 종교의 가르침에 의존할 수도 없고 외국의 교육이론과 사상에 의존할 수도 없다. 국민으로 하여금 주권자가 되게 하는 국민교육은 '스스로 하고 스스로 되는' 자기교육이므로 근본적으로 국민 자신의 역사와 삶에서 그 교육의 정신과 철학, 목적과 방법을 찾아내고 스스로 만들어내야 한다. 국민교육으로서 인간교육, 민주시민교육은 기본적으로 스스로 하고 스스로 되는 자기 교육이므로, 스스로 정신과 철학, 목적과 방법을 찾아내고 만들어내야 한다. 그리하여 가장 주체적이고 창조적이면서 세계 보편적인 정신과 가치를 지향하는 인간교육이 되어야 한다.

근현대 한국 민족은 민주공화와 민족통일을 추구하고 실현하고 완성하기 위해 온갖 시련과 역경을 거쳐 왔다. 근현대 한국 민족의 정신과 삶 속에 민주공화와 민족통일의 정신과 이념이 사무쳐 있다. 근현대 한국 민족은 민주공화와 민족통일의 정신과 철학을 형성하고 실현하고 완성하려고 애를 써왔다. 삼일혁명, 임시정부, 4·19민주혁명, 촛불혁명은 근현대 한국 민족의 정신과 철학을 밝히 드러낸 것이다. 우리 민족이 무엇을 바라고 무엇을 이루려고 했는지 뚜렷이 보여 준 것이다. 한국 민족이 근현대의 역사에서 추구하고 이루려고 했던 민주공화와 민족통일의 정신과 철학은 헌법 전문에서 밝힌 삼일혁명과 임시정부의 정신과 철학에서 가장 분명하게 확인할 수 있다. 삼일혁명과 임시정부의 정신과 철학을 제대로 깊이 연구하면 한국 민족과 헌법전문의 정신과 철학을 분명히 알 수 있을 것이다.

새로운 기축시대로의 전환

이제까지 인류의 정신과 철학은 2,500년 전에 공자, 노자, 석가, 소크라테스, 히브리 기독교 정신(예레미야-예수)에 의해 열린 기축시대의 정신과 철학에 의해 형성되고 규정되었다. 이들은 인간의 내면적 본성에서 궁극적 가치와 힘(仁, 자비, 로고스)을 발견하고 보편적 진리와 윤리의 체계를 제시하였다. 신분계급질서와 체제 속에서 살았던 이들은 인간의 본성을 생명진화와 역사진보의 역동적 과정 속에서 새롭게 형성되고 변화하는 것으로 보지 못하고, 하늘로부터 주어진 변함없는 실재라고 생각했다. 따라서 이들은 인간을 삶과 역사의 변혁적 주체로 제시하지는 못했으며, 동서를 아우르는 세계 보편적 정신과 철학을 확립하지도 못했다. 이들은 진리를 깨닫고 체험한 자신들을 믿고 따르거나 자신들이 깨닫고 체험한 진리의 내용과 방식을 믿고 따르라고 민중에게 요구하였다. 이들과 민중 사이에 민주적이고 쌍방향적이며 서로 소통하는 관계와 운동이 이루어지지 못했다. 소크라테스는 합리적이고 비판적인 이성과 진리를 앞세웠으나 무지한 민중에 대해서 오만하고 일방적인 자세로 일관했다. 민중 속에서 민중과 더불어 살았던 예수도 민중에게 믿고 따를 것을 역설했을 뿐 민중이 이성적으로 스스로 생각하고 판단하여 주체로서 생각하고 행동하도록 이끌지는 못했다. 20세기의 성인으로 일컬어지는 간디조차도 일방적이고 권위적으로 민중운동을 이끌었을 뿐 민주적이고 쌍방향 지도력을 보여 주지 못했다.

이전 시대와 근현대를 구분 짓는 세 가지 변화는 민주화, 과학화, 세계화다. 근현대에 이르러 민주화가 진행되면서 국민(인간)은 역사와 사회의 창조적 주체이며, 서로 주체로서 국가의 공동주권자라는 원칙이 확립되었다. 국민이 주권자인 민주시대에는 서로 주체로서 민주적이고 쌍방향적인 지도력과 관계와 운동이 요구된다. 과학기술이 획기적으로 발달하면서 인간이 자연과 삶과 역사(국가)의 창조적 주체로 등장했다. 인간은 이제 자연 만물과 생명의 본성뿐 아니라 인간의 본성조차도 바꿀 수 있게 되었다. 과학기술사회가 되면서 원인과 결과가 작용하고 지배하는 사회질서 속에서 살게 된 인간은 미신적이고 결정론적 사고를 벗어나 과학적이고 합리적으로 생각하고 행동하게 되었다. 세계화가 이루어지면서 인간은 국경을 넘어서 세계인류와 소통하고 교류하게 되었다. 세계화 된 인류사회는 지역의 협소한 전통과 문화에서 벗어나 동서를 통합하고 개인과 인류 전체를 아우르는 통합적인 정신과 실천을 요구한다.

안창호는 기축시대의 정신과 철학이 가진 한계를 돌파하고 근현대의 정신과 철학을 확립하고 체화했다. 그는 누구보다도 확고한 민주정신과 통일정신을 지닌 인물이었다. 그는 민주적이고 쌍방향적인 지도력과 관계와 운동을 실현한 전형적 인물이다. 그는 민중을 믿고 민중을 섬기고 받들면서 민중이 주인과 주체로 깨어 일어나도록 겸허히 민중에게 호소하였다. 그의 교육독립운동은 민중을 나라와 역사의 주인과 주체로 섬기고 민중이 주인과 주체로 깨어 일어나도록 민중에게 호소한 운동이다. 삼일운동은 민중이 깨어 일어나 독립만세운동을 일으키도록 지식인 지도자들이 겸허히 민중에게 호소한 운동이다. 안창호의 교육독립운동과 삼일운동은 민주적이고 쌍방향적인 운동의 전형이다. 민을 역사화 사회의 변혁적 주체로 세웠다는 점에서 그리고 민주적이고 쌍방향적인 지도력을 확립했다는 점에서 안창호

는 기축시대의 시대적 제약과 한계를 벗어나 근현대의 시대정신
을 실현하고 완성했다.

안창호는 인간의 내적 본성과 인격뿐 아니라 민족의 본성과
성격을 새롭게 변혁함으로써 인간을 삶과 역사의 새로운 주체가
되도록 이끌었다. 그는 또한 누구보다도 철저하게 과학적이고
합리적으로 생각하고 행동하였다. 자연과 역사와 도덕의 세계에
서 원인과 결과를 중시하는 과학적 사고를 바탕으로 무실역행을
주장했다. 안창호는 어려서 한학을 배움으로써 동아시아 정신문
화를 체득하였고 선교사학교와 독립협회 그리고 미국 활동을 통
해서 서양의 기독교정신과 과학사상과 민주정신을 깊이 받아들
이고 체화하였다. 그는 자신의 삶과 정신 속에서 동서의 정신문
화를 아우르는 세계 보편적인 정신과 철학을 확립하였다.

안창호는 민주화, 과학화, 세계화를 가장 잘 구현하고 실현한
인물이었다. 그는 성현들과 '그들'의 가르침을 믿고 따른 사람이
아니라 '나'를 새롭게 하고 바로 세운 이였다. 그는 '나'의 주체
를 확립하고 나의 자아를 끊임없이 새롭게 형성하고 변화시킴으
로써 '나'를 중심에 세운 '나'의 철학자였다. 그는 과거의 철학과
종교에 남은 미신적이고 결정론적이며 모호한 낡은 잔재를 말끔
히 씻어내고 과학적이고 합리적인 사고와 행동의 철학을 제시하
였다. 그는 민족의 독립과 통일을 위해 헌신하고 희생했으면서
도 세계평화와 정의로 나아가는 길을 활짝 열었던 세계적인 철
학자다. 안창호는 기축시대의 생각과 행동의 방식과 형태를 근

본적으로 바꾸었으며 새로운 기축시대의 정신과 철학의 세계를
열었다.

도산의 진리 체험과 인간교육

도산은 쾌재정 연설과 종로 만민공동회 연설을 통해 민중(민
족)과 하나로 되는 깊은 체험을 하였다. 이때 도산은 자신의 몸,
맘, 얼이 하나로 되고 민중(민족)과 온전히 하나로 되는 놀라운
생명(진리, 역사, 하나님, 가치, 의미) 체험을 하였다. 민중과 하나로
되는 체험이 인간이 할 수 있는 가장 크고 높은 체험이다.

도산의 이러한 진리 체험이 가지는 정신사적 위치를 생각해
보자. 인간이 할 수 있는 진리 체험을 네 가지로 나누어 볼 수 있
다. 첫째, 자연환경과 만물 속에서 신령한 힘과 불멸의 가치를
발견하였다. 물활론(애니미즘) 단계다. 둘째, 국가의 권력자와 국
가에서 신령한 힘과 불멸의 가치를 발견하였다. 국가주의 종교
단계다. 셋째, 인간 자신의 본성과 내면에서 궁극적 힘과 가치를
발견하였다. 공자, 노자, 석가, 소크라테스와 같은 성현들의 기축
시대다. 기축시대의 성현들은 인간 내면의 본성(자비, 사랑, 로고
스)에서 궁극적 힘과 가치를 발견함으로써 나와 남(만물)을 아우
르는 보편적 윤리(황금률)를 발견하였다. 이것은 나와 이웃(만물)
과의 신비한 일치의 체험이다. 천인합일, 신인합일, 범아일여, 물

아일체, 무위자연, 보편진리로 표현되는데, 이러한 초시간적 초월적 신비·진리체험은 개인의 주체가 전체(천, 신, 만물, 진리)에 매몰되는 경향이 있다.

넷째, 인간은 역사와 사회의 구체적 현실 속에서 살아가는 민중(나와 다른 인간들의 공동체적 집단)에게서 생명의 진리(하나님)를 발견하고 민중과 하나 되는 체험을 할 수 있다. 역사와 사회의 구체적 현실에서 이루어지는 이 체험에서는 개인의 주체가 깨어 있으면서 고통받고 억압받는 민중과 하나 됨으로써 참된 주체 '나'와 전체(민중, 민족, 인류)의 일치, 참된 사랑과 정의에 이른다. 이것은 인간이 할 수 있는 가장 알뜰하고 절실하며 깊고 높고 큰 체험과 깨달음이다.

넷째의 진리 체험은 인간의 주체를 발견하고 실현해가는 근현대의 진리 체험이다. 이것은 근현대를 사는 우리 모두가 알게 모르게 체험하고 실현해가는 진리다. 그리고 넷째의 진리 체험 속에는 첫째, 둘째, 셋째의 진리 체험이 승화 고양되고 통합되어 있다. 도산의 위대한 점은 이런 깊고 큰 체험과 깨달음을 끝까지 이어가며 심화 발전시켰다는 데 있다. 그의 민중·생명체험은 자연환경과 인간과 역사와 세계(국가)를 깊이에서 전체로 높고 크게 볼 수 있게 했다.

도산의 진리 체험은 쾌재정의 연설에서 이루어졌고 그의 철학과 사상의 씨가 이때 심겨지고 그 뿌리가 깊이 박혔다. 그가 1906년 봄에 공립협회 1주년 기념강연에서 민이 서로 '보호하고 단합함'이 문명부강의 뿌리와 씨라고 한 것을 보면 민주와 통일을 지향하는 그의 철학과 사상이 뿌리를 깊이 내리고 싹이 트고 있음을 알 수 있다. 그해 말에 미국에서 동지들과 함께 작성한 '대한신민회 취지서'는 이미 그의 사상과 정신, 경륜과 방책이 깊고 높고 크게 확립되어 있음을 보여 준다. 그는 이미 사상과 정신, 경륜과 방책에서 거의 완벽한 준비를 해 가지고 1907년 초에 한국에 왔고 신민회를 조직하고 대성학교를 설립했다. 한국에 돌아와서 그가 했던 수많은 강연이 듣는 사람의 몸과 맘을 사로잡고 그를 따르게 했던 것은 한민족을 하나로 만들 수 있는 깊은 철학과 사상, 경륜과 방책이 있었기 때문이다.

도산의 교육사상과 민주생명철학

도산의 진리 체험은 생명체험이고 역사체험이다. 생명과 역사는 스스로 하는 주체 '나'를 가진 것이며 전체가 하나로 이어지고 통일된 것이고 늘 새롭게 진화 발전하는 것이다. 그의 철학은 생명의 세 가지 본성과 원리인 주체, 전체, 진화를 실현하고 완성하는 생명철학이다. 자발적 주체, 통일적 전체, 진화 발전(개조)의 세 가지 원리가 그의 철학과 사상 속에 확립되어 있다. 도산은 그의 철학의 기본내용과 실천방법을 4대 정신(무실·역행·충의·용감)과 3대 교육(덕력의 교육, 체력의 교육, 지력의 교육), 자

아혁신과 활사개공(活私開公), 대공사상과 공사병립, 정의돈수
(사랑공부)와 애기애타 등으로 제시했다.

　도산은 주체인 나를 확립하고 주체인 나와 민족전체의 일치
(大公)에 이르려 했다. 그는 한 사람 한 사람 개인의 주체를 확립
하고 민족 전체의 단결과 통일에 이르기 위해서 인격과 민족성
의 혁신을 추구했다. 도산의 철학은 한 사람 한 사람의 덕력과
체력과 지력을 기르고 인격을 새롭게 하여 주체를 확립하고 개
인의 주체와 민족 전체의 일치에 이르는 민주철학이다. 더 나아
가 민족의 성격과 풍습을 개조함으로써 민족 전체의 단결과 통
일과 독립에 이르는 통일철학이다. 이러한 도산의 철학은 '나'를
살리고 힘 있게 하여 공(公)의 세계를 열어가는 활사개공의 공공
(公共)철학이며 인간이 되고 인간구실을 하게 하는 인간(인성, 전
인)교육의 교육철학이다.

　안창호는 인간의 자기개조, 민족성의 개조, 강산의 개조를 말
하였다. 그가 말한 개조는 인위적이고 강제적인 변조가 아니다.
주체와 전체를 실현하고 완성하려는 생명철학자 도산의 개조 사
상은 서양 이성 철학의 개조 사상과 확연히 구별된다. 서양 근
현대의 이성 철학에서 개조는 이성과 기술을 통해서 인간이 쓸
모없고 비생산적인 자연을 쓸모 있고 생산적인 자연으로 바꾸
는 것이다. 이런 개조는 인간이 자연을 지배하고 정복하여 이용
하기 위해서 자연을 강제로 변조하는 것이다. 인간과 민족과 강
산을 주체로 보는 생명철학자 안창호는 개조를 전혀 다르게 이

해했다. '인간의 자기 개조'란 말에서 분명히 드러나듯이 개조는 인간이 자신을 보다 새롭게 하고 보다 낫게 만드는 것이다. 힘없는 인간과 민족을 힘 있는 인간과 민족으로 만드는 것이다. 강산의 개조는 강산의 본성과 이치에 따라 강산이 보다 새롭고 보다 깨끗하고 보다 아름답고 보다 풍부하게 하는 것이다.[1]

도산이 말한 개조는 생명과 정신의 본성과 목적을 실현하고 완성하는 것이다. 그것은 자연만물과 물질의 물성과 가치, 이치와 의미를 드러내고 실현하고 완성하는 것이다. 생명진화와 역사의 진보 속에서 형성되고 진화 발전해 온 인간과 민족의 본성은 진화 발전할 수 있고 변화 고양될 수 있는 것이다. 아메바에서 인간까지 생명의 본성은 끊임없이 창조되고 진화 발전되어 온 것이다. 생명진화와 인류역사 속에서 형성된 인간과 민족의 본성도 새롭게 개혁되고 창조 변화되고 진화 발전할 수 있다. 도산은 자기 개조의 철학을 자신의 삶과 역사 속에서 실천하였다. 도산은 나를 사랑하고 존중하지만 나 안에 갇혀 있지 않았고, 가정을 사랑하고 존중했지만 가정 안에 머물러 있지 않았다. 생명이 물질 안에서 물질을 초월하여 끊임없이 진화 발전해 가듯이, 도산은 나와 가정, 단체와 사회 속에서 그것들을 넘어서고 새롭게 하면서 위로 올라가고 앞으로 나아가려고 하였다.

인간의 근본적이고 역동적 변화를 말하는 도산의 인간관은 그의 생명철학에서 비롯된 것이다. 이러한 도산의 인간이해는 수학과 자연과학에 기초한 이성철학의 인간이해와 다르다. 이성

철학은 자연적으로 주어진 인간과 인간 본성을 현상적으로 설명하고 소개할 뿐, 인간과 인간의 본성을 새롭게 변화시키거나 탈바꿈할 수 없다. 이성철학에 근거한 학교교육에서는 인간의 본성을 변화시키는 인성교육(전인교육)을 할 수 없고 인간혁명을 말할 수 없다. 이성철학은 인간과 역사를 설명할 수는 있지만 인간을 역사와 사회의 주체로 깨워 일으켜 창조와 혁신의 주체가 되게 할 수는 없다. 자아와 민족의 혁신을 추구한 도산의 교육철학은 인간을 역사와 사회의 창조자적 주체로 만드는 민주생명철학이다.

인간의 자아혁신과 교육

인간의 생명과 정신은 생명진화와 인류역사를 통해서 자신과 타자, 주위환경을 끊임없이 새롭게 개조해왔다. 인간과 생명은 생명진화와 인류역사 속에서 스스로 자신을 형성하고 자신에 의해 형성되어 왔다. 그런 의미에서 인간은 자신의 창조자이며 피조물이다. 안창호가 말했듯이 사람은 다른 동물들과 달리 적극적이고 의식적으로 주체적으로 자신과 이웃을 개조하는 존재다. 그의 말대로 인간은 개조하는 동물이다.

본능에 충실한 파충류는 현재의 순간에 충실하게 산다. 감정과 기억을 가지고 사는 포유류는 과거와 현재를 연결 지으며 살아간다. 지성과 영성을 가진 인간은 과거와 현재를 극복하고 넘어서 새로운 미래를 만들어간다. 과학기술을 높이 발전시킨 인간은 이제 자연의 본성과 본질을 넘어서서 그 본성과 본질을 개조하고 변혁할 수 있는 존재가 되었다. 인간은 여전히 자연이면서 자연의 굴레와 속박을 벗어나 자연의 본성과 본질을 개혁하고 창조할 수 있는 자유로운 존재가 된 것이다.

개조(改造)는 말 그대로 개혁과 창조다. 안창호가 문명의 어머니를 인간의 개조하는 노력이라고 한 것은 인간의 개조활동이 민주와 문명의 토대이며 목적인 것을 의미한다. 그리고 그가 말했듯이 인간의 개조하는 모든 노력은 결국 개조하는 주체의 자기 개조로 귀결된다. 자아와 환경을 개조하는 인간으로서의 자각은 민의 주체적 자각이 이루어진 근현대의 인간에게서 비로소 가능해진 것이다.

인간이 자신을 새롭게 변화시키고 형성하는 일은 남이 대신할 수 있는 일이 아니라 자기가 스스로 할 일이다. 안창호는 '개조'라는 연설에서 인간을 '개조하는 동물'이라고 했다. 그는 개조라는 주제를 평생 생각했으며, 과거의 모든 성현들의 가르침을 한 마디로 하면 '개조'로 줄일 수 있다고 하였다. 기독교의 회개도 결국 인간의 개조를 뜻한다고 보았다. 인간은 주변의 환경, 사회를 개혁하고 개조하여 문명을 이루지만 가장 중요하고 근본적인 것은 인간의 개조다. 안창호는 민족의 개조, 사회와 자연환경의 개조를 말했지만 그러나 이 모든 개조는 인간 자신의 개조에서 시작되고 인간의 개조로 귀결된다고 하였다. 그리고 인간의 개조는 남이 할 수 없고 자신이 스스로 해야 한다고 보았으므로 안창호는 인간의 자기 개조를 역설하였다.[2]

그가 창설한 흥사단의 이념과 목적은 인격을 개조하여 건전한 인격을 형성하는 인격수련과 인간교육에 있다. 인간교육은 근본적으로 인간이 자신을 새롭게 변화시키는 것이다. 인간 자신의 변화는 기본적으로 자기 스스로 이루어야 한다. 이것이 인간교육의 기본 원리다. 인격개조를 통해 건전한 인격을 이루려는 흥사단의 이러한 교육이념과 목적은 개인의 수양과 교육에 머물지 않고 조직과 단체의 공고하고 신성한 단결을 이루며 조직과 단체의 공고한 단결을 통하여 민족 전체의 자주독립과 통일에 이르자는 것이다.

안창호는 과거 성현들의 가르침의 핵심을 '개조'로 파악했다. 그러나 그의 인간 개조는 근현대의 특징과 성격을 지니고 있다. 과거의 철학이나 종교에서 말하는 인간 개조와는 다르다. 과거의 인간 개조는 변화하는 역사와 사회의 맥락을 벗어나 있다. 유교에서 말하는 인간의 본성은 천도(天道), 천리(天理)와 일치하는 것이며 변함없이 항구적인 것이다. 유교에서 인간의 목적은 인간의 욕망과 감정을 극복하고 수양하여 인간의 본성을 하늘의 도리와 일치시킴으로써 '하늘과 인간의 하나 됨'(天人合一)에 이르는 것이다. 불교에서 말하는 불성(佛性)은 역사를 초월한 것이며 변함없이 늘 그러한 것(如如)이다. 불교에서 인간의 목적은 인간의 욕망과 감정을 제거하고 자아와 생각을 초월하여 '없음과 빔'의 진리에 이르는 것이다. 기독교에서 인간의 본성은 인간이 처리할 수 없는 원죄로 오염되고 병들고 고장 난 것이다. 기독교에서 인간의 목적은 죄를 회개하고 신에게 돌아감으로써 신의 능력으로 죄에서 구원받는 것이다. 이러한 과거의 인간이해는 보편적 진리나 초월적 타자에게 인간의 주체를 귀속시키는 경향이 있다. 따라서 개별 인간의 개성과 창의를 약화시키고 인간의 주체성과 전체성의 역동적 일치와 혁신에 이르지 못한다.

근현대 이전에는 '나'를 성현이나 성현의 가르침에 맞추어 살려고 하였다. 인간을 인간답게 하는 하늘, 하나님을 역사와 사회 밖에서 찾았다. 근현대에 이르러서는 인간을 역사와 사회를 변화시키는 창조자적 주체로 이해하게 되었다. 그러나 역사와 사회를 초월한 하늘, 하나님은 부정되거나 제거되었다. 안창호는 하늘을 중시한 근현대 이전의 사고와 땅의 현실을 중시한 근현대의 사고를 종합하였다. 안창호는 "하늘을 체험하여 차별 없이 사랑함"을 말함으로써 하늘을 삶의 체험 속으로 끌어내렸다. 근현대의 정신에 충실한 안창호는 '하늘'과 '하나님'이란 말 대신에 자주 '절대 정직'과 '진실'을 말하고 '지극정성'과 '사랑'을 말하였다. 대한민족을 환난에서 건지려면 속임을 버리고 "각 개인의 가슴 가운데 진실과 정직을 모시어야" 한다고 하였다.[3] 하늘을 품고 하나님 앞에 선 사람만이 참으로 진실하고 참으로 정직할 수 있다. 하늘을 품고 하나님 앞에 서면서도 그는 구체적인 역사와 사회의 현실 속에서, 각 개인의 삶과 정신 속에서, 구체적으로 '나'의 삶과 정신 속에서 인간을 이해하고 실현하고 완성하려 했다. 하늘을 체험하고 차별 없는 정직한 사랑을 말했다는 점에서 도산은 기축시대 성현들의 정신과 가르침을 계승한다. 그러나 인간의 자아혁신을 통해서 '나'와 민족(세계)의 일치를 추구하고, 서로 보호하고 구원하는 민의 자치와 협동을 지향한다는 점에서 도산의 인간교육사상은 민주적이고 현대적이며 공동체적이다.

자아혁신

생명진화와 인류역사에서 보면 인간의 주체로서의 자아는 고정된 실체나 본성이 아니고 탈역사적 초월적 존재도 아니다. 인간의 생명과 정신의 주체는 생명진화와 인류역사의 오랜 과정에서 끊임없이 스스로 변화하고 스스로 형성된 것이다. 물질이나 박테리아에서 파충류, 포유류를 거쳐 인간의 이성과 영성에 이르기까지 생명의 본성은 끊임없이 변화와 진화를 거쳐 왔다. 생명과 정신은 땅의 물질에서 하늘의 정신을 향해 끊임없이 자기 부정과 초월을 통해 자기 변화와 창조의 길을 걸어온 것이다.

인간의 몸과 맘속에는 물질과 박테리아에서 파충류, 포유를 거쳐 감성과 지성과 영성을 진화 발전시켜 온 생명진화와 인류

역사가 압축되어 있다. 인간의 몸과 맘속에는 파충류, 포유류가
살아 있다. 몸, 맘, 얼로 이루어진 인간은 물체, 기계가 될 수도
있고 본능과 욕망에 휘둘리는 파충류가 될 수도 있고 감정에 따
라 움직이는 포유류가 될 수도 있다. 그러나 인간은 합리적 지성
을 가진 인간이 될 수도 있고 영성과 신성을 가진 위대하고 거룩
한 존재가 될 수도 있다. 그러므로 사람은 스스로 자신을 만들고
스스로 사람이 되어야 하는 존재다. 인간의 본성과 자아는 개조
와 혁신 속에 있다.

　박테리아, 아메바에서 인간에 이르기까지 생명진화를 이루
어왔으므로 생명과 정신의 본성은 끊임없이 탈바꿈하며 진화 고
양되어온 것이다. 애벌레가 고치를 거쳐 나비가 되듯이 박테리
아에서 인간으로 탈바꿈하였다. 따라서 인간의 생명과 정신은
개조 변화될 수 있다. 그러나 수백만 년, 수억 년 동안 인간의 본
성과 성질이 형성되어온 것이기 때문에 임의로 쉽게 개조하고
바꿀 수 없다. 또한 생명과 정신의 근본 원리는 스스로 하고 스
스로 되는 것이다. 따라서 인간의 개조, 교육은 타자에 의해서
강제로 타율적으로 될 수 없다. 인간의 교육, 개조는 스스로 하
는 것이다. 인격의 개조는 인간이 제 인격을 스스로 개조해야 한
다. 인간교육의 원리는 스스로 하고 스스로 되는 것이다. 이 점
에서 안창호가 말하는 자기개조의 교육철학은 인간의 잠재력을
실현하는 자아실현의 심리학이나 교육학과는 근본적으로 다른
것이다. 인간은 주어진 본성이나 잠재력을 실현하는 존재가 아

니라 '자신을 새롭게 하고 새롭게 되어야' 할 존재다.

인격의 혁신과 민주시민의 형성

안창호에게 인간의 자아는 이웃 동료의 자아와 서로 보호하고 협동하는 열린 자아다. 그리고 인간의 자아는 주위 환경과 서로 살리고 더불어 사는 관계를 가지고 있다. 주위 환경을 깨끗하고 아름답게 하는 것은 곧 인간 자신을 깨끗하고 아름답게 하는 것이다. 몸을 바르고 단정하게 하고 행동거지를 올바르게 가지는 것은 곧 그의 정신과 영혼을 바르고 깨끗하게 하는 것이다.[4] 너와 나와 그가 하나의 생명공동체 속에서 하나로 결합되어 있다. 그리고 안과 밖, 자아와 환경이 하나로 이어져 있다.

도산은 사람을 교육하고 훈련하기에 앞서 먼저 길거리를 쓸고 마당을 쓸고 집안을 깨끗이 하고 변소를 깨끗이 했다. 삶의 터전과 나, 환경과 사람이 분리되지 않는다. 그는 주위의 물건 하나도 깨끗하고 아름답고 보람 있게 하였다. "(안창호는) 문짝 한 끝, 화분 하나도 몸소 여러 상점을 돌아서 골라잡았고, 그것을 걸 곳에 걸고 놓을 곳에 놓는 것도 다 깊이 생각하여서 그 중 좋은 길을 취하였다. '아무렇게나' '되는 대로' '어물쩍 어물쩍' 하는 것을 도산은 '거짓'과 아울러 조국을 망하게 한 원수라고 보았다.[5] 그는 자기가 사는 지역을 사랑했고 자기가 사는 자리를 깨끗하고 아름답고 값지게 만들었다. 따라서 그의 정신과 생각이 그가 사는 자리와 주위에 표현되고 실현되었으며 아름답고 깨끗한 환경은 그의 삶과 정신을 아름답고 깨끗하게 하였다. "그는 잠시 셋집이나 셋방살이를 하더라도 그 집 그 방을 곱게 단장하였다. 깨끗이 쓸고 닦고 문장(紋章)을 치고 그림을 걸고 화분을 놓고 뜰에 화초를 심고, 이 모양으로 자기가 있는 곳을 아름답게 하였다. …… 거처 즉 환경은 거기 사는 자의 정신에 영향을 주는 동시에 그의 정신의 표현이라고 보았다."[6]

사람과 환경은 서로 주체로서 서로 영향을 미친다. 인간의 아름답고 고귀한 정신은 아름답고 고귀한 환경을 만들고 아름답고 품격 있는 환경은 인간의 정신을 아름답고 품격 있게 만든다. 도산이 생각한 애국자의 애정은 국토와 민족 전체를 포용한다. "그에게는 국토의 일초일목(一草一木)과 한 덩어리 돌, 한 줌 흙이 다 내 집의 것이요, 국민의 남녀노소가 다 내 식구다. 그러므로 그는 어느 산의 한 귀퉁이 사태 난 것을 볼 때에 제 살이 뜯긴 듯이 아프고, 어느 동포 한 사람이 잘못함을 볼 때에 제가 잘못한 듯이 슬프다."[7] 안창호에게 자연환경과 국토는 인간의 자아와 분리된 것이 아니었다. 자연환경과 주위환경 그리고 국토를 깨끗하고 아름답고 가치 있게 만드는 것은 인간과 인간의 자아를 깨끗하고 아름답고 가치 있게 만드는 것이다. 그러므로 그는 강산의 개조를 말하였다.

이제 우리나라에 저 문명스럽지 못한 강과 산을 개조하여 산에는
나무가 가득히 서 있고 강에는 물이 풍만하게 흘러간다면 그것이
우리 민족에게 얼마나 큰 행복이 되겠소. 그 목재로 집을 지으며 온
갖 기구를 만들고 그 물을 이용하여 온갖 수리에 관한 일을 하므로
이를 좇아서 농업, 공업, 상업 등 모든 사업이 크게 발달됩니다. 이
물자 방면뿐 아니라 다시 과학 방면과 정신 방면에도 큰 관계가 있
소. 저 산과 물이 개조되면 자연히 금수, 곤충, 어오(魚鰲)가 번식됩
니다. 또 저 울창한 숲과 잔잔한 물가에는 철인 도사와 시인 화객이
자연히 생깁니다. 그래서 그 민족은 자연을 즐거워하며 만물을 사
랑하는 마음이 점점 높아집니다. 이와 같이 미묘한 강산에서 예술
이 발달하는 것은 사실이 증명하오. 만일 산과 물을 개조하지 아니
하고 그대로 자연에 맡겨 두면 산에는 나무가 없어지고 강에는 물
이 마릅니다. 그러다가 하루아침에 큰 비가 오면 산에는 사태가 나
고 강에는 홍수가 넘쳐서 그 강산을 헐고 묻습니다. 그 강산이 황폐
함을 따라서 그 민족도 약하여집니다.[8]

　　당시 황폐하고 메마른 강산을 개조하여 산에 나무가 가득 하
고 강에 물이 풍만하게 흘러간다면 우리 민족의 산업이 발달할
뿐 아니라 철인 도사와 시인 화객이 생겨날 것이라고 도산은 말
하였다. 강산의 개조가 곧 인간의 개조이고 민족의 개조였다. 강
산이 아름답고 풍성해지면 인간과 민족도 아름답고 풍성해진다.
이것은 인간(민족)의 자아와 강산을 '서로 주체'로 본 것이다. 안

창호가 말한 강산의 개조는 인공적으로 운하를 만들고 댐을 만들어 강산을 인위적으로 바꾼다는 것이 아니다. 자연을 더욱 자연스럽고 풍성하게 하고 국토를 더욱 아름답고 풍부하게 하자는 것이다. 자연환경과 주위환경 그리고 나라 땅을 사랑한 안창호는 자연환경과 나라 땅도 생명의 주체와 전체로서 물성과 이치에 따라 온전히 실현되고 풍성해지기를 바랐다. 그는 자연환경과 나라 땅을 주체와 전체로 존중하고 배려했다.

생명은 안과 밖, 자신과 환경이 분리될 수 없는 것이다. 환경에는 자연뿐 아니라 사회와 역사도 포함된다. 신토불이라 하지만 그보다 더 깊게 인간은 주위환경과 결합되어 있다. 인간의 생명과 정신 속에는 밖의 환경과 사물이 깊이 들어와 있고 인간의 생명과 정신이 환경과 사물에 깊이 반영되어 있다. 안창호는 언제나 주변의 사물과 환경을 소중하고 아름답고 깨끗하게 가꾸었다. 안창호의 정신이 사물과 환경을 아름답고 의미 있게 만들었다. 그리고 사물과 환경을 깨끗하고 아름답고 소중하게 만드는 것이 곧 자신의 생명과 정신을 깨끗하고 아름답고 소중하게 만드는 것이었다. 그에게 인간과 사물·환경의 관계는 상호적이고 순환적이며 서로 주체적이다.

그가 길과 마당, 집안을 깨끗하고 아름답게 한 것은 단순히 보건위생이나 환경미화를 위해서 한 것이 아니다. 사람의 생명과 정신이 환경에 표현되고 실현되는 것처럼 환경도 인간의 삶과 정신에 반영된다. "도산은 집과 주위 환경의 정결과 정돈이 민족 개조의 중요 과목이요 제1과목이라고 생각했다. 몸가짐과 거처부터 개조 일신하지 않으면 문명한 독립 국민이 되지 못한다고 생각했다.[19] 안창호에게는 주위환경, 땅, 나무 한 그루, 물건 하나하나가 모두 깊은 의미와 가치를 지닌 것이고 주체와 전체로서 배려하고 존중해야 할 것들이었다. 그는 작은 물건 하나도 쓰고 버리는 소모품으로만 여기지 않고 그것이 있어야 할 곳을 찾아서 있어야 할 자리에서 주체로서 그리고 전체와 연결된 것으로서 소중하고 의미 있게 제 구실을 하게 하였다. 나와 환경을 서로 주체로 보고 물건 하나하나를 주체와 전체로 존중하고 배려하는 것은 신토불이, 물아일체를 뛰어넘는 훨씬 깊고 높고 세련되고 구체적인 정신과 철학의 경지를 드러낸다. 그는 나와 강산을 서로 주체로 보았으며 강산 속에서 '나'를 보고 '내' 안에서 강산을 보았다.

나와 민족의 혁신

안창호는 인간의 자아와 인격을 고정된 실체나 본성으로 보지 않고 습관과 행동 속에서 보았다. 고정된 실체나 본성으로 보지 않았다는 것은 관념이나 명사로 보지 않았다는 것이다. 습관이나 행동 속에서 보았다는 것은 자아와 인격을 산 생명의 활동과 동사로 보았다는 것이다. 자아와 인격은 살아 움직이고 행동하는 것이다. 습관과 행동에서 작용하는 것은 힘이다. 무기력한 습관과 행동이 있고 활력 있는 습관과 행동이 있다. 갈수록 힘이 떨어지게 하는 습관과 행동이 있고 갈수록 힘이 나는 습관과 행동이 있다. 안창호는 생명과 역사의 현실을 힘의 관점에서 보았다. 생명과 역사의 현실에서 실제로 작용하는 것은 힘, 능력이다. 생명과 역사의 현실에서는 힘이 있으면 어떤 일이든지 할 수 있고 힘이 없으면 아무 일도 할 수 없다.

아무리 좋은 뜻과 생각이 있고 구상과 계획이 있어도 힘이 없으면 아무 일도 이룰 수 없다. 원리와 법칙, 관념과 이념은 그 자체로서는 현실적으로 아무런 변화를 가져올 수 없다. 원리와 법칙, 관념과 이념은 힘이 작용하는 구체적 현실과 과정에서 반영될 수 있지만 그 자체로서 독자적으로 작용할 수 없다. 그러므로 안창호는 힘을 가장 근본적이고 현실적인 것으로 보았다. 그는 민족의 자주독립과 통일을 가장 중요한 과제와 사명으로 보았다. 민족의 자주독립과 통일을 위해서 능력 없는 민족을 개조하여 능력 있는 민족으로 만들려고 했다. 그리고 능력 없는 민족을 능력 있는 민족으로 만드는 것은 민족을 구성하는 한 사람 한 사람을 능력 있는 인간으로 만드는 것이었다. 이러한 인간의 개조는 남이 할 수 있는 것이 아니라 각각 자기가 자기를 개조해야 한다고 하였다. 안창호는 인격의 개조와 민족의 개조에 대하여 이렇게 말했다.

이 능력 없는 우리 민족을 개조하여 능력 있는 민족을 만들어야 하겠소. 어떻게 하여야 우리 민족을 개조할 수 있소? 한국 민족이 개조되었다 하는 말은, 즉 다시 말하면 한국 민족의 모든 분자 각 개인이 개조되었다 하는 말이오. 그런고로 한국 민족이라는 한 전체를 개조하려면 먼저 그 부분인 각 개인을 개조하여야 하겠소. 이 각 개인을 누가 개조할까요? 누구 다른 사람이 개조하여 줄 것이 아니라 각각 자기가 자기를 개조하여야 하겠소. 왜 그럴까? 그것은 자기를 개조하는 권리가 오직 자기에게만 있는 까닭이오. 아무리 좋은 말로 그 귀에 들려주고 아무리 좋은 글이 그 눈앞에 벌려 있을지라도 자기가 듣지 않고 보지 않으면 할 수 없는 일이오. 그런 고로 우리는 각각 자기 자신을 개조합시다. 너는 너를 개조하고 나는 나를 개조합시다. 곁에 있는 김군이나 이군이 개조 아니 한다고 한탄하지 말고 내가 나를 개조 못하는 것을 아프게 생각하고 부끄럽게 압시다. 내가 나를 개조하는 것이 즉 우리 민족을 개조하는 첫걸음이 아니오? 이에서 비로소 우리 전체를 개조할 희망이 생길 것이오.[10]

민족을 개조한다는 것은 민족을 구성하는 한 사람 한 사람의 '나'를 개조하는 것이다. '나'의 개조는 저마다 자기 스스로 하는 것이라고 안창호가 말한 것은 아주 당연한 것처럼 보이지만 인간교육에서 매우 근본적이고 중요한 원리를 밝힌 것이다. 인간교육은 내가 나를 개조하고 교육하는 것이다. 그리고 나의 개조는 추상적·관념적 개조가 아니다. 그가 덕력·체력·지력을 길러야 한다고 했지만 덕력·체력·지력을 기르는 구체적인 방법은 무엇인가? 안창호는 '나'를 개조하는 구체적인 방법으로서 습관의 개조를 역설했다. 안창호가 습관의 개조를 말한 것은 그가 추상적·관념적으로 인간을 생각하지 않고 인간에 대하여 구체적이고 현실적으로 생각하고 행동한 것을 나타낸다. 안창호는 습관을 개조함으로써 '나'를 개조할 수 있다고 말하였다.

그러면, 나 자신에서는 무엇을 개조할까. 나는 대답하기를 "습관을 개조하라" 하오. 문명한 사람이라는 것은 그 습관이 문명스럽기 때문이오. 야만이라 하는 것은 그 사람의 습관이 야만스럽기 때문입니다. 그러므로 여러분의 모든 악한 습관을 각각 개조하여 선한 습관을 만듭시다. 거짓말을 잘 하는 습관을 가진 그 입을 개조하여 참된 말만 하도록 합시다. 글 보기 싫어하는 그 눈을 개조하여 책 보기를 즐겨하도록 합시다. 게으른 습관을 가진 그 사지를 개조하여 활발하고 부지런한 사지를 만듭시다. 이밖에 모든 문명스럽지 못한 습관을 개조하여 문명스러운 습관을 가집시다. 한번 눈을 뜨고 한번 귀를 기울이며 한번 입을 열고 한번 몸을 움직이는 지극히 작은 일까지 이렇게 하여야 하오. 어떤 사람이 말하기를 "그까짓 습관 같은 것이야……" 하고 아주 쉽게 압니다마는 그렇지 않소. 저 천병과 만마는 쳐 이기기는 오히려 쉬우나 (습관을 개조하는) 이 일에 일생을 노력하여야 하오.[11]

  습관을 개조함으로써 능력 없는 인간과 민족이 능력 있는 인간과 민족으로 된다는 생각도 안창호의 구체적이고 현실적이며 실질적인 생각과 실천을 보여 준다. 능력 있는 인간을 만들기 위해서 안창호는 3대 교육으로서 덕력을 기르고 체력을 기르고 지력을 기르자고 했다. 인간 개조를 위해서 덕력과 체력과 지력을 기르는 것을 말했다는 것은 안창호가 실체론적 본성론이나 관념론적 주체이해를 가지고 있지 않았다는 것을 의미한다. 생명과 역사의 구체적 현실 속에서 인간의 주체적 자아를 생각했기 때문에 안창호는 습관의 개조를 말했고, 능력 없는 인간에서 능력 있는 인간으로, 덕력과 체력과 지력을 기르는 구체적이고 현실적인 인간의 개조와 교육을 생각한 것이다.

  인간의 개조와 교육을 구체적이고 실천적으로 생각한 안창호는 민족과 인간의 개조를 "우리의 몸을 고치고 우리의 가정을 고치는 것"에서 시작한다. 병들고 약한 몸을 건강한 몸으로 고치고, 도타운 믿음과 따뜻한 사랑이 없는 가정, 가난하고 나약한 가정을 서로 믿고 사랑하는 풍성한 가정으로 고쳐야 한다. 이것은 날마다 할 일이고 사람이 해야 할 가장 큰 일이다. 안창호는 자기의 몸과 가정을 고치는 일에 힘쓰지 않는 사람은 세상을 속이는 사람이고 스스로 속는 사람이라고 하였다. "오늘에 할 일 중에 가장 우리가 할 큰일은 우리의 몸을 고치고 우리의 가정을 고치는 것입니다. 우리의 경영하는 모든 일이 이 두 가지 기초 위에서 되겠습니다. 이것은 오늘에 불가불 할 일이요, 늘 할 일입니다. 만일 우리가 우리 몸부터, 우리 집부터 고치는 것을 큰 일로 보지 않는다고 하면 우리는 세상을 속이는 사람이요, 우리가 스스로 속는 사람입니다. 내가 이런 주의를 주장한 사람 중의 한 사람이요 여러 동지의 특수한 사랑을 받는 사람 중의 하나인 줄 압니다. 그런데 나는 오늘에 할 일을 늘 못하는 것이 큰 한탄이외다. 시간이 부족한 관계로 못하는 한도 있고, 능력이 부족한 관계로, 물질의 부족으로 한함도 있으되, 그중에 가장 크게 한탄할 그 관계는 나의 허위의 죄악 때문입니다. 오늘에 우리의 일이 생각대로 되지 못함을 한하다가는 나의 죄를 스스로 책하는 그것을 막을 수 없습니다. 그러나 나는 나의 생명을 다하여 나의 오늘에 할 일을 그 오늘마다에 다하여 보려고 힘씁니다."[12]

안창호에게 인간을 개조하는 것은 가장 중요하고 근본적인 일이었다. 인간의 개조는 습관과 버릇을 고치고 몸과 가정을 고치는 일상적이고 구체적인 일을 통해서 이루어진다. 날마다 몸을 고치고 가정을 고치는 일은 자신과 민족의 습관과 버릇을 고치는 일이고 인간과 민족을 개조하는 일이었다. 그러므로 몸을 고치고 가정을 고치는 일에 충실하지 못한 것은 자기와 세상을 속이는 일이고 스스로 속는 일이며, 남을 속이고 스스로 속는 것은 "허위의 죄악" 때문이라고 했다. 여기서 도산의 생각과 실천이 구체적이고 현실적일 뿐 아니라 치열하고 일관성 있고 심오함을 알 수 있다. 날마다 몸을 고치고 가정을 고치는 것은 허위의 죄악을 치유하고 정화하는 일이며 인간과 민족을 개조하는 일이다.

환난상구(患難相救): 나와 민중의 일치

인간은 저마다 자기의 삶과 제 나라의 주인과 주체이므로 책임적 관념과 주인의식을 가져야 한다. 자기 삶과 나라의 주인과 주체인 인간은 저마다 제가 저를 고치고 힘 있게 해야 한다. "자기의 몸과 자기의 집을 자기가 건지지 않으면 건져 줄 이가 없는 것과 자기의 국가와 자기의 민족을 자기가 구하지 않으면 구하여 줄 이가 없을 줄 아는 것이 곧 책임심이요 주인 관념입니다."[13] 인간은 자기 삶과 나라의 주인이고 주체이므로 자기가 자기를 구원하고 자기 민족을 스스로 구원해야 한다. 안창호는 개인의 삶, 가정과 민족, 국가를 구분하면서도 결합시켰다. 저마다 제 몸과 가정을 고쳐서 건강한 몸과 가정을 가질 때 민족과 국가를 구원할 수 있다.

근현대의 민주시민은 함께 일어나서 서로 주체로서 서로 돕고 보호하면서 단합하여 스스로 구원해야 한다. 환난을 당한 나라와 민족을 구하기 위해서 도산은 평생 동포들과 함께 나라의 독립과 통일을 위해 헌신하고 희생하였다. 그의 일생은 한 마디로 '환난을 당한 사람들이 서로 구원하는' 환난상구의 삶이었다. 고난받는 동포(민중)가 사랑으로 서로 돕고 구원함으로써 민족의 독립을 이룬다는 도산의 주장은 인류역사에서 항구적 의미를 가진 진리다. 도산은 평생 서로 불쌍히 여기고 서로 구원하는 환난상구의 삶을 살자고 부르짖었고 그 자신이 서로 불쌍히 여기고 구원하는 삶을 살았다.[14]

　도산의 이러한 자기개조의 교육철학은 유교에서 말하는 수신제가치국평천하(修身齊家治國平天下)의 사상과 비교된다. 그가 몸과 가정을 고친다는 것은 몸을 닦고 집안을 다스리는 '수신제가'와 일치한다. 나라의 독립과 통일을 이루려고 한 것은 나라를 다스리는 '치국'과 관련된다. 세계정의와 평화에 이르는 대공정신을 말한 것은 세상을 평화롭게 하는 '평천하'와 비교된다. 그러나 도산은 공적 활동을 시작한 쾌재정의 연설에서 민을 깨워 일으킴으로써 나라의 독립과 통일을 이루고 세계정의와 평화에 이르려 했다. 도산은 수신제가에 앞서 치국과 평천하에서 그의 공적 활동을 시작했다. 수신제가의 개인도덕과 수양을 완성한 후에 치국평천하의 공적 활동으로 나아간 것이 아니다. 치국평천하의 공적 활동을 시작한 다음에 몸을 고치고 가정을 고치며 습관과 버릇을 고치는 수신제가의 개인도덕과 수양에 힘썼다. 세계정의와 평화를 이루기 위해서 나라의 독립과 통일을 이루려 했고 나라의 독립과 통일을 이루기 위해서 그는 건전한 인격을 이루고 가정을 바르고 힘 있게 하고 조직과 단체의 공고한 단결을 이루려 했다. 유교의 수신제가치국평천하에 없는 환난상구가 도산에게는 있다. 나라를 바로 세우고 세계정의와 평화를 이루는 '치국평천하'와 건전인격을 형성하고 몸과 가정을 고치고 습관과 행동을 고치는 '수신제가' 사이에 환난을 당한 사람들이 서로 구원하는 환난상구가 있다. 수신제가치국평천하가 민을 다스리는 군왕과 군자의 정치철학에서 나온 것이라면 환난상구는 나라의 주권자인 민이 서로 주체로서 다스리고 협동하는 민주공화의 철학에서 나온 것이다.

새롭게 함의 철학과 참된 행복

안창호는 '개조'란 말을 자주 썼는데 그가 말한 '개조'는 '새롭게 함'을 뜻한다. 그가 1906년 말 미국에서 작성한 '대한신민회 취지서'는 민을 새롭게 하는 신민(新民)과 국가사회와 역사의 모든 낡은 제도와 관행을 새롭게 하는 유신(維新)에 그의 관심과 열정이 집중되어 있음을 알 수 있다. 한국에 돌아와 신민회를 만들고 교육독립운동에 헌신한 것도 민을 새롭게 하는 일이었다. 새롭게 하려는 인간의 모든 노력은 인간의 자기 혁신으로 귀결되고, 인간의 자기 혁신에서 모든 혁신 활동이 나온다. 인간의 최고 보람과 행복은 인간이 자신을 새롭게 하는 데 있다.[15]

도산에 따르면 행복의 어머니는 문명이고 문명의 어머니는 '개조하는 노력'이다. 모든 개조는 인간의 자기 개조에서 시작하고 자기 개조로 귀결된다. 인간의 자기 개조는 인간이 스스로 자신을 새롭게 하는 것이다. 도산에게 인간의 최고 행복은 인간이 자기를 보다 새롭고 보다 낫게 변화시키는 데 있다.[16] 안창호는 문명 부강의 뿌리와 씨를 믿이 사랑으로 서로 '보호하고 단합함'이라고 했다. 인간이 자신을 새롭게 하는 목적은 사랑으로 보호하고 단합하는 존재가 되자는 것이다. 대전형무소에서 아내에게 보낸 편지에서 안창호는 행복은 화평에서 오고 화평은 사랑에서 나온다고 하였다.[17] 1919년 상해의 교회에서 한 설교 '사랑'에서도 사랑이 '행복의 최고 원소'라고 하였다. 그리고 "우리가 서로 사랑한즉 하나님이 우리의 속에 들어오오"라고 하여 서로 사랑하는 것이 가장 위대하고 행복한 순간임을 말하였다.[18]

인간이 자기를 새롭게 한다는 것은 사랑할 수 없는 자기를 사랑할 수 있는 자기로 변화시키는 것이다. 사랑으로 서로 보호하고 협동할 수 없는 인간이 사랑으로 서로 보호하고 협동하는 인간으로 되는 것이다. 인간의 혁신과 변화는 사랑을 받을 때 사랑 안에 있을 때 가장 잘 이루어진다. 사랑으로 서로 보호하고 협동할 때 그리고 서로 보호하고 협동하는 과정 속에서 사람은 사랑으로 서로 보호하고 협동하는 사람으로 된다. 사랑은 인간의 자기 혁신이 이루어지는 동인이고 과정이며 목적이다. 그러므로 안창호는 병든 사람과 환난에 빠진 사람을 지극한 사랑과 정성으로 돌보고 보살폈다. 사랑 안에서 사람은 가장 깊이 감동을 받고 힘이 나고 새롭게 변화된다. 안창호가 생각한 행복은 인간이 자신을 새롭게 하여 건전한 인격을 이루고 사랑으로 보호하고 단합하는 삶을 사는 데 있다. 서로 보호하고 단합하는 것이 사랑으로 화평을 이루는 것이다. 그러므로 안창호에게 인간의 최고 행복은 사랑으로 서로 보호하고 단합(협동)하는 건전한 인간이 되기 위하여 자신을 새롭게 변화시키는 데 있다. 인간의 생명과 정신, 습관과 버릇이 새롭게 변화되고 탈바꿈하여 새롭게 되는 것이 인간의 최고 행복이다.

행복에 대한 이러한 안창호의 생각은 철학사적으로 매우 새롭고 의미 있는 것이다. 인간이 자기를 새롭게 하는 일이 가장 행복한 일이라고 보는 안창호의 행복관은 그리스의 고대철학자 아리스토텔레스의 행복관과 아주 다르다. 아리스토텔레스는 인간의 궁극적 행복이 '이성의 관조'[19]에 있다고 보았다. 이성의 관조가 주는 기쁨과 행복은 순수 이론의 기쁨이고 행복이다. 이성의 관조는 순수하게 사물과 인생을 있는 그대로 보는 것이다. 그것은 창조와 변화를 일으키지 못한다. 안창호는 인간 자신의 생명과 정신을 질적으로 새롭게 변화시켜서 고양과 향상에 이르는 인간의 자기변화를 행복이라고 하였다. 자기의 본성과 습관을 개조하는 것은 자기가 자기의 창조자와 피조물이 되는 것이다. 이것이 인간이 할 수 있는 가장 근본적이고 궁극적인, 가장 창조적이고 혁신적인, 가장 행복하고 보람 있는 일이다. 도산의 행복이해는 아리스토텔레스의 행복이해보다 훨씬 생명적이고 현실적이며 심오하고 현대적이다.

행복을 위한 인간의 자아 혁신

교육의 목적은 건강하고 행복한 인간이 되게 하고 스스로 그런 인간이 되는 것이다. 건강하고 행복한 인간의 몸과 맘과 얼은 저마다 제 구실을 잘 하면서 몸과 맘과 얼이 하나로 통하고 고양되고 향상된다. 아리스토텔레스에 따르면 행복은 좋고 선한 것을 실현하는 것이다. 무엇이 좋고 선한 것인가? 기능을 잘하는 것이 좋은 것이고 선한 것이다. 조각가에게는 조각을 잘하는 것이 좋은 것이다. 피리 연주자에게는 피리를 잘 부는 것이 좋은 것이다. '좋음, 잘'은 기능을 탁월하게 발휘하는 데 있다. 그리스인들에게 덕(arete, 德)은 탁월한 능력이다. 기능을 잘 발휘하는 좋음 자체, 가장 좋음(最高善)에 이르는 게 행복이다. 인간의 좋음(善)은 인간의 고유한 기능인 이성의 능력을 잘 발휘하는 것이다.

이성이 영혼의 본질과 신성을 나타낸다고 보았던 아리스토텔레스는 인간의 이성이 기능을 잘 하면 좋은 영혼이 되고 행복한 삶이 된다고 생각했다. 이성의 기능을 잘 발휘하는 것이 관조(觀照)다.[20] 관조는 보고 알고 이해하고 깨닫는 것이다. 이론을 탐구하는 이성적인 관조의 삶이 좋은 삶, 행복한 삶, 건강한 삶이다. 그러나 이성의 관찰과 관조로는 '나'와 전체의 일치에 이르지 못하고, 몸·맘·얼의 창조적 진화와 신생이 일어나지 않는다. 관찰과 관조로는 감성과 지성과 영성의 통합적인 실현과 완성이 이루어지지 않는다. 따라서 그것은 인간의 참된 행복과 건강에 이를 수 없다.

덕·체·지의 전인적 혁신을 추구한 안창호의 인간관은 기존의 모든 인간관과 확연히 다르다. 그것은 동양 전통의 인간관과도 다르고 고대 그리스 철학의 인간관이나 근현대 서구의 인간관과도 다르다. 먼저 동양 전통의 인간관을 간단히 살펴보자. 유교는 하늘로부터 타고난 인간의 주어진 본성(本然之性)을 지키거나 실현하려고 했다. 도교는 자연 질서와 변화의 길과 방식에 순응하는 인간을 추구했다. 불교는 시공간적, 구체적 현실을 부정하거나 초월한 초시간적, 초역사적 불성(佛性)을 추구했다. 생명 진화와 인류역사 속에서 인간 존재의 총체적 변화를 추구한 도산의 인간관은 과거 동양의 인간관과 뚜렷이 구별된다.

그리스의 이성철학은 인간과 인간의 본성을 이성의 관점에서 봄으로써 관념적이고 이상적인 인간이해에 머물렀다. 인간의 이성은 인간의 본성을 이성적으로 이해하고 설명할 수 있지만 인간의 본성을 혁신하고 새롭게 창조할 수 없다. 서양의 근현대 철학은 자연질서와 환경을 탐구하는 이성주의적 과학철학이었다. 자연환경을 지배와 이용의 대상으로 보고 정복하고 파괴했으나, 인간의 타고난 본성은 바꾸거나 변경할 수 있는 것이라고 보지 않았다. 인간의 본성은 자연(nature)이며 자연으로서 인간의 주어진 본성은 그대로 존중하고 지켜야 할 것이었다. 근현대 서구의 이성주의철학은 순수 이성의 계산과 논리를 추구한 수학적 사고, 물질적 인과관계와 작용을 탐구한 자연과학적 사고를 바탕으로 연구하고 교육하는 학문체계를 확립했다. 이러한 자연 과학적 인간 연구는 자연적으로 주어진 인간과 인간 본성을 현 상적으로 설명하고 소개할 뿐 인간과 인간의 본성을 보다 낮게 만들거나 인간의 '나'를 위해 질적으로 새로운 변화를 가져 올 수 없다.

생명은 물질의 법칙적 제약과 물성적 속박을 벗어나 해탈과 해방의 기쁨과 신명, 자유와 사랑, 자발적 헌신과 희생에 이른 것이다. 생명은 늘 '새롭게 되는' 것이고 '스스로 하는' 것이다. 생명진화와 인류역사를 통해서 진화 발전된 인간 생명의 본성은 주어진 그대로 있는 것이 아니다. 그것은 땅의 물질에서 닦여진 것이고 하늘로부터 주어진 것이며 오랜 생명진화 과정을 거쳐서 형성된 것이고 오늘 나에게 전해진 것이다. 인간의 본성은 잘 이 어받아 살려나가야 한다. 그것은 새롭게 변하는 것이고 진화하 고 고양되는 것이다. 그것은 자기를 버리고 희생하고 초월하여 끊임없이 탈바꿈하고 새롭게 다시 태어나는 것이다.

인간은 자연이면서 자연을 넘어서 있다. 이성과 기술을 가지 고 인간은 자연의 본성과 본질을 변경하고 새롭게 창조할 뿐 아 니라, 인간 자신의 본성을 새롭게 개조할 수 있다. 안창호가 말 한 '개조'는 서양의 관념철학에서 말하는 이성과 기술에 의한 지 배와 정복으로서의 '개조'와는 전혀 다른 것이다. 안창호가 말한 개조는 생명진화와 인류역사를 통해 드러난 사물·생명·인간의 본성과 이치, 사명과 목적에 일치하는 것이다. 그것은 인간의 존재 이유와 목적을 실현하는 것이고 최고 행복과 보람을 이루는 것이다.

인간의 자아혁신과 교육의 방법: 기쁨, 사랑, 희망

안창호는 기쁨과 사랑의 욕구와 감정을 적극적으로 표현했고 정화하고 고양시키려 했다. 그의 사랑공부와 적극적 수양법은 생의 욕구와 감정을 적극적으로 표현하고 실현하고 고양시키는 것이며, 인간의 자아를 혁신하고 덕·체·지의 힘을 길러서 건전한 인격을 형성하는 방법이다. 그러면 어떻게 덕력, 체력, 지력을 가진 능력 있는 사람이 될 수 있는가? 안창호는 먼저 희망을 가진 사람이 되어야 한다고 보았다. 희망을 가질 때 사람은 무기력과 무능력에서 벗어나 자신감을 가지고 능력 있는 사람이 될 수 있다. 식민지 백성으로서 체념하고 절망에 빠져 무기력하게 사는 청년들에게 그는 말하였다. "우리도 오늘부터 희망을 가지고 내일의 거울을 보아 봅시다. 우선 얼굴이 좋아질 것이요, 허리도 차차 펴질 것이올시다. 그리한즉 우리 가슴 속에 쌓여 있던 슬픔이 풀려 나가고 기쁨이 들어와서 그 자리를 채워가지고 이 세상 분투하는 마당에 내어 세울 것이니 우리 사람의 놋(뇌)[21] 속에 가장 먼저 잡아넣을 것이 '희망'이라 하오."[22]

희망을 가지고 슬픔을 기쁨으로 바꿀 때 인간은 절망과 무기력에서 벗어나 건전하고 씩씩한 사람이 될 수 있다. 희망은 주어진 조건과 현실을 넘어서려는 욕구, 지향, 바람을 담은 복합적 감정이다. 희망은 현실적 조건과 상황에 대한 비판과 초월의 의미를 담고 있다. 슬픔은 물질 신체적 속박과 제약으로 좌절된 생에서 나오는 감정이다. 기쁨은 물질과 신체의 속박과 제약에서 해방된 생명의 본래적 감정이다. 물질적 속박과 제약에 갇혀 있는 생명은 자신의 본성과 목적을 실현하지 못한 채 상처받고 죽을 수 있으며 절망하고 좌절할 수 있다. 본능적 욕망과 감정의 굴레에 매인 인간은 욕망과 감정이 충족되지 않을 때 쉽게 절망하고 좌절하여 무기력과 무능력에 빠진다. 슬픔은 절망하고 좌절한 감정이다. 슬픔에 빠질수록 좌절과 무기력은 커지고 생명과 정신은 고갈되고 위축된다. 생명과 정신의 고갈과 위축에서 벗어나려면 슬픔의 감정을 생의 근원적 감정인 기쁨으로 바꾸어야 한다. 슬픔의 감정을 기쁨의 감정으로 바꾸는 것은 희망이다.

희망은 땅의 물질적 속박과 제약에서 하늘의 자유와 해방을 향해 솟아올라 나아가는 것이고 과거와 현재의 좌절과 실패를 넘어서 새로운 미래로 나아가는 것이다. 희망은 땅의 현실적 물질적 조건에 근거를 둔 것이 아니라 땅을 초월한 하늘과 아직 오지 않은 미래에 근거를 둔 것이다. 희망은 생의 근원에로 돌아가서 새로운 미래를 열어가는 것이다. 희망은 생의 주체와 전체와 창조적 진화를 긍정하고 신뢰하는 것이다. 생명은 이미 물질적

육체적 제약과 속박을 이기고 해방의 기쁨과 자유를 가진 것이다. 좌절과 무기력, 슬픔의 감정에서 벗어나려면 먼저 생의 본성인 기쁨과 사랑을 회복해야 한다. 기쁨과 사랑은 본능적 욕망과 감정보다 더 근원적인 생의 욕망이고 감정이다. 인간의 생명과 정신은 사랑과 기쁨 속에서 가장 잘 자라고 힘차게 되고 새롭게 되고 고양될 수 있다. 희망은 생의 근원과 본성을 긍정하고 신뢰하며 생의 근원과 본성에로 돌아가는 것이다. 그리하여 생의 본성과 근원을 회복하고 실현하고 완성하는 것이다. 생의 본성과 근원에로 돌아가면 생의 근원적 기쁨과 사랑에서 희망이 나온다. 희망을 가지면 체념과 좌절을 이기고 무기력과 무능력에서 벗어나 능력 있는 인간으로 될 수 있다. 로마의 속담처럼 살아서 숨을 쉬는 한 인간은 희망을 가질 수 있다(Dum spiro, spero).

생의 기쁨과 사랑은 희망과 서로 맞물려 있고 순환적 관계 속에 있다. 자기가 자기를 새롭게 창조하고 변화시켜가는 인간은 희망하는 존재다. 희망은 생의 근원에로 돌아가는 것이면서 이전과 다른 새로운 생을 시작하는 것이다. 생은 스스로 새롭게 되고 새롭게 되는 것이므로 생 자체 속에 새로운 변화를 향한 희망과 열망이 들어 있다. 희망은 주어진 상태에 머물러 있지 않고 앞으로 나아가는 것이다. 생명의 숨에서 나오는 희망에 머물지 않고 도산은 의지와 생각으로써 희망을 인간의 뇌 속에 집어넣으려 했다. 도산에게 희망은 생의 근원에서 솟아나는 것이면서 미래에 대한 인간의 의지와 생각에서 생겨나는 것이다. 더 나아가서 희망은 생의 근원과 목적인 하늘에 근거를 둔 것이다. 하늘은 늘 변함없이 그렇게 있는 것이므로 하늘을 체험하고 하늘의 뜻을 이루며 살았던 도산에게 희망은 결코 사라질 수 없는 것이었다.

인간의 자아혁신과 교육의 방법:
적극적으로 나아가는 수양

안창호는 능력 있는 민족, 능력 있는 사람을 만들려고 하였다. 그에게 능력은 인간의 자아와 환경과 역사를 보다 낫게 변화시킬 수 있는 힘이다. 이러한 힘의 원천은 생명의 근원인 사랑, 기쁨, 희망이다. 이러한 힘을 기르기 위해서 안창호는 사랑 공부를 역설했다. 사랑공부를 통해서 혁신의 능력을 기르는 수양은 소극적일 수 없다. 사랑은 용감하고 모험적인 것이기 때문이다. 안창호는 흥사단이 수양과 훈련의 기관임을 밝히고 흥사단의 수양법은 적극적 수양법임을 내세웠다. 그는 기존의 동양적 수양법을 소극적 수양법이라고 비판하였다. 소극적 수양은 삶에 대해 두려워하며 조그만 실수나 잘못도 저지르지 않으려고 조심조심 소극적·방어적으로 수양하는 것이다. 이런 수양을 하는 사람들은 한번 잘못하거나 실수하면 낙담하고 포기하기 쉽다. 안창호가 말한 적극적 수양은 삶에 대해서 적극적·진취적으로 생각하는 수양이다. 그것은 과거의 잘못이나 현재의 부족함에 연연하지 않고 대담하게 적극적으로 앞으로 나아가는 수양이다. 실수하고 넘어지더라도 다시 일어나고 다시 힘써서 "나아가고 나아가서 결코 포기하지 않는다"라고 하였다.

> 우리 흥사단에서는 (수양을) 소극적으로 하지 말고 적극적으로 하자. 소극적 수양을 하지 말고 방담적(放膽的) 수양을 취하자. 동양의 수양방법이 어떠하오? '마치 깊은 연못가를 걷고 얇은 얼음 위를 밟듯이 두려워 떨며 조심하고 삼가며'(戰戰兢兢 然如 臨深淵 如履薄氷), 동양에서는 수천 년간 이와 같은 수양을 취하여 왔소. '위험한 곳에는 들어가지 않고 어지러운 곳에서는 살지 않는다.'(危邦不入 亂邦不居), 이것이 다 소극적 주의요, 기독교도 동양에 들어온 뒤에는 또한 소극적으로 흐르게 되었소. 우리 흥사단 단우는 그런 수양을 하지 말고 나는 능히 무실할 수 있는 장부요, 역행할 수 있는 장부라 생각할 것이오. 소극적 수양을 취하는 자는 한번 실수에 빠지면 전율하여 다시 일어나는 힘이 없어 점점 연약하여 가되, 적극적 수양을 취하는 자는 설혹 한둘의 실수가 있더라도 '다시 접촉하고 다시 힘써서'(再接再勵) '나아가고 나아가서 결코 포기하지 않는다'(進進不棄) 하오.[23]

안창호는 적극적·진취적 수양을 강조하면서 태도와 예절은 평범하고 소박하고 자연스러워야 한다고 했다. 과장되거나 허영이 깃든 언행을 삼가고 진실하고 소박한 말과 행실을 강조했다. 진실하고 자연스러운 언행은 자신에게 엄격하고 남에게 대범한 것이다. "공자는 사십이불혹(四十而不惑)이라 하였나니 사람에게 어찌 잘못이 없겠소(人誰無過)? 무죄한 자는 한 사람도 없다고 사도 바울이 말하였소. 이상 한 말이 심상한 말이 아니오. 이후 우리 단우의 동작은 천연하고 심상하게 함이 가하오. 고의로 국궁연(鞠躬然)하게 지어서 말 것이오. …… 겉으로 보면 평범하지만 그러나 속으로 의리를 지키며 하는 일에 충성을 다함이 가하오."²⁴

애기애타와 적극적 수양을 말하는 안창호의 수양법은 동양의 전통적 수양법과는 다르다. 중국유교는 인간과 하늘의 일치를 추구하는 천인합일을 말했다. 천인합일을 말한 중국유학을 한국유학은 보다 철저하게 받아들여서 인간과 하늘의 직접적 일치를 강조하여, '하늘과 인간 사이에 간격이 없다'는 천인무간(天人無間, 李穡)을 말했다. 퇴계 이황은 '천인무간'의 명제를 더욱 철저화하였다. 그는 나와 하늘의 직접적 일치를 강조하여 '하늘과 나 사이에 간격이 없다'는 '천아무간(天我無間)'으로 집약시켰다. 철학하는 주체로서의 '자기'를 강조하고, 현실적으로 하늘과 하나인 존재로서의 '자기'를 회복하기 위하여 퇴계는 경(敬)을 중심으로 하는 고도의 수양 철학을 완성시켰다."²⁵ 이황이 주체로서의 자기를 강조하는 유교의 수양철학을 발전시켰지만 이것은 안창호가 말한 애기애타와 적극적 수양과는 다르다. 이황의 자기 수양은 자기를 사랑하고 활달하게 펼치는 애기가 아니라 허물이나 잘못을 저지르지 않기 위해 삼가고 조심하는 소극적 수양이다. 자신의 수양을 노래한 '도산십이곡'에서 그가 "허물이나 없고자" 한다고 노래한 것은 그의 수양이 소극적 수양임을 보여 준다. 퇴계의 소극적 수양은 허물이나 잘못을 무릅쓰고 적극적으로 행동하며 앞으로 나아가고자 했던 도산의 진취적이고 적극적 수양과 대비된다.

도산의 적극적 수양은 흥사단의 동맹수련에서 보다 확실하게 확인된다. 흥사단은 홀로 은밀히 수양하는 개인 수양에 머물지 않고 동지들과 더불어 수행하는 동맹수련을 실행하였다. 도산 자신도 상해임시정부 시절에 날마다 이른 아침에 흥사단 단소에서 동지들과 함께 모여 정좌회(靜坐會)를 갖고 단전호흡을 하며 침묵하고 명상하는 시간을 가졌다. 동맹수련은 동지들이 서로 거울이 되고 길잡이가 되어 서로 단련하고 수양함으로써 우정을 돈독하게 하고 신의와 단결을 심화하고 강고하게 하는 집단적·공동체적 수양이었다.

안창호는 인격수양만을 강조한 수양주의자도 아니고 제도개혁만을 추구한 행동주의자도 아니다. 그는 흑백논리나 진영논리에 빠진 당파적이고 분열적인 생각과 행동을 철저히 거부하고 경계한 사람이었다. 그는 원칙과 동기와 목적에 충실한 사람이면서 입체적이고 종합적이며 주체적이고 전체적인 관점에서 생각하고 행동한 현실적 지도자였다.

나라의 근본을 세우는 인간교육

안창호는 한국 근현대의 중심과 선봉에서 한민족의 민주와 통일의 정신을 확립하기 위해서 누구보다 순수하고 치열하게 헌신하고 노력했다. 그의 정신과 철학은 삼일운동과 임시정부의 정신과 철학을 가장 잘 드러내고 표현하였다. 그는 교육독립운동을 이끌었고 교사로서 큰 모범을 보였다. 안창호는 한국 민족과 국가의 스승이 되기에 부족함이 없다. 그는 근현대 한국 민족의 정신과 삶을 대표하는 인물이며 세계에 내놓을 수 있는 보편적 정신과 가치를 구현한 인물이다. 한국 근현대사에서 안창호처럼 인간적으로 허물이나 잘못을 저지르지 않고 이념과 노선에서 치우치거나 편향되지 않으면서 독립운동의 중심에서 한결같이 바른 길을 걸어온 지도자는 없다.

민족과 세계 전체의 자리에서 서로 다른 세력과 사상들을 끌어안으며 민주와 통일의 길을 곧게 걸어온 안창호는 오늘 한국 사회가 분열과 갈등에서 벗어나 생각과 마음을 하나로 모을 수 있는 인물이다. 안창호는 보수와 진보, 젊은이와 늙은이, 가난한 이와 부자가 함께 존경하고 따를 수 있는 분이다. 우리는 나라의 근본을 세우는 인간교육의 내용과 방법을 안창호의 삶과 정신과 철학에서 찾을 수 있다. 안창호의 삶과 사상에는 인간교육을 위한 깊은 철학과 내용과 방법이 담겨 있다.

나라의 근본을 세우고 인간이 주인이 되는 세상을 만들려면 인간교육이 필요하다. 한국과 세계의 민주시민이 되기 위하여 그리고 자유롭고 평등하면서 서로 살리고 더불어 사는 사회를 만들기 위하여 인간교육을 해야 한다. 정치인과 고위 공직자, 국민을 섬기는 공무원 그리고 민주시민을 위한 인간교육을 해야 한다. 자본과 기계가 지배하는 산업사회에서, 인공지능과 로봇이 주도하는 미래 사회에서 인간이 자신의 삶과 사회의 주인으로 살기 위해서는 무엇보다도 인간교육이 절실히 요청된다.

이미 2014년에 국회에서 여야 국회의원 만장일치로 인성교육진흥법을 통과시킴으로써 의무적으로 유치원에서 고등학교까지 인성교육을 하게 되었다. 그러나 인성교육은 제대로 이루어지지 못하고 있다. 그 까닭은 교사, 학생, 학부모가 모두 입시경쟁의 포로가 되었으므로 인간교육을 할 여유가 없기 때문이다. 또한 인간교육을 하려고 해도 인간(인성)교육의 내용과 프로그램, 방법이 마련되지 않았기 때문에 인간교육을 할 수 없는 형편이다. 인간교육은 주입식 지식교육이 아니라 인간의 자기 교육이므로 인간과 교육에 대한 깊은 철학이 확립되어야 하고 교육의 내용과 방법이 마련되어야 한다. 그리고 인간교육을 가르치고 지도할 교사를 양성해야 한다.

인간교육을 위한 철학, 내용과 방법을 어떻게 마련할 것인가? 어떻게 인간교육을 하는 교사를 양성할 것인가? 한국 근현대의 정신과 철학, 헌법 전문에 제시된 삼일운동과 임시정부의 정신과 철학을 깊이 연구해야 한다. 한국 근현대의 정신과 철학은 인류정신사와 사상사에서 새로운 것이므로 연구의 기준과 방법이 새로워야 한다. 동양과 서양의 전통정신과 철학을 기준으로 한국 근현대(삼일운동과 임시정부, 안창호)의 정신과 철학을 연구해서는 안 된다. 근현대의 인간과 사회가 고대와 중세의 인간과 사회보다 더 나아간 것이고 더 새롭고 높은 것이다. 근현대의 정신과 철학을 연구하는 것은 나와 우리의 정신과 철학을 연구하는 것이다. 내가 나를 연구하고 내가 나로 되는 길을 찾는 것이다. 그렇게 하려면 한국 근현대의 정신과 철학을 기준으로 동서의 전통과 정신을 비판하고 창조적으로 새롭게 해석하는 방식으로, 한국 근현대의 정신과 철학을 연구해야 한다.

나라의 근본을 세우는 인간교육을 하려면 나라의 근본인 민주공화와 민족통일의 정신과 철학을 확립하고, 인간교육의 내용과 프로그램을 연구 창작하며, 인간교육의 교사 양성하는 연구 교육기관을 마련해야 한다. 그래서 유치원과 초중고에서 인간교육을 실행하고 대학과 사회에서 민주시민교육으로서 인간교육을 실행해야 한다.

3장

한국 근현대가 낳은
세계적 사상가

인류의 근현대는 민주화, 산업화, 세계화가 동시에 일어나는 과정이다. 근현대의 가장 중요한 특징은 신분제의 속박에서 벗어나 민이 사회와 역사의 주체로 자각하고 민의 주체를 실현하는 민주화다. 근현대의 둘째 특징은 미신적 운명론과 비과학적 혼돈에서 벗어나 합리적·주체적 삶을 실현하는 과학기술화(산업화)다. 셋째 특징은 동·서의 지역적 제약과 속박에서 벗어나 세계를 통합해가는 세계화다. 그러나 인류의 근현대는 문명개화에 앞장선 부강한 나라들이 약소한 나라들을 침략하고 정복하는 불의하고 잔혹한 시대였으며, 부강한 국가들 사이에 식민지쟁탈전을 벌이는 전쟁과 폭력의 시대였다. 근현대 세계화는 지배와 정복, 전쟁과 폭력으로 잔혹하고 파괴적인 결과를 가져왔다. 중세의 신분질서에서 해방된 민중은 자본과 군사력이 결합된 국가주의 권력에 예속되었으며, 국가의 산업노동력과 군사력으로 동원되고 소모되었다. 따라서 민주주의는 파시즘적 국가주의에 의해 왜곡되고 파괴되었다. 과학기술의 발달로 산업사회의 생산성이 높아지면서 자본과 기계가 사회를 지배하게 되었고, 인간의 생명과 정신은 물질과 기계에 예속되고 억압되었다. 그리하여 물질과 생명과 정신의 세계는 비합리적이고 무가치한 무질서와 혼란에 빠지게 되었다. 자본과 기계가 지배하는 산업자본사회에서 세계 근현대의 이념과 정신인 민주화, 과학기술화, 세계화는 근본적으로 왜곡되고 변질되고 타락하였다.

마치 조개가 상처를 입고 진주를 만들어내듯이, 강대국들의 불의와 폭력으로 짓밟히고 상처받은 한국의 근현대는 정의와 평화를 실현하는 민주정신과 생명철학을 탄생시켰다. 일제의 침략과 정복으로 나라를 잃고 큰 슬픔과 고통 속에 있었던 한민족은 서양의 기독교정신과 과학정신, 민주정신을 열렬하면서 순수하고 온전하게 받아들일 수 있었다. 또한 누구보다 간절하고 진실하게 정의와 평화를 갈구하고 실현하려고 하였다. 동서 문명의 합류와 민주화과정으로 전개된 한국 근현대사의 중심에서 가장 진지하고 철저하게 근현대의 정신과 철학을 추구하고 실현한 인물이 도산 안창호다.

안창호의 생명체험과 생명철학

안창호의 철학은 그의 삶과 정신에서 우러난 것이고 생명과 정신, 몸, 맘, 얼로 체득하고 실현한 것이다. 그의 철학은 그의 삶과 정신에서 그리고 삶의 역사에서 체험되고 깨닫고 실행된 것이다. 그의 철학은 생명철학이다. 그는 자신의 몸과 맘에서 생명의 본성과 진리를 체험하고 깨달았다. 수십억 년 진화해온 생의 본성과 진리는 무엇인가? 생은 물질 안에서 물질을 초월한 것이다. 물질 안에 있지만 물질의 제약과 속박에서 해방된 것이므로 자유롭고 신나는 것이며 기쁜 것이다. 생의 이러한 자유와 기쁨은 자기 안에 갇혀 있지 않고 자기를 넘어서 서로 다른 주체와 교감하고 소통하며, 사랑의 관계를 만들어가고 상생과 공존의 공동체를 이루어간다. 또한 모든 생명체는 스스로 하는 자발적 주체이고 신체의 모든 기관들과 부분들이 하나로 통일된 전체이며 끊임없이 새롭게 진화 발전하고 향상되는 것이다.

물질적 제약과 속박에서 벗어난 생의 기쁨과 사랑을 지닌 사람은 물질적 조건과 환경, 역사 사회적 상황과 형세에 좌우되지 않는 낙관과 희망을 가질 수 있다. 평생 기쁨과 사랑을 잃지 않았던 안창호는 큰 시련과 역경 속에서 눈물을 흘리며 통곡하기도 했지만, 어떤 경우에도 그가 살아 있는 동안 희망과 낙관을 버리지 않았다. 그는 물질적 현실적 상황과 조건에 흔들리지 않는 절대희망과 낙관을 가지고 살았다.

쾌재정의 연설에서 안창호는 민중과 함께 서로 주체로서 일어서는 체험을 하였다. 평양 부근에서 가난한 평민의 아들로 태어나고 자랐던 청년 안창호에게 그 지역 청중은 부모나 집안 어른들 같았다. 곧고 당당하게 서서 진실과 정의를 말할 때 안창호는 민중과 하나로 될 수 있었고 하나로 된 민중에게서 큰 감격과 열정, 용기와 힘이 분출하는 것을 경험하였다. 이것은 안창호 자신의 '나'를 발견하고 체험한 것이며, 민중을 민족역사의 중심과 주체로 확인하고 체험한 것이다. 이때 안창호는 생명의 진리체험, 역사와 사회의 민중체험을 깊고 철저하게 하였다. 이러한 그의 진리체험이 그로 하여금 그의 철학을 형성하고 평생 올곧고 창조적인 생을 살게 하였다.

나를 배제한 바깥 타자들에게서도 아니고 바깥 타자들을 외면한 나의 주관적 내면에서도 아니고, 사회와 역사의 민중 현실 속에서 나와 다른 민중 전체의 일치 속에서 안창호가 생의 진리(하나님)를 체험한 것은 이제까지 인간이 경험한 진리체험 가운데 가장 궁극적이고 가장 높은 진리체험의 방식이다. 여기서만 생의 주체와 전체가 참되게 일치하며 새로운 사랑의 공동체적 관계가 형성될 수 있다. 안창호가 평생 지치거나 절망하지 않고 기쁨과 사랑과 희망을 가지고 앞으로 나갈 수 있었던 것은 그의 진리체험이 그만큼 깊고 철저했기 때문이다.

과학적 합리성과 무실역행

안창호의 철학에서 가장 두드러진 것은 과학적 인과관계와 인과율을 인생과 역사, 도덕과 정신에까지 인정하고 중시했다는 것이다. 그는 좋은 원인이 있으면 좋은 결과가 나온다고 보았고, 인간이 진실하고 힘차게 행동하면 반드시 좋은 결과에 이른다고 생각했다. 어떤 역경과 시련 속에서도 '나'나 '우리'가 힘을 모아서 일하는 만큼, 좋은 결과를 만들어낼 수 있다고 보았다. 따라서 그는 진실과 정직을 가장 중요한 진리이고 덕이라고 보았다. 무실은 진실을 추구하자는 것이고, 역행은 힘을 길러서 진실한 일을 힘껏 하자는 것이다. 무실역행을 내세우고 실천함으로써 안창호는 비과학적인 미신적 사고와 행태를 깨끗이 청산했다.

그가 내세운 진실과 정직, 그리고 무실역행은 단순한 도덕적 권면이 아니었다. 그것은 반민주적이고 특권적인 사회의 부패와 불의, 거짓과 허위를 청산하고 새로운 사회를 이루려는 혁신적 주장이었다. 조선사회의 지배층은 공허한 생각과 주장을 하고 일하지 않고 놀고먹으면서, 일하는 사람들을 억압하고 착취했다. 일하지 않고 놀고먹는 조선사회 지배층은 말과 생각이 공허하고 거짓되었을 뿐 아니라 그들의 사회관계와 행태도 불의하고 부패했으며 거짓되고 기만적이었다. 조선사회의 이러한 거짓과 허위가 나라를 망하게 했다고 본 안창호는 정직과 진실을 내세우고 힘껏 일하면서 서로 보호하고 협동하는 삶을 살자는 뜻에서 무실역행을 주장하고 실천하였다.

무실역행은 충의용감과 짝을 이룬다. 무실역행 충의용감의
4대정신은 인간의 생명과 정신을 형성하는 기본 원소이며 그 생
명과 정신을 실현하고 완성하는 근본원리다. 4대 정신을 닦아세
운 사람은 유능하고 품격 있는 사람이 될 것이고 그런 사람이 모
인 단체와 조직은 힘차게 뻗어나갈 것이고 그런 단체와 조직이
많은 나라는 정의롭고 융성할 것이다.

나의 발견과 확립

한국 근현대는 인간의 자아 '나'를 역사와 사회, 민족과 국가
의 주체, 민주(民主)로 자각하고 실현하고 확립해가는 과정이다.
'민의 주체적 자각'은 중세 신분사회의 속박에서 벗어나 역사와
사회의 주체로 깨어나는 일이었다. 민의 주체적 자각은 결코 쉽
고 편한 일이 아니었다. 주체 '나'는 결코 자명하지 않았다. 고대
와 중세의 '나, 자아'란 말은 억압적 통치와 신분질서 아래서 고
통 받고 신음하는 피지배민중의 억눌림과 굴종을 담고 있다. 동
양, 한국에서는 '나'라는 말을 잘 쓰지 않았고 서양에서는 인간
의 주체와 정체를 자아(ego), 인격·성격(person)으로 나타냈다.
로고스(이성) 중심의 서양정신사에서 인간의 욕망과 감정은 통
제되고 치유할 대상이었다. 감정(pathos)은 고통(passion)과 질병

307

(pathology: 병리학)을 뜻하게 되었다. 자아(ego)는 탐욕과 병든 감정으로 가득 찬 존재이고 인격·성격(person)은 탐욕과 병든 감정으로 가득한 자아를 가리는 가면(persona)을 의미했다. 근현대의 의미에서 역사와 사회의 주체로서의 '나'는 고대와 중세에는 없었던 셈이다. 포스트모더니즘은 인간의 욕망과 감정을 통제하고 억압하는 이성적 자아를 해체하려고 하였다.

고대와 중세에 모든 인간은 신민(臣民), 노예, 농노였으며 지배 권력과 체제 아래 놓인 존재였다. 고대와 중세까지 영혼을 가리키는 한국말 '넋'은 인간을 지배하고 해코지하는 존재, 병들게 하고 괴롭히는 존재, 달래고 섬겨야 하는 존재다. 영어 'subject'(권력의 지배 아래 놓인 존재)도, 우리말 '넋'도 고대와 중세의 억눌리고 짓밟힌 민중의 삶과 의식을 반영한다. 이러한 '넋'이나 'subject'는 자유로운 주체의 의미를 가질 수 없다. 한국 근현대에서 대종교와 정인보가 본래 생명의 기운, 기(氣), 정기(精氣) 또는 미혹(迷), 어리석음(愚)을 뜻했던 '얼'[1]을 역사와 사회의 주인과 주체로서 영혼과 신의 의미로 썼다. 영혼을 나타내는 히브리어 '루아흐', 그리스어 '프쉬케', '프뉴마', 라틴어 '스피리투스', 인도어 '아트만'은 모두 '숨'(息)이나 '바람'(大氣)을 뜻하는 말이었다. 인류의 정신사는 본래 생명의 기운이 미혹의 감정과 어리석음의 의식을 극복하고 역사와 사회의 주인과 주체인 얼과 혼에 이르는 과정이다. 한국의 근현대사도 인간의 참된 주체 '나'를 확립하는 과정이다.

　안창호는 '나'를 생명과 역사, 사회와 나라의 주인과 주체로서 발견하고 개혁하고 확립하려고 하였다. 그가 발견한 '나'는 자기의 육체와 관념 안에 갇힌 것이 아니라 생명과 정신의 나, 역사와 사회의 나로서 무한이 열린 나였다. '나'는 개별적 인간의 '나'이면서 모든 살아 있는 것들의 '나'이고 전체가 하나인 '나'다. 안창호가 발견한 나는 안창호 개인의 나이면서 민족 전체의 나였다. 민족의 한 사람 한 사람의 나, 나의 나, 너의 나, 그의 나였다. 1906년 말에 작성한 '대한신민회취지서'에서 안창호는 '아(我) 대한신민(大韓新民)'이란 말을 거듭 썼다. '아(我)-민(民), 我 大韓新民.' 我는 나를 가리키는 말이지만 우리라는 의미로도 쓰인다. 그가 '나'(我)를 강조하고 앞세운 것은 나, 우리의 주체적 책임을 강조하려는 것이었다. 나에 대한 강조는 그의 사상과 생애에서 일관성 있게 나타나고 갈수록 더욱 강화되고 심화되었다. 안창호는 흥사단 입단문답을 통해서 민족 독립의 주체를 확고히 세우려 했다. 그는 "누가 독립운동을 해야 합니까?"라는 질문을 집요하게 물음으로써 "내가 해야 합니다"라는 대답을 이끌어냈다. 그리고는 "나의 나든, 너의 나든, 그의 나든, 내가 해야지 내가 하지 않으면 아무도 하지 않는 것입니다"라고 확언했다. 그는 민족 한 사람 한 사람의 나를 민족(국가) 전체의 나로 공적인 나로 깨워 일으키려고 혼신을 다했다.

　안창호는 '나'를 깊이 탐구하여 나와 민족(국가)을 일치하는 지경까지 나아갔다. 나는 국가 민족에 대하여 주인으로서 무한

책임을 져야 한다. 그는 흥사단 입단문답에서 이러한 '나' 철학을 제시하였다. 그는 담대하게 말했다. "우리나라를 망하게 한 것은 일본도 아니요, 이완용도 아니오. 그러면 우리나라를 망하게 한 책임자가 누구요? 그것은 나 자신이오. 내가 왜 일본으로 하여금 내 조국에 조아(爪牙)를 박게 하였으며, 내가 왜 이완용으로 하여금 조국을 팔기를 허용하였소? 그러므로 망국의 책임자는 곧 나 자신이오."[2] 우리 민족 각자가 한국은 내 것이요, 한국을 망하게 하거나 흥하게 하는 것이 내게 달렸다고 자각하는 때에 비로소 민족의 자주독립과 부흥의 여명이 온다는 것이다. 나라와 민족의 주인인 국민은 남에게 책임을 미루거나 남 탓을 해서는 안 된다. 남에게 책임을 돌리고 남 탓을 하고 있는 동안에는 아무런 바람직한 변화도 일어나지 않는다. 남에게 책임을 돌리고 남 탓 하는 일을 중단하고 내가 책임을 지고 일어설 때 비로소 나라와 민족의 살 길이 열린다. "자손은 조상을 원망하고 후진은 선배를 원망하고, 우리 민족의 불행의 책임을 자기 이외에 돌리려고 하니 대관절 당신은 왜 못하고 남만 책망하시오. 우리나라가 독립이 못 되는 것이 '아아, 나 때문이로구나' 하고 내 가슴을 두드리고 아프게 뉘우칠 생각을 왜 못하고 어찌하여 그놈이 죽일 놈이요, 저놈이 죽일 놈이라고만 하고 가만히 앉아 계시오? 내가 죽일 놈이라고 왜들 깨닫지 못하시오?"[3] 상대에게 책임을 돌리고 그놈, 저놈을 죽일 놈으로 탓하고 있으면 더욱 불행한 나쁜 상황으로 내몰린다. 그러나 내 탓이라 하고 스스로 책임을 지고 일어나 행동하면 새로운 변화를 만들 수 있다는 것이다.

안창호는 홍사단 입단문답을 통해서 모든 존재의 근원이 '나'라는 결론에 이른다. "홍사단의 주인도 책임자도 나다. 내가 있는 동안 홍사단은 없어지지 않을 것이다."[4] 데카르트가 "나는 생각한다. 그러므로 나는 존재한다"라고 말했다면 안창호는 "내가 있다. 그러므로 모든 것이 있다", "내가 있다. 그러므로 그것이 있다"는 주장과 결론에 이르렀다. 주인으로서 '나'는 창조자적 주권자다. 주인은 무엇이든 할 수 있다. 그리고 주인으로서 '내'가 있는 한 홍사단은 있다.[5] 안창호는 인간의 자발적 의지를 강조하는 주의주의(voluntarism)를 철저화하여 '나'를 존재와 일, 생명과 정신의 존재론적 근원과 주체로 강조한다.

홍사단 입단문답에서 그는 독립운동을 누가 하는가 묻고 "내가 한다"는 대답이 나오게 하였다. 그는 국민 한 사람 한 사람의 '나'가 하지 않으면 결국 아무도 하지 않는 것이라고 하였다. 따라서 내가 하면 하는 것이고 내가 하지 않으면 아무도 하지 않는 것이다. 어떤 일도 나의 나, 너의 나, 그의 나가 해야 하는 것이지 그 어떤 나가 하지 않으면 결국 아무도 하지 않는 것이다. 생명체에서 스스로 하는 주체와 내적으로 통일된 전체가 하나의 생명으로 일치되어 있듯이, 국가와 민족에서도 한 사람 한 사람의 주체와 민족 국가 전체가 하나로 연결되어 있다.

"내가 있다. 그러므로 모든 것이 있다"는 도산의 철학원리는 주관적이고 관념적인 원리가 아니며 물질적이고 존재론적 원리도 아니다. 이것은 생의 주체 ('나')의 철학적 원리다. 생명과 정신의 '나'가 없다면 생명과 정신의 세계도 없다. 생명과 정신의 주체인 '나'가 이룩한 모든 정신문화의 세계, 문명과 역사, 사회와 종교, 예술과 학문의 세계도 없다. '나'가 없으면 이 모든 것은 생겨나지 못했고 생겨났다고 해도 신기루처럼 사라질 것이다. 물질의 세계도 그것다운 고유한 본질과 성격이 없고 내적 결합력과 통합력이 없으면 존재할 수 없다. 물체들도 존재의 깊이와 내적 통일성을 가지고 있으므로 존재하는 것이다. 도산철학의 계보를 이루는 다석 유영모는 물체도 물질의 주체라고 하였다.[6] 물체도 존재의 한없는 깊이와 가치를 지니고 있으며 전체 하나와 연결되고 통합되어 있다. 그리고 물질의 가치와 의미는 생명과 정신의 '나'를 통해서 발견되고 드러나고 표현되고 실현된다. 만일 인간 생명과 정신의 '나'가 없다면 햇빛과 바람, 물과 흙이 그렇게 소중하고 아름답고 값진 것임을 어떻게 알았겠는가? 생명과 정신의 '나'에 의해서 비로소 햇빛, 바람, 물, 흙의 가치와 아름다움, 보람과 의미가 드러나고 표현되고 실현된다. 만일 '내'가 없다면 햇빛, 바람, 물, 흙과 같은 물질들은 아무런 보람과 의미를 잃고 떠돌다가 소멸하고 말 것이다.

애기애타(愛己愛他)의 철학

안창호가 말년에 내세운 '나를 사랑하고 남을 사랑하라'(愛己愛他)는 말은 그의 사상과 철학을 압축한 것이다. 나를 사랑하고 존중하며 나를 사랑하는 법을 배우고 익혀야 한다는 안창호의 주장은 지극히 현대적이고 새로운 것이다. 근현대의 인생과 역사를 누구보다 치열하고 진지하게 살았던 안창호는 애기애타를 말함으로써 현대인의 삶과 정신을 움직이고 살리는 사상과 철학을 제시했다. 그의 철학에서 애기는 나 자신에 대한 사랑에 머물지 않고 남을 사랑하는 이타(利他)로 나아간다. 나를 사랑하는 애기와 남을 사랑하는 이타는 서로 다르면서도 깊이 결합되어 있다. 나를 깊이 사랑하고 존중할 수 있을 때 비로소 남을 바르게 잘 사랑할 수 있다. 나와 남은 뚜렷이 구분되면서도 그 깊이와 높이에서 뗄 수 없이 하나로 결합되어 있다.

세계 젊은이의 맘을 사로잡은 방탄소년단의 앨범 〈Love yourself〉(너 자신을 사랑하라)도 듣는 사람에게는 '나를 사랑하라'는 말이 된다. 그 앨범 속에 있는 〈Answer: Love myself〉(대답: 나 자신을 사랑하라)는 제목도 그렇지만 가사 내용은 안창호의 애기철학을 잘 드러내고 있다. "어쩌면 누군가를 사랑하는 것보다, 더 어려운 게 나 자신을 사랑하는 거야, 저 수천 개 찬란한 화살의 과녁은 나 하나. 내가 나 자신을 사랑해야 할 이유들이 내게 있음을 너는 내게 보여 주었지. …… 나는 나 자신을 사랑하는 법을 배우고 있어." 방탄소년단은 2018년 9월 24일 유엔총회 연설에서 "어제의 실수한 나도 나고, 오늘의 모자란 나도 나고, 내일을 위해 더 열심히 하려는 것도 나다. 나를 사랑하라"라고 말했다. 나를 사랑하고 존중하는 이유를 발견하고 나를 사랑하는 법을 배운다는 방탄소년단의 노래는 안창호의 애기철학과 일치한다. 방탄소년단의 춤에 한국적인 어깨춤과 다리춤 사위가 있는 것은 반가운 일이다. 우리 가락과 춤이 세계에 통할 수 있다는 것을 보여 준다. 오늘 한국의 사상과 철학이 거의 식민지상태에 있다고 생각되는 것은 가슴 아픈 일이다. 이런 풍토에서 안창호의 철학은 철학으로 인정되거나 논의될 수도 없다. 다행히 요즈음 외국어 간판들이 한글 간판으로 바뀌고 있다는 소식은 좋은 일이다. 철학과 사상에서도 '나'를 되찾고 바로 세우자. 도산의 철학과 사상에서 나를 찾고 나를 사랑하고 존중하는 법을 배우고 익히자.

새롭게 나아감의 철학

인간다운 인간이 된다는 것은 저마다 자유로운 책임적 주체이면서 서로 보호하고 단합하는 존재가 되는 것이다. 그것이 민주가 되고 나라를 이루는 것이다. 민주사회에서 서로 주체로서 서로 보호하고 협동하려면 어떻게 해야 하나? 먼저 자기가 자유

로운 주체인 '나'가 될 뿐 아니라 이웃, 타자를 자유로운 주체로
인식하고 존중해야 한다. 그리고 나와 타자가 서로 주체로서 단
합 통일되어 함께 협동 협력할 수 있어야 한다. 그러나 인간은
자유롭고 협동적인 존재로 확립되어 있지 않다. 자신과 타자에
게서 자유로운 존재가 되어야 하고, 다른 주체들과 협동하는 존
재가 되어야 한다. 인간은 기성품처럼 완성되어 태어나는 것이
아니라 끊임없이 자신을 새롭게 하고 스스로 새롭게 되어 앞으
로 나아가야 할 존재다.

인간은 내면을 통일하는 중심을 가진 존재다. 내면의 통일적
중심이 자발적 책임의 주체인 '나'다. 주체로서의 '나'는 생물학
적 욕망과 감정의 굴레에 갇혀 있다. 파충류는 생존본능에 따른
욕망, 식욕과 성욕에 따라 움직인다. 자기의 생존을 위해 타자를
먹이로 삼는다. 포유류는 본능적 욕망과 사나운 감정에 따라 움
직인다. 생존본능이 지배하는 욕망과 감정에 따라 타자를 대한
다. 생존본능과 감정에 따라 움직이는 인간도 타자를 지배하고
이용하려는 욕망과 감정의 굴레에 갇혀 있다. 자기의 생명을 보
존하고 지키려는 인간의 욕망과 감정은 타자를 먹이와 이용의
대상으로 볼 뿐, 주체와 전체로 보지 못한다. 본능적 욕망과 감
정은 타자의 주체와 전체에 대하여 닫혀 있다. 자기의 생존을 최
고의 가치로 여기는 본능적 욕망과 감정은 인간의 자아를 자기
존재의 감옥 속에 가둔다. 자기의 생존을 위해 타자를 지배하고
이용하고 희생시키는 인간의 자아는 생존의지와 자기애의 감옥

에 갇혀 있다. 이것이 인간의 생물학적·존재론적 감옥이다.

인간의 감각과 이성은 타자를 주체와 전체로 온전히 보지 못한다. 감각은 늘 대상의 부분과 표면을 지각하는 것이고, 이성은 대상을 가르고 쪼개서 인식하고 이해한다. 따라서 인간의 감각과 이성은 타자를 부분과 표면으로 타자와 대상으로 볼 뿐, 주체의 깊이와 통일된 전체를 보지 못한다. 인간의 감각과 이성은 대상을 있는 그대로 주체와 전체로 보지 못하고, 타자화하며 부분과 표면의 현상을 볼 뿐이다. 인간의 감각적 지각과 이성적 인식은 일그러지고 왜곡된 것이다. 인식주체로서 인간의 감각과 지각은 인식대상인 타자(의 주체와 전체)에 대하여 닫혀 있다. 왜곡되고 닫힌 인식과 관념은 인간의 자아를 인식론적 관념의 감옥에 가둔다. 따라서 인간의 자아는 인식론적 감옥에 갇혀 있다.

하늘은 인간의 감각적 지각과 이성적 인식을 초월하여 인식주체와 인식대상의 주체와 전체를 드러내는 자리다. 하늘을 체험하여 하늘을 품은 사람은 감각적 지각과 이성적 인식을 넘어서 주체와 전체를 차별 없이 사랑할 수 있다. 도산에게 인간은 하늘을 체험하고 하늘의 뜻을 실현하는 체천동인의 존재다. 하늘을 체험하는 사람은 자아와 세상을 자유롭게 하며 새롭게 한다. 하늘은 생물학적 존재론적 감옥과 인식론적 관념의 감옥에서 벗어나게 한다. 하늘을 체험하고 하늘의 뜻을 실현하는 인간은 이성과 영성을 가진 존재이며 과거와 현재를 넘어 미래를 창조하는 존재다. 인간은 파충류와 포유류를 넘어서 자연의 본성

과 본질을 넘어서 자기와 자연을 새롭게 혁신하고 형성할 수 있
다. 파충류와 포유류를 넘어서 인간다운 인간이 된다는 것은 자
기 혁신을 통해서 인식론적, 존재론적 감옥에서 해방되는 것이
며, 주체적이고 책임적인 존재가 되어 서로 보호하고 단합하는
삶을 사는 것이다.

건전인격을 형성하는 것은 기본적으로 생물학적·존재론적
감옥(탐욕과 편협한 감정)과 인식론적·관념론적 감옥(편견과 고정
관념)에서 자아를 해방하는 것이다. 해방된 자아를 가진 인간들
은 서로 보호하고 단합하는 삶을 살 수 있다. 덕력·체력·지력을
기른 건전한 인격은 생물학적 감옥과 인식론적 감옥에서 해방된
자아다. 생물학적 감옥과 인식론적 감옥에서 해방된 인격은 서
로 보호하고 단합함으로써 민족의 독립과 통일에 이르고 세계의
번영과 평화를 이루는 대공의 정신(하늘)에 이른다.

새롭게 나아감의 철학: 앞으로 나아감

안창호는 인간이 당연히 새롭게 변화될 수 있고 보다 나은
존재가 될 수 있다고 보았다. 그가 끊임없이 줄기차게 강조한
'앞으로 나아감'은 보다 나은 상태로 되는 것이며 진화하고 진보
하는 것이다. 자기와 세상을 새롭게 하여 서로 보호하고 협동하
는 문명사회를 이룩하려면 인간은 끊임없이 자신의 '나'를 새롭

게 하고 보다 나은 세상을 향하여 나아가야 한다. 안창호의 철학에서 가장 강조된 것은 어떤 '시련과 역경'에서도 '기쁨과 사랑과 희망'을 가지고 '보다 나은' 삶과 역사를 위해 '앞으로 나아가자'는 것이다. 그는 과거에 매이지 않고 현재에 머물지 않았으며 인생의 마지막까지 보다 나은 새로운 삶을 위해 줄기차게 나아갔다. 과거와 현재에 머물지 않고 미래로 나아가는 것이 생명과 인간의 본성이고 사명이다. 살아 있는 생명체는 과거와 현재에 머물 수 없고 늘 새롭게 다시 살아야 하는 것이다. 본능과 욕망에 매여 사는 파충류는 현재에 충실하게 살고 감정과 기억을 가지고 사는 포유류는 과거와 현재에 충실히 살아간다. 그러나 지성과 영성을 가진 인간은 과거와 현재의 자기와 세상을 새롭게 창조하고 개혁하여 새로운 미래를 열어가는 존재다. 안창호는 나아가면 살고 머무르면 죽는다고 했으며 어떤 곤경과 어려움 속에서도 사랑과 기쁨과 희망을 가지고 앞으로 나아가자고 하였다.[7] 보다 나은 삶과 세상을 위하여 앞으로 나아가는 것이 인간다운 인간이 되는 것이며 행복하고 부강한 문명을 이루는 것이다. 나라를 잃고 일제의 억압과 지배를 받는 식민지 백성의 운명을 거부하고, 미국과 중국과 러시아를 떠돌면서도 머무름 없이 앞으로 나아간 안창호는 진취적이고 역동적인 삶을 살았다.

새롭게 나아감의 철학: 애기에서 세계대공으로

안창호의 '나' 철학은 애기애타와 대공정신으로 요약된다. 그의 철학은 애기애타의 원리 위에 세워진 공공철학이다. 그는 공(민족, 세계)과 사(나, 가정)를 뚜렷이 구분하는 공사병립(公私竝立)의 원칙을 확립했다. 일찍이 1924년에 쓴 '동포에게 고하는 글'에서 이미 공과 사의 긴밀한 상호관련성을 그는 분명하게 말했다.

> (자기의 몸과 집을 위해서 하는) 사적 사업과 (민족과 국가를 위해서 하는) 공적 사업은 서로 밀접한 관계가 있다. 사적 사업이 잘 되어야 공적 사업도 잘 되고, 공적 사업이 잘 되어야 사적 사업도 잘 되는 법이 아닌가. 다시 말하면, 자기의 한 몸과 집을 능히 건질 힘이 없는 자로서 어찌 나라를 바로 잡는다 하며, 나라가 바로 되지 못하고서 어찌 한 몸과 집인들 안보될 수 있을까. 농부는 농업, 상인은 상업, 학생은 학업으로써 각각 자기 그때의 책임적 직무를 삼아 이것에 충성을 다해야 한다. 그러다가 다른 때 다른 경우를 당하면 또 그것에 충성을 다하여 각각 자기 맡은 바 일에 좋은 결과가 있게 할 따름이다.[8]

안창호의 '나'철학은 나를 사랑하는 애기에서 시작하여 공과 사를 함께 존중하고 세우는 공사병립에 이른다. 안창호가 정립한 흥사단의 철학과 사상은 활사개공의 철학이다. 나의 인격을 건전하고 힘 있게 하여 나를 주체로 바로 세움으로써 나를 살리고 힘차게 하는 활사(活私)의 원리를 확립했다. 건전한 인격을 바탕으로 조직과 단체의 공고한 단결에 이르며 조직과 단체의 공고한 단결에 힘입어 민족의 독립과 통일에 이름으로써 공의 세계를 열어가는 개공(開公)의 원칙을 확립했다. 정치, 경제, 교육, 민족의 평등을 토대로 건전하고 모범적인 민주공화국을 수립함으로써 세계의 번영과 평화를 이루어가는 세계대공의 원칙을 제시했다.[9] 안창호는 자아혁신과 애기애타의 원칙 위에서 공사병립·활사개공·세계대공을 말함으로써 공공철학의 진수를 보였다. 건전 인격을 확립하는 애기에서 조직과 단체의 공고한 단결, 민족의 독립과 통일을 거쳐 세계대공까지 그의 '나'철학은 하나로 뚫려 있다.

도산철학과 씨울철학

도산 안창호는 한국근현대가 낳은 세계적 사상가다. 그는 근현대의 세 가지 특징과 원리, 민주화, 과학화, 세계화를 온전히 구현했다는 점에서 세계보편적 사상가이고, 생명의 세 가지 본성과 특징, 자발적 주체성, 전체적 통일성, 창조적 진화(진보)를 '나'를 중심으로 통합적으로 표현하고 실현했다는 점에서 주체적 생명철학자다. 안창호는 일찍이 한학과 유교경전을 공부했고 17세에 서울의 선교사 학교에서 기독교정신과 과학사상을 배우고 익혔다. 1896년에 독립협회가 창립되고 만민공동회가 열리자 안창호는 여기에 적극 참여하여 민주정신과 원리를 배웠으며 민중을 깨워 일으켜 민족의 자주독립을 이루는 운동에 앞장섰다. 역사 문화적 주체성을 가지고 서양의 문화와 정신을 깊이 받아들임으로써 그는 동서 문화가 합류하고 융합하는 세계사적 지평의 한 가운데 서게 되었다. 민의 주체적 자각이 일어나고 동서 문화가 합류하는 세계사적 지평의 한 가운데서 안창호가 살고 생각하고 행동했다는 것은 한국의 위대한 사상가 원효, 퇴계, 율곡이 누리지 못한 행운이고 특권이었다. 옛 사람이 생각하지도 경험하지도 못한 것을 안창호는 생각하고 경험할 수 있었다. 안창호는 옛 사람들보다 사물과 인생과 역사를 크게 보고 깊이 느끼고 높이 생각하고 폭넓게 이해할 수 있었다.

나라가 망하고 민족이 큰 고통을 겪는 과정에서 안창호는 생명체험과 민중체험을 깊이 하였다. 민족의 고통 속에서 그는 생명과 민중을 깊이 이해할 수 있었다. 그리하여 생명의 본성과 민중의 본분을 실현하는 깊은 민주생명철학을 낳았다. 그는 자신의 몸과 맘속에서 생명과 정신을 깊이 자각하고 체험하였다. 그리고 한국역사의 한 가운데서 민중을 만나서 민중과 하나로 되는 깊은 체험을 하였다. 그는 자신이 깨닫고 체득한 민주생명철학을 바탕으로 자신의 생명과 정신을 깊고 높게 실현하고 완성하려고 했다. 민중과 함께 서로 돌보고 더불어 사는 삶을 추구했으며, 민족의 단합과 통일을 이루어 민족의 독립과 세계평화에 이르려고 하였다. 그의 사상과 철학은 대학교에서 이론적으로 배운 것이 아니고 서재에서 책을 읽고 만들어낸 것도 아니었다. 인생과 역사에서 깨닫고 체험하고 실천한 것을 바탕으로 그는 통합적이고 체계적인 사상과 철학을 이끌어냈다.

그의 철학은 생명의 본성과 목적을 실현하고 완성하는 생명철학이고 생활철학이었다. 생명철학으로서 그의 철학은 '나'의 철학이었다. '나'의 철학은 성현의 가르침을 믿고 따르는 철학이 아니다. 그것은 누구에게 의지하고 누가 해주기를 기다리는 것도 아니다. '나' 철학은 내게 주어진 나의 삶을 역사와 사회 속에서 내가 책임지고 내가 스스로 만들어가는 철학이다. 그것은 내 삶 속에서 생의 진리를 깨닫고 그 진리에 따라서 내 생명을 새롭고 힘 있게 하는 철학이며, 생명의 본성과 인간의 본분을 실현하고 완성하는 철학이다.

생명의 본성은 물질의 제약과 속박에서 해방된 자유와 기쁨을 가진 것이고 사랑으로 서로 소통하고 사귀고 하나로 되자는 것이다. 안창호는 평생 생의 기쁨과 사랑을 잃지 않았으며 어떤 시련과 난관에도 굴복하지 않고 다른 사람들과 힘을 모아 생명을 살리고 풍부하게 하는 생명의 길로 나아갔다. 나라를 잃고 고난받는 민족을 깨워 일으켜 나라의 독립과 통일을 이루기 위해서 그는 교육독립운동을 일으켰다. 그는 민의 한 사람 한 사

람을 나라의 주인과 주체 '나'로 깨워 일으켰다. 그의 교육독립
운동은 큰 울림과 영향을 주었다. 그가 한국 민족의 가슴에 뿌
려놓은 민주·독립·통일의 불씨는 꺼지지 않고 삼일독립운동으
로 살아났다.

안창호의 교육정신과 이념을 가지고 교육독립운동을 펼친
이승훈의 오산학교에서 유영모와 함석헌은 스승과 제자로 만났
다. 삼일운동에 참여한 함석헌은 평양고보를 자퇴하고 오산학교
에 편입했으며, 일찍이 오산학교 교사로 일했던 유영모는 삼일
운동으로 이승훈과 조만식이 감옥에 갇히자 오산학교의 교장으
로 오게 되었다. 안창호의 교육정신과 이념이 살아 숨 쉬던 오산
학교에서 삼일운동의 역사적 상황과 분위기 속에서 유영모와 함
석헌은 만났다. 유영모와 함석헌은 평생 민을 주체로 깨워 민족
의 독립과 통일을 이루려는 한국 근현대의 정신과 철학, 삼일운
동의 정신과 철학, 다시 말해 안창호의 정신과 철학을 심화 발전
시키는 일에 헌신하였다.

유영모와 함석헌의 철학을 연구하면 기본 내용과 정신이 안
창호의 철학과 일치한다는 것을 확실히 알 수 있다. 안창호, 유
영모, 함석헌의 성향과 기질은 서로 다르지만 철학의 기본 내용
과 정신은 일치한다. 유영모는 금욕과 명상 속에서 깊은 정신세
계를 탐구하고 동서고금을 회통하는 철학을 형성했고, 함석헌은
정치, 사회, 종교, 문화, 교육의 여러 영역을 아우르는 자유롭고
활달한 사상과 철학을 펼쳤다. 그러나 유영모와 함석헌은 과학

적이고 합리적인 이성철학, 주체와 전체를 일치시키며 주체 '나'
를 확립하고 혁신하는 민주철학, 민족과 인류의 통일을 추구하
고 실현하는 통일철학을 추구했다는 점에서 안창호와 일치한다.

안창호, 이승훈, 유영모, 함석헌은 권리주장과 이해관계보다
더 깊고 높은 생명의 근원과 인간의 본분에서 인간과 역사를 이
해했다. 네 사람의 사상과 실천의 공통점이 확연히 드러난다. 네
사람은 한결같이 민을 신뢰하고 사랑하고 존중했다. 한 사람 한
사람의 '나'를 사랑하고 존중하고 새롭게 하려고 했다. 이들은
서로 보호하고 단합하는 삶을 실현함으로써 민족통일과 세계평
화에 이르려 했다. 그리고 인간의 자기 교육과 변화를 추구했다.
한국 근현대의 중심에서 민을 나라의 주인과 주체로 깨워 일으
키며, 사상과 실천의 정신과 맥을 이어간 네 사람은 하나의 역사
적 철학적 계보를 형성한다.

유영모와 함석헌은 안창호와 마찬가지로 비과학적·운명론
적·결정론적 사고를 완전히 극복했으며, 신화적 교리, 모호하고
혼란스러운 종교적 감정과 행태를 깨끗이 청산하였다. 이들은
민중에 대한 깊은 신뢰와 사랑과 존중을 가지고 민을 역사와 사
회의 중심에 세웠다. 유영모가 대학에 나오는 '친민(親民)'을 '씨
알 어뷤'(민을 어버이 뵙듯 함)으로 풀이한 것은 민을 어버이처럼
받들고 섬긴 안창호의 민중관과 일치한다. 유영모와 함석헌은
민을 씨올이라고 함으로써 민에게 자존감과 품격을 주었다. 깨지
고 죽음으로써 새 생명을 피어내는 씨올은 인간의 무궁한 생명력

과 스스로 하는 자발적 주체성을 나타내며, 우주적·신적 생명의 초월적 전체성과 역동적 변화와 탈바꿈을 나타내고 표현한다.

안창호가 인생과 역사의 중심에서 민족을 살리기 위해 온 몸으로 '생각'했던 것처럼, 일찍이 과학교사를 지냈던 유영모도 '생각'을 삶과 철학의 중심에 놓았다. 생각을 삶의 근본행위(生의 自覺)로 보았던 그는 '생각함'으로써 내가 나로 되고 새롭게 변화할 수 있다고 보았다. 그는 '나'를 깊이 탐구하여 나를 확립하였다. 그리고 나의 탈바꿈과 변화를 이룸으로써 모두 하나로 돌아가는 귀일(歸一)을 강조했다. 그는 '나'와 전체가 일치하는 귀일을 통해서만 참된 통일에 이를 수 있다고 보았다. 유영모의 가장 핵심적 말은 '솟아올라 나아감'이다. 솟아올라 나아감으로써 내가 새롭게 변화하고 귀일하여, 통일에 이를 수 있다고 하였다.[10]

함석헌은 안창호와 이승훈의 교육독립운동과 유영모의 철학을 계승하여 심화 발전시키고 완성하였다. "생각하는 백성이라야 산다"라고 함으로써 그는 민의 주체적 자각을 역설하였다. 그의 철학은 민에 대한 깊은 신뢰와 사랑과 존중에서 시작되었다. 그가 '거울에 비친 네 얼굴을 먼저 사랑하고 존경하라'[11]고 한 것은 안창호의 애기사상과 일치한다. 그리고 그가 인간혁명론을 통해 인간의 자기 혁신을 주장한 것[12]은 안창호의 인간 개조론과 일치한다. 인간과 민족의 혁신에 대한 도산의 생각을 이어받아 함석헌은 인간혁명과 민족성의 혁신에 대한 생각과 논의를 심화 발전시켰다.[13] 어떤 시련과 역경 속에서도 사랑과 희망을 가지고

앞으로 나아간 도산과 마찬가지로 함석헌은 고통과 시련 속에서
도 절대희망을 가지고 실패와 시련을 넘어 새롭게 나아가는 것
이 생명과 역사의 진리라고 보았다. "실패는 곧 또 한 번 살아보
라는 명령이요, 또 이김의 약속이다. 잘하고 이긴 자는 미래가
도리어 없을는지 몰라도 잘못하고 진 자야말로 미래의 주인이
다. 진 자야말로 하나님의 아끼는 자요, 잘못된 일에야말로 진리
가 들어 있다."[14]

도산의 철학이 생의 주체로서의 '나'와 민족 전체의 통일에
집중되어 있듯이 함석헌의 철학도 주체로서의 '나'와 통일된 전
체에 집중되어 있다. 함석헌은 인간의 스스로 하는 주체와 하나
로 통일된 전체가 아름다움이라고 하였다. "개체는 전체의 한 예
술적 표현"[15]이라거나 "스스로야말로 아름다운 것"[16]이고 나대로
내 힘으로 살자는 마음이 바로 서면 "모든 잃어진 아름다움이 다
회복될 것"[17]이라고 한 것은 아름다움을 주체성과 전체성의 표현
으로 본 것이다. 조화와 통일을 이룬 "전체가 참이요, 전체가 선
이요, 전체가 미다."[18] 스스로 하는 마음은 주체 속에 전체인 무
한을 안은 마음이며, 이것이 참된 마음이다.[19] 스스로 하는 주체
가 없는 것, 전체의 하나 됨이 깨진 것은 참도 아니고 선도 아니
고 아름다움도 아니다. 나다운 나, 창의적이고 개성적인 '나'가
참이고 선이고 아름다운 것이다. 지극히 작은 것이 무한한 전체
와 하나로 이어져 있고, 작고 보잘것없는 것 속에서 전체가 있음
을 보고 드러내고 표현하고 실현하는 것이 참이고 선이고 아름

다움이다. 주체성과 전체성을 강조한 함석헌의 철학은 개인의 나와 민족 전체의 일치를 추구한 도산의 '나' 철학을 계승한 것으로 보인다.

주체 '나'의 확립과 민족 전체의 통일을 추구한 도산의 활달한 생명철학은 남강 이승훈을 통해서 유영모와 함석헌에게 그대로 계승되었다. 유영모는 '나'의 속의 속에서 전체(민족, 세계)가 하나로 되는 귀일(歸一)에 이르려 했다. 함석헌은 주체의 깊이와 자유에서 전체의 하나 됨에 이르려 했다. 주체와 전체의 역동적 생명적 일치를 추구한 함석헌은 자신의 철학을 '씨올'이란 말로 표현하였다. 씨올은 스스로 싹이 트고 스스로 자라고 스스로 꽃을 피우고 스스로 열매를 맺는다. 아무도 씨올을 대신해서 싹을 틔우고 꽃을 피우고 열매를 맺어 주지 않는다. 씨올사상은 스스로 하는 생명 주체의 사상이며 내 생명 내가 힘껏 살자는 '나'의 철학이다. 하늘의 햇빛과 바람, 땅의 흙과 물을 가지고 아름다운 생명활동을 펼치는 씨올의 사상은 하늘과 땅과 생명을 아우르는 종합의 사상이다. 씨올의 '올'에서 'ㅇ'은 전체의 우주적 초월을 나타내고 'ㆍ'는 인간의 내재적 초월을 나타내며 'ㄹ'은 생명의 활동을 나타낸다.[20] 주체 '나'의 확립과 전체의 통일을 추구한 도산철학에서 이승훈과 유영모와 함석헌으로 이어지는 씨올철학은 한국 근현대가 낳은 독창적인 한국철학이면서 세계보편적인 생명철학이다.

● 추천의 말

　평생 사상과 철학을 연구한 저자 박재순 교수는 씨올사상을 주창한 함석헌 님의 제자다. 저자는 도산이 100년 전에 외쳤던 메시지를 한 차원 높게 생명철학의 관점에서 관찰하고 연구하여 한민족과 세계에 이 책을 내놓았다. 이 책에서 박 교수는 한국 근현대의 고통스러운 역사 속에서 위대한 도산사상과 철학이 탄생했다고 선언하였다. 도산이 한국 민족이 낳은 세계적인 사상가라는 청천벽력과 같은 선언을 한 것이다.

　약 10여 년 전부터 나는 도산이 그의 삶과 독립운동을 통하여 민족의 지도자와 스승이 되었을 뿐만 아니라 더 높은 차원의 사상과 철학의 단계에 오른 것 같다는 생각을 하고 있었다. 그런데 사상과 철학은 나하고는 거리가 먼 분야였다. 아무리 노력을 하여도 도산의 사상과 철학을 이해하는 데 진전이 없었다. 그러다가 운명적으로 한국의 철학자 박재순 교수를 알게 되었다. 박

교수는 오래 씨올사상을 연구해 오다가 씨올사상의 원조와 뿌리로서 도산사상을 연구하고 있었다. 2017년도 4월부터 박재순 교수와 '도산 안창호', '흥사단 정신', '한민족의 장래', 그리고 인생에 대한 깊은 영혼의 대화를 가졌다. 박 교수님은 나의 간청에 미국 도산사상연구소 고문직을 수락하셨다.

박재순 교수의 책은 두 가지 면에서 큰 의미가 있다고 생각한다. 하나는 도산의 삶과 정신을 철학적으로 탐구하여 도산사상과 철학을 한국적이면서 세계 보편적인 생명철학으로 한민족과 세계 앞에 내놓은 것이다. 둘은 한민족이 위대하게 세계로 나아갈 수 있는 정신의 기본 틀을 제시하여 주신 것이다. 저자는 도산의 핵심사상과 원리인 '참되자, 일하자, 미쁘자, 날쌔자'(무실역행 충의용감)에 생명철학과 생활철학의 깊이를 부여했다.

도산에 따르면 무실·역행·충의·용감, 이 네 가지 정신적 요소가 우리 각개 국민의 생활태도를 지배하게 되는 그때서야 비로소 참된 자유와 독립을 누리는 나라를 이룰 수 있다. 도산이 강조한 이 네 가지 정신적 요소는 인간의 생명과 정신을 살리고 힘차게 하는 중요한 원소다. 도산은 이 4대 정신의 함양으로 우리 민족 교육의 바탕을 삼아야 한다고 강조하였고, 흥사단의 기본 정신으로 삼았다. 도산은 이 4대 정신으로 한민족의 문제를 풀 뿐만 아니라, 인류 교육의 지침과 목표로 삼았다. 도산이 인간의 삶과 교육의 근본 문제를 과학적, 합리적, 교육적으로 연구하고, 그 실천 방안과 계획을 방법론적으로 구체적으로 제시하였다는 것을 박재순 교수는 예리하게 관찰하였다. 박 교수는 이 책에서 삶과 교육에 대한 도산의 정신과 원리를 보편적인 생명철학으로 제시하였다.

사상과 철학이 왜 중요한가? 18세기 계몽사상가 볼테르에 따르면, 세상을 정복한 사람과 힘이 센 사람들의 무력의 힘보다도 철학이나 학문이 더 위대하다. 과학자 아이작 뉴턴이 정복자들보다 더 많이 인류의 운명을 바꾸어 놓았다. 자유, 평등, 박애의 프랑스 혁명 사상은 나폴레옹의 말꼬리를 따라 전 유럽에 퍼졌다. 나폴레옹은 망했으나, 프랑스의 민주 혁명사상은 전 유럽에 전파되었고 지금의 유럽연합이 탄생한 기초가 되었다.

도산의 사상과 철학이 왜 중요한가? 도산의 사상과 철학이 그 시대의 정치적인 상황을 넘어, 앞으로 다가올 영원한 한민족의 미래에 확실한 방향을 제시하였기 때문이다. 한민족에 대한 도산의 목표는 선하고 아름답고 진실한 것이었다. 생명의 진실과 아름다움과 선을 추구했기 때문에 도산의 사상과 철학은 한민족을 넘어서 세계 인류에게 두루 통하는 보편적인 생명철학이 되었다. 도산은 남의 이론과 사상을 베끼거나 모방하지 않고 스스로 생각하고 스스로 체험하여 깨달아서 자신의 사상과 철학을 창조하였다. 도산사상은 생명주의, 진실주의, 인도주의, 실용주의, 실천주의, 교육철학 사상 등이 아울러진 종합 사상이다. 도산사상은 자신의 삶 속에서 체험하고 깨달은 심오하고 보편적인 생명철학이고, 주어진 삶을 치열하게 사는 생활철학이며, 자기 자신에게 진실한 실존철학이고, 깨달아 아는 것을 힘써 실행하는 실천철학이다. 생명철학자 도산은 어려운 언어를 쓰지 않고 통합, 화해, 용서, 지성, 배려, 사랑과 같은 쉬운 말로 자신의 사상과 철학을 표현하였다. 도산사상은 사랑과 평화와 삶의 사상이다.

저자는 세계 인류로 향하는 도산사상과 철학을 발견하였다. 저자는 특히 남강 이승훈, 오산학교, 다석 유영모와 함석헌을 통하여 생긴 씨올사상을 도산사상과 연결시켜서 한국 근현대의 사상과 철학을 집대성하였다. 도산이 남긴 생각, 말, 글, 행동, 조직들은 한 세기를 지나면서 박재순 교수의 손을 거쳐 한민족의 새로운 독창적인 사상과 철학으로 태어났다. 이제는 도산사상과 철학을 전 세계에 내놓아도 손색이 없다.

박재순 교수가 쓴 이 책은, 세상에 나온 많은 책들 중의 하나가 아니고 진주와 같은 도산사상을 연구하고 이를 새롭게 해석한 저서이다. 이 책을 통하여 앞으로 도산사상과 철학에 대한 연구가 활발해지고, 도산의 뜻을 따라 한민족이 세계 인류에 이바지하는 데 필요한 지침서가 되기를 희망한다.

2019년 5월 13일, 흥사단 창단 106주년 날에

흥사단 미주 위원장

윤창희

1부 ─
삶과 사상

1장 도산의 삶

1) 장석흥, 《한국 독립운동의 혁명 영수》(역사공간, 2016) 23쪽 이하 참조.
2) 씨올사상에 대해서는 박재순, 《씨올사상》(나녹, 2010) 참조.
3) 플라톤과 도산의 국가·인간 이해가 일치함을 강조한 장리욱, 《도산의 인격과 생애》(홍사단, 2014) 128~130쪽 참조. 동서고금의 철학자와 사상가들을 끌어들여서 도산사상의 정당성을 내세우는 안병욱, 《도산사상》(삼육출판사, 1972, 2010) 39, 63, 64, 98, 102, 110, 129~130쪽 참조.
4) 장리욱, 《도산의 인격과 생애》(홍사단, 2014) 22, 23, 110~112쪽.
5) 같은 책, '머리말'.
6) 같은 책, 23쪽.
7) 같은 책, 27~8쪽.
8) 안창호, '낙관과 비관', 《안도산전서》 745쪽.
9) '유길준', 《한국 민족문화대백과사전》(한국학중앙연구원).
10) 안창호, '동포에게 고하는 글', 《안도산전서》 527~8쪽.
11) 주요한 편저, 《안도산전서》(홍사단, 2015) 35~8쪽.
12) 이광수, 《도산 안창호》 120쪽.
13) 윤창희, '5. 상항의 결의(제 5차 동맹독서 홍사단의 정체성)' 미간행 자료. 2019년 10월 27일.
14) 안창호는 1917년 10월에 멕시코로 갔고 1918년 5월 23일 멕시코를 출발하여 8월 29일 로스앤젤레스에 도착했다. 이선주 외 편, 《홍사단 미주 위원부 100년사: 힘을 기르소서》(홍사단 미주 위원부, 2014) 364~388쪽 참조.
15) 한승인, 《민족의 빛 도산 안창호》(홍사단 뉴욕지부, 전자출판 민들레 출판그룹(더키친), 2014) 제8장 대한인국민회 참조.
16) 한승인, 《민족의 빛 도산 안창호》(홍사단 뉴욕지부, 전자출판 민들레 출판그룹(더키친), 2014) 제8장 대한인국민회 참조.
17) 이광수, 《도산 안창호》(하서, 2007) 132~3쪽.

18) 같은 책, 133~4쪽.

19) 같은 책, 134~5쪽.

20) 안창호, '대한신민회 취지서', 《안도산전서》 1067~8쪽. '삼선평연설', 같은 책 584쪽. '서북학생친목회연설', 같은 책 587쪽, '동포에게 고하는 글', 같은 책 524쪽.

21) '대한신민회 취지서' 《안도산전서》 1068쪽, '삼선평연설' 584쪽, '서북학생친목회 연설' 587쪽.

22) 안창호, '공립협회 1주년 기념 연설', 《안도산전서》 581쪽.

23) 엄주엽, 문화 파워 인터뷰―'3·1운동, 남녀노소·신분계급·종교 초월한 全민족적 운동', 〈문화일보〉 2019년 2월 28일.

24) 이광수, 《도산 안창호》(하서, 2007) 23쪽.

25) 문영걸, '중국잡지 속의 3·1운동', 월간 〈기독교사상〉(대한기독교서회, 2019) 02. 34~5쪽.

26) 함석헌, '남강 도산 고당', 〈함석헌 전집〉 4권(한길사, 1984) 167쪽.

27) 삼일운동과 관련된 도산, 남강, 함석헌의 이야기는 함석헌, '고난의 의미', 〈씨알의 소리〉 99호(1989년 3월, 함석헌 기념 사업회) 58~71쪽 참조.

28) 여운형에 관해서는 도산일기, 주요한 《안도산전서》 783, 787, 792~3, 795, 818, 835쪽 참조.

29) 한승인, 《민족의 빛 도산 안창호》[흥사단 뉴욕지부 전자출판 민들레 출판그룹(더키친) 2014] 2장 6절

30) 한승인, 《민족의 빛 도산 안창호》[흥사단 뉴욕지부, 전자출판 민들레 출판그룹(더키친), 2014] 11장 상해 임시정부시대 4. 임시정부 참조.

31) 〈새벽〉 1960년 11월 호, 《안도산전서》 446~7쪽.

32) 《안도산전서》 232쪽 이하.

33) 1920년 5월 10일 도산일기. 《안도산전서》 885~6쪽.

34) 1920년 5월 14일 도산일기. 《안도산전서》 891쪽.

35) '김원봉', 《한국문화대백과사전》(한국학중앙연구원)

36) '의열단' 한국사 인물 열전 Daum 백과. https://100.daum.net/encyclopedia

37) 안창호, '임시정부 유지와 옹호', 《안도산전서》 680쪽.

38) 상해 임시정부의 초기 역사에 대해서는 도산이 임시정부 일을 하면서 쓴 그의 일기를 참조하라. 《안도산전서》 773쪽 이하.

39) 손세일, '孫世一의 비교 評傳 (40) 한국 민족주의의 두 類型 – 李承晩과 金九', 〈월간조선〉 2005년 7월.

40) '대공'이란 말은 1931년 안창호가 홍언에게 보낸 편지에서 확인된다. 안창호, '홍언동지 회람'(1931. 11. 6. 편지). 이 편지는 흥사단 창립 104주년 기념 심포지엄 자료집 《도산 안창호 사상의 재조명 : 대공주의(大公主義) 이해와 실천 과제》(2017. 5. 12, 주최 흥사단, 주관 흥사단시민사회연구소) 334에 실려 있다. 그러나 안창호가 대공주의를 내세운 것은 1927년 대독립당을 건설하려고 했을 때이며 그의 대공사상은 1930년 조직된 한국독립당 강령에

반영되어 있다. 이석희, '대공주의 연구의 맥락과 방법, 요약', 흥사단 창립 104주년 기념 심포지엄 자료집 7~29쪽 참조. '홍언동지 회람'에서 '대공주의'란 표현을 재발견하고 도산의 대공사상에 관한 연구와 논의를 확산시킨 박화만, '도산 안창호의 민족혁명운동과 대공주의(大公主義) - 정치평등을 중심으로' 같은 자료집. 121쪽 이하 참조.

41) 장준하, 《돌베개》 장준하 문집 2(장준하선생 10주기 추모문집 간행위원회, 思想, 1985) 209쪽.

42) 박만규, '안창호의 대공주의에 관한 두 가지 쟁점', 《한국독립운동사연구》 61집, 2018년 2월.

43) 《안도산전서》, 462쪽.

44) 《안도산전서》, 461쪽.

45) 《안도산전서》, 461, 485쪽.

46) 《안도산전서》, 462쪽.

47) 《안도산전서》, 462~3쪽.

48) 《안도산전서》, 463쪽.

49) 《안도산전서》, 464쪽.

50) 〈새벽〉 1954년 9월 호, 《안도산전서》, 469쪽.

51) 《안도산전서》, 470쪽.

52) 《안도산전서》, 479~480쪽.

53) 장리욱, 《도산의 인격과 생애》(흥사단, 2014) 171~172쪽.

54) 《안도산전서》, 485쪽.

55) 《안도산전서》, 483~484쪽, 이광수, 《도산 안창호》, 119쪽.

56) 장리욱, 《도산의 인격과 생애》, 173~4쪽.

57) 《안도산전서》, 486쪽.

58) 임시의정원 회의록 초(抄) '9월 6일 임시대통령 선거 후에', 《안도산전서》 638쪽 / 안창호 '6대사업'(시국대강연), 《안도산전서》 658, 669쪽.

59) 주요한 편저, 《안도산전서》 증보판(흥사단, 2015) 839~840쪽.

60) 김일성, 《세기와 더불어 1》(조선노동당 출판사, 1992) / 이명화, 《도산 안창호의 애국창가운 동과 그 의미》(2012) 18쪽.

61) 존 차, 《버드나무 그늘 아래》, 문형렬 옮김(문학세계사, 2003) 292~3쪽.

62) 《안도산전서》, 582쪽.

63) 이 연설문은 학생 김성열이 연설 내용을 약술한 것이다. 국한문 혼용체로 된 글을 필자가 요즈음 우리말로 옮겼다. 원문에 대해서는 주요한 편저, 《안도산전서》 582쪽 이하.

64) 안창호, '대한청년의 용단력과 인내력', 《안도산전서》 547쪽.

65) 함석헌, '씨올, 〈함석헌 전집〉 14권(한길사, 1985) 323쪽 / 김용준, 《내가 본 함석헌》(아카넷, 2006) 75~6쪽.

66) 안창호, '공립협회 1주년 기념연설', 주요한 편저, 《안도산전서》(흥사단, 2015) 581쪽.

67) 이 글은 1907년 귀국한 도산의 첫 연설문을 읽고 풀이한 것이다. 안창호, '삼선평 연설',

《안도산전서》 583~5쪽.

68) 《안도산전서》, 57쪽.

69) 이광수, 《도산 안창호》 158~9쪽.

70) 같은 책, 240~241쪽.

71) 같은 책, 245~6쪽.

72) 같은 책, 240~241쪽.

73) 같은 책, 130~131쪽.

74) 안창호, '사랑', 《안도산전서》 648쪽.

75) 이광수, 《도산 안창호》 147~8쪽.

76) 《안도산전서》 465~7쪽.

77) 이광수, 《도산 안창호》 150쪽.

78) 이광수, 《도산 안창호》 154~5쪽.

79) 《안도산전서》 461~2쪽.

80) 이광수, 《도산 안창호》 156~8쪽.

81) 같은 책, 136~7쪽.

82) 같은 책, 165~6쪽.

83) 같은 책, 189쪽.

84) 같은 책, 223~4쪽.

85) 홍사단 미주 위원부 윤창희 위원장이 독서동맹을 하며 쓴 글의 일부.

86) 장리욱, 《도산의 인격과 생애》 149쪽.

87) 장리욱, 《나의 회고록》(샘터, 1975) 89쪽.

88) 안창호, '동지들께 주는 글', 주요한 편저, 《安島山全書》 증보판(홍사단, 2015) 539쪽.

89) 홍사단 입단문답, 주요한 편저, 《安島山全書》 증보판(홍사단, 2015) 376~7쪽.

90) 이광수, 《도산 안창호》(하서, 2007) 235~8쪽.

2장 도산의 가르침

1) 히브리 성서 이사야 53장의 고난의 종 이야기 참조.

2) 김기석, 《南岡 李承薰》[한국학술정보(주), 2005] 90쪽.

3) 함석헌, '안창호를 내놔라', 《씨올의 소리》 1973년 12월 호, 6쪽.

4) 같은 글.

5) 장리욱, 《도산의 인격과 생애》(홍사단, 2014) 49쪽.

6) 요람 하조니, 《구약성서로 철학하기》, 김구원 옮김(홍성사, 2016) 32~37쪽 참조.

7) 《안도산전서》 382~3쪽.

8) 이광수, 《도산 안창호》(하서, 2007) 219~222쪽.

9) 같은 책, 219쪽.

10) 같은 책, 220쪽.

11) 도산이 아내와 자녀들에게 보낸 편지에는 가족에 대한 깊은 사랑과 정성이 담겨 있다. 이에 대해서는《안도산전서》1,025쪽 이하 참조.

12) 윤병욱,《도산의 향기, 백년이 지나도 그대로: 안창호의 세계와 사상》(기파랑, 2012) 478~480쪽.

13) 안창호, '6대사업',《안도산전서》663쪽.

14) 1926년 7월 8일 상해 삼일당에서 행한 연설의 일부다. 안창호, '우리 혁명운동과 임시정부 문제에 대하여',《안도산전서》755쪽.

15)《안도산전서》383, 513쪽.

16) 장리욱,《도산의 인격과 생애》(홍사단, 2014) 90~91쪽.

17) 이종린과 대화를 나눈 시기는 1936년 1월 12일(음력 1935년 12월)이었다.《안도산전서》465~7, 469쪽.

18)《안도산전서》469쪽.

19) 함석헌, '정신 바짝 차려',〈함석헌 전집〉8권, 322쪽.

20) 같은 글, 326쪽.

21) 함석헌, '육당 춘원의 밤은 지나가다',〈함석헌 전집〉5권, 381~382쪽.

22) 윤병욱,《도산의 향기, 백년이 지나도 그대로: 안창호의 세계와 사상》(기파랑, 2012) 478~480쪽.

23) 환난상구와 환난상제에 대한 도산의 생각과 실천에 대해서는 안창호, '동지들께 주는 글',《안도산전서》543쪽. 1920년 6월 15일 일기. 주요한 편저,《安島山全書》증보판(홍사단, 2015) 932쪽. 이광수,《도산 안창호》(하서, 2007) 217~8, 245~8쪽. 윤병욱,《도산의 향기, 백년이 지나도 그대로: 안창호의 세계와 사상》(기파랑, 2012) 478~480쪽 참조.

24) 나는 본회퍼의 신학에 관해 박사학위논문을 쓰고 나서 한참 후에야 안창호, 이승훈, 유영모, 함석헌이 본회퍼가 말년에 추구한 기독교의 비종교적 해석을 앞당겨 구현하고 있음을 알고 놀라워했고 감동하였다. 씨올사상에 대해서는 박재순,《씨올사상》(나녹, 2010) 참조.

25) 안창호, '동지들께 주는 글',《안도산전서》543쪽.

26) 장리욱,《나의 회고록》(샘터, 1975) 87쪽 이하.

27) 김기석,《남강 이승훈》(한국학술정보, 2005) 229쪽.

28) 이승훈이 도산의 강연을 듣고 감동과 충격을 받은 이야기는 이승훈의 제자 함석헌에게서 전해들은 것이다.

29) 김기석,《남강 이승훈》(한국학술정보, 2005) 88쪽.

30) 남강과 도산의 관계에 대해서 그리고 남강의 교육정신과 실천에 대해서는 김기석,《남강 이승훈》(한국학술정보, 2005) 49, 84쪽 이하, 126쪽 이하, 136, 143~4, 164~5쪽, 230쪽 이하 참조.

31) 이광수는 도덕적으로나 인격적으로 이승훈에게 미더운 존재가 되지 못했다. 김기석,《남강 이승훈》(한국학술정보, 2005) 181~4쪽, 348쪽 참조.

32) 이승훈의 일화와 말은 이승훈의 제자 함석헌으로부터 직접 들은 것이다.

33) 김기석, 《남강 이승훈》 370쪽.

34) 김기석, 《남강 이승훈》 376~7쪽.

35) 경기도 양평 소나기 마을 황순원 문학관 전시실에 이승훈에 대한 글이 액자에 담겨 걸려 있다.

36) 국사편찬위원회, 〈韓國獨立運動史 資料3 臨政篇 Ⅲ〉, 550쪽.

37) 안병욱, 안창호, 김구, 이광수 외, 《안창호 평전》(청포도, 2007) 81~2쪽.

38) 한승인, 《민족의 빛 도산 안창호》 2장 1절 참조.

39) 〈중앙일보〉 1955년 4월 19일 기사.

40) 해방 후 조병옥이 경찰력을 장악하고 좌익 탄압에 앞장선 것은 그를 긍정적으로만 평가할 수 없음을 시사한다. "미 군정기 가장 중요했던 물리력인 경찰력을 장악함으로써 좌익 탄압에 매우 중요한 역할을 담당했다. …… 한국전쟁이 발발하자 다시 이승만의 부름으로 내무장관에 임명되어 대구 방어에 공을 세웠으나, 1951년 5월 거창 민간인 학살사건의 책임을 지고 사퇴했다." '조병옥'《한국민족문화대백과사전》한국학중앙연구원.

41) 장리욱, '도산을 따라서', 《나의 회고록》 93쪽.

42) 장리욱, 《나의 회고록》 96~7쪽.

43) 장리욱, 《나의 회고록》 94~5쪽.

3장 도산의 생활철학

1) 고대 그리스의 이성주의 철학은 과학적 합리적 사고에 이르렀으나 민중은 노예제 사회의 시대적 한계를 벗어나지 못했다.

2) 장리욱, 《도산의 인격과 생애》 121~132쪽.

3) 장리욱, 《도산의 인격과 생애》 72쪽.

4) 같은 책, 79~81쪽.

5) 안창호, '제1차 북경로 예배당 연설', 주요한 편저, 《安島山全書》 증보판(흥사단, 2015) 619쪽 참조. / '내무총장에 취임하면서', 같은 책, 627쪽.

6) 장리욱, 《도산의 인격과 생애》 84쪽.

7) 요람 하조니, 《구약성서로 철학하기》, 김구원 옮김(홍성사, 2016) 32~37쪽 참조.

8) 안창호, '6대사업(시국대강연)', 1920년 1월 3일, 5일에 한 강연. 주요한 편저, 《안도산전서》 655쪽 참조.

9) 안창호 '서북학생친목회 연설', 《안도산전서》 586쪽.

10) 개조에 대한 도산의 생각은 안창호, '개조', 주요한 편저, 《安島山全書》 증보판(흥사단, 2015) 641쪽 이하 참조.

11) 장삼식 편, 《大漢韓辭典》(박문출판사, 1975) 374쪽 참조.

12) 장리욱, 《나의 회고록》 100쪽.

13) 장리욱, 《나의 회고록》 92쪽.

14) 신동립,《애국가 작사자의 비밀》(지상사, 2015) 157쪽.

15) 《안도산전서》 169쪽 이하 참조.

16) 원문-"夫道德者는 受上天之賦予하야 存諸心身하고 行之事物하야 體天同仁하고 愛人如己하야 人類社會에 相生相養之要素라." 안창호 '서북학생친목회 연설',《안도산전서》586쪽.

17) 이광수,《도산 안창호》(하서, 2007) 135쪽.

18) 같은 책, 139쪽.

19) 이광수,《도산 안창호》 130~131쪽.

20) 같은 책, 131쪽.

21) 같은 책, 131쪽.

22) 같은 책, 132쪽.

2부 ─
인간교육과 철학

1장 안창호·이승훈의 교육입국운동

1) 김환영의 오가와 하루히사 교수 인터뷰. '생각한다는 건 생명자각',〈선데이 중앙〉 125호, 2009년 8월 2일. 박재순,《씨올사상》(나녹, 2010) 85~86쪽 참조.

2) 서재필의 민중 멸시에 대해서는《윤치호 일기》(영문일기 번역. 국사편찬위원회 탐구당 1971~1989) 1898. 1.15. 참조. 윤치호의 민중 멸시에 대해서는《윤치호 일기》1898. 3.10, 5.1.2. 1920. 8.14. 참조.

3) 이광수,《도산 안창호》(하서, 2007) 219~224쪽.

4) 지명관, '도산의 생애와 사상', 안창호《나의 사랑하는 젊은이들에게: 도산 안창호》(지성문화사, 2011) 279~280쪽.

5) 이광수,《도산 안창호》166쪽 이하 참조.

6) 안병욱, 안창호, 김구, 이광수 외,《안창호 평전》(청포도, 2007) 44~46쪽.

7) 1920년 2월 17일 도산일기,《안도산전서》828쪽.

8) 안병욱, 안창호, 김구, 이광수 외,《안창호 평전》(청포도, 2007) 273쪽 이하 참조.

9) 같은 책, 30~32쪽.

10) 같은 책, 37~39쪽. 이광수,《도산 안창호》248쪽 이하 참조.

11) 이광수,《도산 안창호》14~18쪽.

12) 이태복,《도산 안창호 평전》(동녘출판사, 2006) 127~8쪽.

13) 같은 책, 154쪽.

14) 같은 책, 161~162쪽.

15) 같은 책, 166쪽.

16) 같은 책, 216~218쪽.

17) '김철수 회고록', 〈역사비평〉1989년 여름호, 358쪽.

18) 이태복,《도산 안창호 평전》304~310쪽.

19) 김기석,《南岡 李昇薰》[한국학술정보(주), 2005] 174, 188쪽.

20) 김기석,《南岡 李昇薰》[한국학술정보(주), 2005] 319쪽.

21) 김기석,《南岡 李昇薰》[한국학술정보(주), 2005] 288~9쪽.

22) 김기석,《南岡 李昇薰》[한국학술정보(주), 2005] 서문과 35쪽 이하 참조.

23) 같은 책, 188~189쪽.

24) 같은 책, 190~191쪽.

25) 같은 책, 292쪽.

26) 같은 책, 339쪽.

27) 김기석,《南岡 李昇薰》[한국학술정보(주), 2005] 353~360쪽. 162쪽.

28) 같은 책, 230, 231, 236쪽.

29) 함석헌, '남강 도산 고당', 〈함석헌 전집〉 4권(한길사, 1984) 159쪽.

30) 안창호와 이승훈의 삶과 정신에 대해서는 여러 평전들을 참고하라. 김기석,《南岡 李昇薰》(한국학술정보, 2005), 이광수《도산 안창호》(하서, 2007), 안병욱 외《안창호 평전》(청포도, 2007), 이태복,《도산 안창호 평전》(동녘, 2006)

31) 안창호는 입단심사를 받는 이들이 저마다 가진 신앙에 따라 기도하게 하고 입단심사를 시작하였다. 거짓과 나에 대한 철저하고 깊은 생각을 입단심사에서 볼 수 있다. 흥사단 입단문답에 대해서는 이광수《도산 안창호》167~211쪽, 안병욱 외《안창호 평전》265~310쪽 참조.

32) 김기석,《南岡 李昇薰》369, 370, 376, 377쪽.

33) 삼일운동과 교육독립운동 그리고 '한'사상의 관련성에 대해서는 박재순,《삼일운동의 정신과 철학》(홍성사, 2015) 16~24쪽.

2장 안창호의 인간교육 철학

1) 안창호, '개조',《안도산전서》641~7쪽.

2) 같은 글, 641~7쪽.

3) 안창호, '동포에게 고하는 글', 주요한 편저,《安島山全書》증보판(흥사단, 2015) 524쪽.

4) 이광수,《도산 안창호》(하서, 2007) 147~8쪽.

5) 같은 글, 165~6쪽.

6) 같은 글, 147~8쪽.

7) 같은 글, 253~4쪽.

8) 안창호, '개조', 주요한 편저《安島山全書》증보판(흥사단, 2015) 643~4쪽.

9) 이광수,《도산 안창호》(하서, 2007) 165~6쪽.

10) 안창호, '개조',《안도산전서》645~6쪽.

11) 안창호, '개조', 《안도산전서》 646쪽.

12) 안창호, '동지들께 주는 글', 주요한 편저, 《安島山全書》 증보판(흥사단, 2015) 535~6쪽.

13) 주요한 편저, '동지들께 주는 글', 《安島山全書》 증보판(흥사단, 2015) 537쪽.

14) 환난상구에 대한 도산의 생각과 실천에 대해서는 안창호, '동지들께 주는 글', 《안도산전서》 543쪽. 1920년 6월 15일 일기. 주요한 편저, 《安島山全書》 증보판(흥사단, 2015) 932쪽. 이광수, 《도산 안창호》(하서, 2007) 217~8, 245~8쪽. 윤병욱, 《도산의 향기, 백년이 지나도 그대로: 안창호의 세계와 사상》(기파랑, 2012) 478~480쪽 참조.

15) 안창호, '개조', 주요한 편저 《安島山全書》 증보판(흥사단, 2015) 642~3쪽.

16) 같은 글, 642쪽 이하.

17) 주요한 편저, 《安島山全書》 증보판(흥사단, 2015) 1037쪽.

18) 안창호, '사랑', 주요한 편저 《安島山全書》 증보판(흥사단, 2015) 648, 650쪽.

19) 이성의 관조를 행복의 최고 상태로 본 아리스토텔레스의 견해에 대해서는 새뮤얼 이녹 스텀프 제임스 피저, 《소크라테스에서 포스트모더니즘까지》, 이광래 옮김(열린책들, 2004, 14쇄), 163쪽.

20) 《소크라테스에서 포스트모더니즘까지》 163쪽.

21) 놋, 노는 뇌(腦)를 가리키는 말 같다. 다음(Daum) 한자사전에서 뇌(腦)는 노로 발음되기도 한다. "腦 뇌 노, 뇌 뇌, 골 뇌, 뇌수 뇌." 이에 따르면 뇌, 노의 의미는 "1. 뇌 2. 머리 3. 심(心) 4. 머릿골 5. 중심"이다. 안창호는 '뇌수를 씻는다, 뇌수에 ~을 집어넣는다'는 표현을 자주 썼다. "우리 국민의 뇌수가 홀연히 열리고"(대한신민회 취지서, 《안도산전서》 1068쪽). "흉금뇌수를 깨끗이 씻고 닦아서"(삼선평연설, 《안도산전서》 583쪽). "신사상과 신지식을 뇌수에 흘러들어가게 하여"(서북학생친목회 연설, 《안도산전서》 588쪽).

22) 안창호, '불쌍한 우리 한인은 희락이 없소', 《안도산전서》 607쪽.

23) 안창호, '흥사단의 발전책', 《안도산전서》 718쪽.

24) 같은 글.

25) '상제', 《한국민족문화백과사전》

3장 한국 근현대가 낳은 세계적 사상가

1) 서정범, 《國語語源事典》(보고사, 2000) 431~2쪽. 김민수 편 《우리말 語源辭典》(태학사, 1997) 735쪽.

2) 이광수, 《도산 안창호》(하서, 2007) 135쪽.

3) 같은 글, 135~6쪽.

4) '흥사단 입단문답', 주요한 편저 《安島山全書》 증보판(흥사단, 2015) 353쪽.

5) 같은 글.

6) 유영모, 《다석강의》(현암사, 2006) 250쪽.

7) 안창호, '기독교인의 갈 길', 《안도산전서》 768, 771~2쪽.

8) 안창호, '동포에게 고하는 글', 《안도산전서》 538쪽.

9) 안창호, '흥언동지 회람'(1931. 11. 6. 편지) 흥사단 창립 104 주년 기념 심포지엄 자료집《도산 안창호 사상의 재조명 : 대공주의(大公主義) 이해와 실천 과제》(2017. 5. 12. 주최 흥사단, 주관 흥사단시민사회연구소) 334쪽.

10) 박재순,《다석 유영모》(홍성사, 2017) 200쪽 이하, 367쪽 이하 참조.

11) 함석헌, '살림살이', 〈함석헌 전집〉 2권(한길사, 1983) 313쪽.

12) 함석헌, '인간혁명', 〈함석헌 전집〉 2권, 100쪽.

13) 4 · 19혁명과 5 · 16쿠데타가 일어난 격변기에 함석헌은 인간혁명과 민족성 혁신 논의에 집중하였다. 함석헌, '인간혁명', 〈함석헌 전집〉 2권(한길사, 1983) 51쪽 이하. 함석헌, '생활철학', 〈함석헌 전집〉 5권, 369쪽 이하. 함석헌, '민족개조론' 〈최고회의보〉(국가재건최고회의, 1961) 참조.

14) 《뜻으로 본 한국역사》 181쪽.

15) 함석헌, '아름다움에 대하여', 〈함석헌 전집〉 5권, 59~60쪽.

16) 함석헌, '아름다움에 대하여', 〈함석헌 전집〉 5권, 66~67쪽.

17) 같은 글, 67쪽.

18) 함석헌, '새 윤리', 〈함석헌 전집〉 2권, 346쪽.

19) 함석헌, '아름다움에 대하여', 〈함석헌 전집〉 5권, 68쪽.

20) 함석헌, '우리가 내세우는 것', 〈씨올의 소리〉(함석헌기념사업회, 격월간) 뒤표지 글.

참고문헌

안창호 전기

박의수, 《도산 안창호의 생애와 교육사상》(학지사, 2010)

안창호, 《나의 사랑하는 젊은이들에게: 도산 안창호》(지성문화사, 2011)

안병욱, 《島山思想》(삼육출판사, 1972, 2010)

안병욱 안창호 김구 이광수 외, 《안창호 평전》(청포도, 2007)

윤병욱, 《도산의 향기, 백년이 지나도 그대로: 안창호의 세계와 사상》(기파랑, 2012)

이광수, 《도산 안창호》(하서출판사, 2000)

이태복, 《도산 안창호 평전》(동녘출판사, 2006)

장리욱, 《도산의 인격과 생애》(홍사단, 2014)

장석흥, 《한국독립운동의 영수 안창호》(역사공간, 2016)

주요한 편저, 《安島山全書》 증보판(홍사단, 2015)

한승인, 《민족의 빛 도산 안창호》[홍사단 뉴욕지부, 전자출판 민들레 출판그룹(더키친), 2014]

관련 문헌

김기석, 《남강 이승훈》(한국학술정보, 2005)

김일성, 《세기와 더불어 1》(조선노동당 출판사, 1992)

박영호, 《진리의 사람 다석 류영모》上(두레, 2001)

박재순, 《씨울사상》(나녹, 2010)

박재순, 《함석헌의 철학과 사상》(한울, 2012)

박재순, 《삼일운동의 정신과 철학》(홍성사, 2015)

박재순, 《다석 유영모—동서사상을 아우른 창조적 생명철학자》(홍성사, 2017)

새뮤얼 이녹 스텀프 제임스 피저, 《소크라테스에서 포스트모더니즘까지》, 이광래 옮김(열린
책들, 2004)

신동립, 《애국가 작사자의 비밀》(지상사, 2015)

안용환, 《독립과 건국을 이룩한 안창호 애국가 작사》(미디어, 2016)

요람 하조니, 《구약성서로 철학하기》, 김구원 옮김(홍성사, 2016)

이선주 외 편, 《홍사단 미주 위원부 100 년사: 힘을 기르소서》(사단 미주 위원부, 2014)

유영모, 《다석강의》(현암사, 2006)

윤치호, 《윤치호 일기》(영문일기 번역. 국사편찬위원회 탐구당 1971~1989)

장리욱, 《나의 회고록》(샘터, 1975)

장준하, 《돌베개》, 장준하 문집 2(장준하선생 10주기 추모문집 간행위원회, 思想, 1985)

존 차, 《버드나무 그늘 아래》, 문형렬 옮김(문학세계사, 2003)

흥사단 창립 104 주년 기념 심포지엄 자료집 《도산 안창호 사상의 재조명 : 대공주의(大公主義) 이해와 실천 과제》(2017. 5. 12, 주최 흥사단, 주관 흥사단시민사회연구소)

국사편찬위원회, 〈韓國獨立運動史 資料 3 臨政篇 Ⅲ〉

서정범, 《國語語源事典》(보고사, 2000)

장삼식 편, 《大漢韓辭典》(박문출판사, 1975)

논문과 잡지

'김철수 회고록', 〈역사비평〉 1989년 여름호

김환영의 오가와 하루히사 교수 인터뷰 '생각한다는 건 생명자각', 〈선데이 중앙〉 125호, 2009년 8월 2일

문영걸 '중국잡지 속의 3 1운동', 월간 〈기독교사상〉(대한기독교서회, 2019.2)

박만규, '안창호의 대공주의에 관한 두 가지 쟁점', 〈한국독립운동사연구〉 61집, 2018.2

박화만, '도산 안창호의 민족혁명운동과 대공주의(大公主義) – 정치평등을 중심으로' 흥사단 창립 104 주년 기념 심포지엄 자료집 《도산 안창호 사상의 재조명 : 대공주의(大公主義) 이해와 실천 과제》2017. 5. 12. 주최 흥사단. 주관 흥사단시민사회연구소.

손세일, '孫世一의 비교 評傳 (40) 한국 민족주의의 두 類型 – 李承晩과 金九', 〈월간조선〉, 2005.7

안창호, '흥언동지 회람'(1931. 11.6. 편지) 흥사단 창립 104 주년 기념 심포지엄 자료집 〈도산 안창호 사상의 재조명 : 대공주의(大公主義) 이해와 실천 과제〉

지명관, 〈도산의 생애와 사상〉, 안창호, 《나의 사랑하는 젊은이들에게: 도산 안창호》(지성문화사, 2011)

함석헌, '고난의 의미', 〈씨알의 소리〉 99호, 1989.3, 함석헌 기념 사업회

함석헌, '남강 도산 고당', 〈함석헌 전집〉 4권(한길사, 1984)

함석헌, '살림살이', 〈함석헌 전집〉 2권(한길사, 1983)

함석헌, '씨 ', 〈함석헌 전집〉 14권(한길사, 1985)

함석헌, '吾有三樂', 〈씨올의 소리〉, 1976.6

함석헌, '육당 춘원의 밤은 지나가다', 〈함석헌전집〉 5권(한길사, 1983)

함석헌, '인간혁명', 〈함석헌 전집〉 2권(한길사, 1983)

함석헌, '정신 바짝 차려', 〈함석헌 전집〉 8권(한길사, 1983)

〈새벽〉 1960.11

애기애타: 안창호의 삶과 사상

Love Myself, Love Others: The Life and Thoughts of Ahn Changho

지은이 박재순
펴낸곳 주식회사 홍성사
펴낸이 정애주
국효숙 김경석 김의연 김준표 박혜란 송승호 오민택
오형탁 이현주 임영주 주예경 차길환 최선경 허은

2020. 1. 31. 초판 발행   2020. 6. 19. 2쇄 발행

등록번호 제1-499호 1977. 8. 1.
주소 (04084) 서울시 마포구 양화진4길 3   전화 02) 333-5161   팩스 02) 333-5165
홈페이지 hongsungsa.com   이메일 hsbooks@hongsungsa.com   페이스북 facebook.com/hongsungsa
양화진책방 02) 333-5161

ISBN 978-89-365-1407-5 (03100)